KB271941

로마법, 인류 문명의 위대한 유산

일러두기

이 책에서 인용하고 있는 로마법 원사료의 한글 번역은, 저자의 번역을 비롯해 기존에 출간된 것이 있는 경우에는 그것을 필요한 한도에서 손질해 사용했고, 아래 수록된 개소들의 경우 그 출처는 약어로만 인용한다(면수는 해당 문헌의 사료 색인을 참조할 것).

로마법 개소 한글 번역 중 ( ) 괄호 안 법률가의 주 활동시기, [ ] 괄호에 의한 의미 보충, ¶ 표시에 의한 단락 구별 등은 저자가 가한 것이다.

※ 아래 출처는 연도순

- 최병조, 『로마법연구(I)』(1995)[=최병조, 연구]

- 최병조, 『로마법·민법 논고』(1999)[=최병조, 논고]

- 최병조, 『로마의 법과 생활』(2007)[=최병조, 법과 생활]

- 최병조 대표 편역, 『한국민법의 로마법적 배경과 기초』, 법무부 비교민법총서 3(2013)[=최병조 대표, 비교민법총서]

- 최병조, 『로마법의 향연』(2019)[=최병조, 향연]

- 최병조·이상훈 공역, 『원사료로 보는 로마법의 일반원리』(2023)[=최병조·이상훈, 일반원리]

- 최병조, "고전 로마법상의 '정의' 논변", 학술원논문집(인문사회과학편), 62-1(2023)[=최병조, "정의 논변"]

- 유스티니아누스 법학제요Institutiones Iustiniani의 경우에는, 성중모 교수의 법사학연구, 44(2011.10)~47(2013.4)에 연재된 한글 초역을 최병조, 서울대 법학, 55-1(2014.3)을 반영해 번역문을 수정했다.

- 가이우스 법학원론Gai Institutiones의 경우 로마법강독회에서 검토 중인 번역본을 따랐다.

로마법,
인류 문명의 위대한 유산

서가
명강
44

법학의 뿌리를 찾는
서울대 로스쿨 핵심 강의

이상훈 지음

서울대학교
법학전문대학원 교수

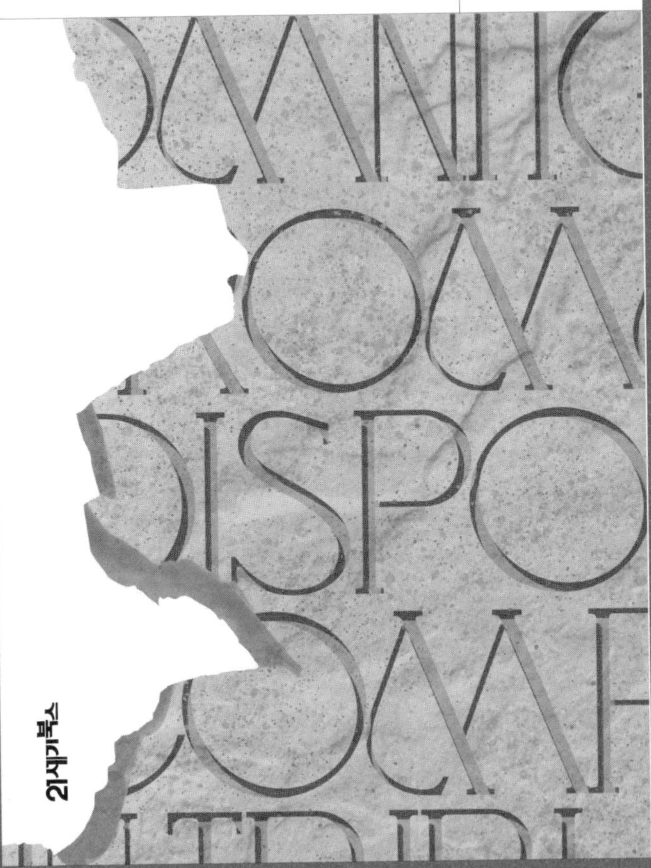

21세기북스

이 책을 읽기 전에 학문의 분류

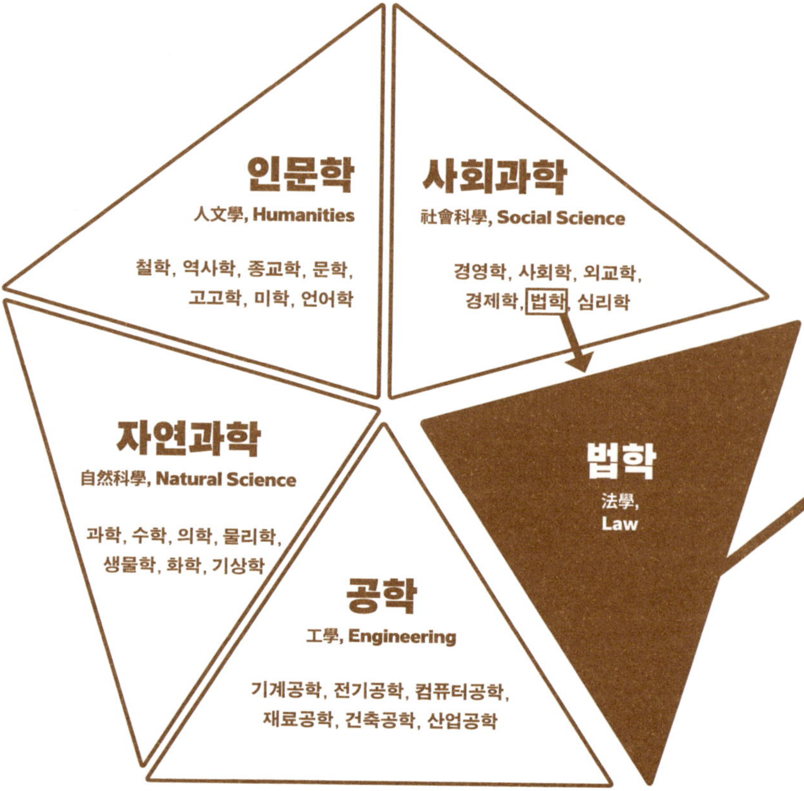

인문학
人文學, Humanities

철학, 역사학, 종교학, 문학,
고고학, 미학, 언어학

사회과학
社會科學, Social Science

경영학, 사회학, 외교학,
경제학, 법학, 심리학

자연과학
自然科學, Natural Science

과학, 수학, 의학, 물리학,
생물학, 화학, 기상학

공학
工學, Engineering

기계공학, 전기공학, 컴퓨터공학,
재료공학, 건축공학, 산업공학

법학
法學,
Law

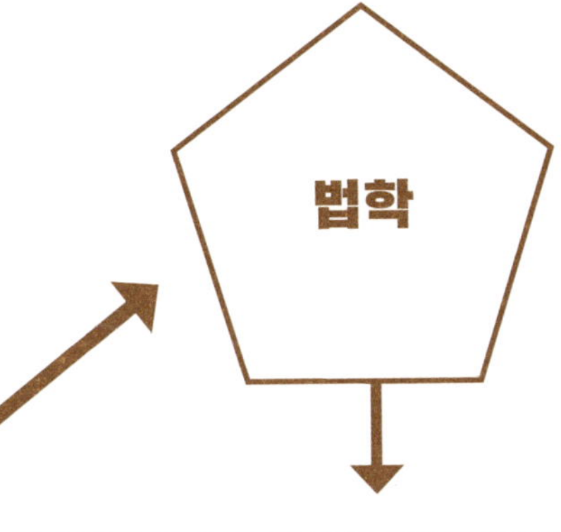

법학이란?

法學, Law

강력하고 필수적인 사회 규범으로서 사회가 있는 곳에 늘 존재해 온
'법'을 다루는 학문이다. 법 질서와 현상을 연구하며 이론과 체계를
고찰한다. 일반적으로는 헌법, 민법, 상법, 형법 등을 대상으로 하지만,
방법론적으로는 법해석학, 법철학, 법사학, 법정책학, 법사회학 등
광범위하다. 특히 현대사회에는 기술의 발달과 세계관의 급격한 변화에
따른 법의 발전도 요구되고 있는 만큼 법철학이 문제 삼고 있는 원리에서
실정법에 이르기까지 깊고 넓게 연구되고 있다. 철학과 사회과학을
아우르는 법학은 인간의 존재와 미래, 사회의 권력 구조와 작동 전반의
조화로운 이해를 가능하게 한다.

이 책을 읽기 전에 주요 키워드

· 이 책에서는 종래 관용되던 주요 용어 몇 가지는 새역어를 사용한다. 새역어는 서울대학교 로마법교실 로마법강독회(좌장: 최병조 교수님)에서 고안했고, 연구논문과 번역서 등을 통해 소개된 바 있다.

■ 로마 관직

법정관(法政官, praetor) 구: 법무관(法務官)

집정관의 하급 동료로 신설된 사법司法을 담당하는 정무관. 종래 '법무관'이라는 역어 대신 '법정관'을 사용한다.

■ 인법(人法)

가부장권(家父長權) 새역어: 솔가권(率家權)

가부장제 사회인 로마에서 가부장家父長이 가家를 통솔하는 권한으로, 자식에 대한 가부권家父權, 노예에 대한 노주권奴主權, 수권혼을 통한 처에 대한 부권夫權을 통칭하는 개념이다.

가자(家子, filius familias)

가부장의 솔가권에 복속된 자식으로, 아들뿐만 아니라 딸filia familias도 포함되고, 손자·손녀 등의 비속도 포함된다.

■ 물권법

악취물(握取物, res mancipi), 비악취물(非握取物, res nec mancipi)

로마법상 물건의 분류 기준 중 하나로, 노예, 역축役畜(농사일이나 짐을 나르는 데 부리는 가축), 이탈리아 내 토지가 악취물이고, 나머지 물건은 비악취물이다. 양자의 구별은 고전기법에서 이미 흐릿해지다가, 6세기 유스티니아누스법에서 공식 폐지됐다(C.7.31).

악취행위(握取行爲, mancipatio)

비악취물과 달리 악취물의 경우 소유권을 이전하기 위해서는 악취행위라는 격식행위를 해야만 했다. 다른 역어로 '장악행위'가 쓰이기도 하나, 핵심은 '장악'을 통한 권리의 '취득'에 있다는 점에서 '악취행위'를 사용한다. 그 외에 악취행위는 사람에 대한 지배권의 득실에도 활용됐다.

■ 불법행위법

침욕(侵辱, iniuria) 구: 인격침해

12표법에 규정된 불법행위 유형으로서, 지체 불구화나 골절에 이르지 않은 신체적·언어적 침해를 말한다(제8표 제4조). 이후 법정관 고시법을 통해 그 적용 범위가 확대됐다. 종래 역어로 '인격침해人格侵害'가 쓰였는데, 본래의 뜻을 살리지 못한다는 점에서 '침욕'이라는 역어를 고안했다.

■ 상속법

유산권(遺産權, bonorum possessio) 구: 유산점유

시민법상의 종족agnatio 중심의 상속제도를 혈족주의cognatio에 기반해 보완·교정하는 법정관법상의 제도다. 종래 역어로는 '유산점유遺産占有'가 사용되는데, 이는 단순한 '점유' 부여가 아니고, 법정관법상의 권리를 보장해 주는 것이므로, 시민법상의 '상속권'에 대비되는 의미에서 '유산권'으로 역어를 바꾸었다.

■ 민사소송

소권(訴權, actio)

"자신에게 귀속해야 할 것을 소송으로 추급하는 권리"(D.44.7.51)로, 로마법에서는 소권이 있어야만 자신의 권리를 법적으로 관철시킬 수 있었다.

엄법소권(actiones stricti iuris), 성신소권(actiones bonae fidei)
구: 엄격소권/성의소권

대인소권 중에서 채무자의 급부의무 판단기준에 따른 분류로서, 역어로 종래 '엄격소권嚴格訴權'과 '성의소권誠意訴權'이 사용되었는데, 더 정확한 의미 전달을 위해 '엄법소권'과 '성신소권'을 사용한다. 엄법소권에 의한 소송을 엄법소송, 성신소권에 의한 소송은 성신소송이라고 부른다.

차례

"로마법의 역사는 법이 끊임없는 사회 변화에
어떻게 대응하고, 또 제도화를 통해 어떻게 사회를
발전시킬 수 있는지에 대해 우리에게
많은 시사점을 준다."

우리가 로마법을 배워야 하는 이유

이 책은 '서가명강' 시리즈로 기획된 〈서울대학교 로마법 강의〉를 그 내용으로 한다. '로마법'은 법과대학 시절에는 법학 전공과목이었고, 2009년 법학전문대학원이 개원한 이후에는 기초법으로 '선택적 필수' 과목에 해당한다. 현행법을 배우는 데, 나아가 법학전문대학원 도입 이후 법률가 양성을 위한 법교육에서 기초법에 해당하는 로마법을 왜 배워야 하는지 의문이 들 수 있다. 방대하고 복잡한 현행법을 배우기에도 3년이라는 시간은 턱없이 부족하고, 열심히 공부해도 졸업한 뒤 당장 실무에서 써먹을 수도 없기 때문이다. 그렇지만 우리가 로마법을 공부해야 하는 데는 몇 가지 이유가 있다. 세 가지를 꼽아보면 다음과 같다.

첫째, 지극히 상식적인 이야기이지만, 현재는 과거의 연장선에 있다. 법도 마찬가지다. 현행법이 하늘에서 뚝 떨어진 것이 아니라면 법의 역사를 알아야 현행법을 잘 이해할 수 있기에, 어떤 법제도나 조문의 연혁에 대한 공부는 현행법을 이해하는 데 큰 도움을 준다. 그렇다면 왜 꼭 '로마법'이어야 하는가? 그것은 우리의 현행법(체계)이 전통법을 계승한 것이 아니라, 구한말 이래 근대화의 과정에서 서양으로부터 수입된 것이고, 로마법은 우리가 수용한 서양법의 뿌리에 해당하기 때문이다. 그렇기에 로마법을 알면 현행법을 더 깊이 이해할 수 있다.

둘째, 로마법은 역사적 법이기도 하지만, 비교법으로서 훌륭한 참조 기준을 제시한다. '비교'는 공간적으로 동시대 법들과의 비교(공시적 비교)도 있지만, 시간적으로 과거 법과의 비교도 가능한데, 이 점에서 법사학法史學은 통시적 관점에서의 비교법에 해당한다. 이때 비교법의 소재로 무엇을 택할 것인지가 중요하다. 가령 함무라비법이나 성경법, 나아가 고대 그리스법 등도 학문적 관심에서는 좋은 소재이지만, 현행법 체계에서 직접적인 시사점을 찾기는 쉽지 않다. 그런데 우리 법의 DNA는 로마법으로부터 유래했기 때문에, 다른 비교법 소재들보다 로마법이 훨씬 유리하다. 게다가 흔히 비교법으로 참고하는 독일, 프랑스, 영국, 미국 법의 경우에도 거슬러 올라가면 로마법으로부터 기원하는 부분들이 많다. 그래서 로마법을 알면 비교의 관점 역시 더 깊어질 뿐만 아니라, 시간의 흐름까지 고려하는 입체적 비교가 가능하다.

셋째, 로마법은 그 자체로 인류의 위대한 유산이다. 현대 사회를 살아가는 지성인이라면, 나아가 학식을 갖춘 법률가라면 반드시 갖춰야 하는 법적 소양의 한 부분이다. 이것은 법학 분야에만 한정되진 않으며, 서양에서 로마법은 서양의 학문과 지식체계를 형성하는 데 큰 비중을 차지한다. 『고대법』으로 유명한 헨리 섬너 메인 경Sir Henry James Sumner Main(1822~1888)은 이 점을 다음과 같이 서술한다.

로마법, 특히 로마 계약법이 여러 학문의 사고 양식·추론 과정·전문용어에 기여한 것보다 더 대단한 일이 또 있는지 모르겠다. 자연과학을 제외하면 근대인의 지적 욕구를 자극한 대상 가운데 로마법이라는 여과지를 통과하지 않은 것은 거의 없다. 순수한 형이상학은 물론 로마보다는 그리스의 후

예지만, 정치학, 도덕철학, 심지어 신학까지 모두가 로마법
에서 표현 수단뿐만 아니라 깊이 있는 탐구가 배양되는 거
점도 발견했다. 이런 현상을 설명하기 위해 말과 관념 간의
불가사의한 관계를 논할 필요는 전혀 없을 것이며, 또한 적
절한 언어의 창고와 적절한 추론 장치가 미리 주어지지 않
으면 인간 정신은 어떠한 사고 주제도 다룰 수 없었다는 것
을 설명할 필요도 전혀 없을 것이다.(헨리 섬너 메인, 『고대법』
(초판 1861/최종판 제12판 1888), 김도현 역(2023), 235면)

11세기 이탈리아 볼로냐에서의 '학설휘찬의 재발견'을
계기로 로마법 연구가 시작된 뒤 로마법은 전 유럽으로 확
산됐다("로마법의 계수"). 비록 근대 법전편찬 이후 각국의 법
전들이 적용되면서부터 로마법은 현행법으로서의 지위를
상실했지만, 로마법이 갖는 문명사적 가치와 의미는 줄어
들지 않았다. 오히려 "숨겨진 보물"(마태복음 13:44)과 같이
그 가치를 찾는 이들에게 영원한 지적 탐구의 대상이 됐다.
로마법은 고대 로마가 소규모 도시국가에서 세계의 제
국으로 변화하는 천 년 동안 자생적으로 발전해 나간 인류
사회의 유례 없는 법이다. 로마에서 법은 사회 발전의 성

과들을 제도화했을 뿐만 아니라, 사회 발전을 추동하며 로마가 세계의 제국으로 발전해 나가는 데 기여했다. 그렇기에 로마는 500년 간의 공화정에 이어 다시 500년 간의 제국을 유지할 수 있었다. 그런 점에서 로마법의 역사는 법이 끊임없는 사회 변화에 어떻게 대응하고, 또 제도화를 통해 어떻게 사회를 발전시킬 수 있는지에 대해 우리에게 많은 시사점을 준다. 근대화와 민주화에 성공한 우리 역시 계속되는 변화의 물결과 끊임없는 국내외적 과제에 직면하고 있는 상황에서 로마법에 담긴 지혜를 배울 필요가 있고, 이것이 바로 우리가 로마법을 공부해야 하는 이유다.

2005년에 대학원에 진학해 최병조 교수님의 지도로 로마법을 공부한 이래 어느덧 20년의 세월이 흘렀다. 특히 로마법과 라틴어 기초를 쌓은 뒤 2011년부터는 로마법 원전강독회에 참여하면서 라틴어 번역과 함께 로마법을 공부하는 방법을 익힐 수 있었다. 그리고 최병조 교수님께서 정년 퇴임하신 후 중단되었던 로마법 강의를 강사로서 맡아 오다가, 전임교원으로 임용되어 '꺼져가는 불씨를 지키자'는 마음으로 강의와 연구를 이어오고 있다.

최근 출판업계의 어려운 소식을 듣고 있던 가운데, 아직

배움과 연구가 일천한 필자에게 출간 제의가 들어왔을 때, 아직은 공부가 무르익지 않아 주저하는 마음이 있었다. 그렇지만 다른 한편으론 그동안 변변한 교재 없이 로마법 수업을 듣던 학생들에게 미안한 마음도 있었고, 또 로마법에 많은 관심을 가지고 계신 국내 많은 분들께 내가 배운 것들을 정리해 알려드리는 것이 책임감 있는 태도라는 생각이 들어 용기를 내어 출판사의 제의에 응하게 됐다. 이 과정에서 그동안 강의해 온 내용들을 스스로 점검해 볼 수 있었고, 대중에게 로마법을 알리는 책무를 일부나마 이행하게 되어 기쁘게 생각한다. 부족하지만 이 책이 로마법 수업을 수강하는 학생들에게 학습 교재로서 기여하고, 나아가 국내에서 로마법에 대한 관심이 조금이나마 커지는 계기가 될 수 있다면 그것으로 만족한다.

이 책은 로마법에 관한 체계서가 아니다. 따라서 로마법의 모든 내용을 망라해 담는 것을 목표로 하지 않으며, 그것은 저자의 역량을 벗어나는 일이다. 지금까지 우리나라에서도 로마법에 관한 책들이 간간이 출간되었지만, 이제는 절판되어 구해보기 어려운 형편이다. 최근에는 번역서들이 출간되기도 했으나, 아무래도 우리나라 독자로서는 현행법과의 비교나 시사점을 찾는 일을 각자 해야만 한다는 점에서 아쉬움이 있다. 그 점에서 이 책은 우리나라 독자(법률가, 로스쿨생, 나아가 로마에 관심 있는 일반인들까지)를 상대로 방대한 로마법의 내용 중 일부를 선별해 소개함으로써, 로마법 공부의 즐거움과 필요성에 대해 알리는 것이 주된 목표다. 이 책에서는 로마법의 세부 내용을 담기보다는, 고전기 로마법을 중심으로 하면서도 거시적인 관점에서 로마법의 발전 과정과 요인이 무엇인지에 초점을 두고 서술했다. 그리고 가급적 현행 민법과의 비교를 통해 독자의 이해를 돕고자 했다.

이 책은 총 4부로 구성되어 있다. 제1부에서는 우리가 로마법을 배우는 이유와 로마법을 공부하는 데 기본적으로 알아야 하는 로마의 법문화와 시대구분, 로마법대전의 구성에 대해 살펴본다. 제2부에서는 로마 법원론法源論과 함께, 로마 민사소송 절차와 로마법 이해의 핵심인 소권訴權, actio에 대해 다루었다. 제3부에서는 로마법을 위대하게 만든 로마 법률가들과 그들의 업적인 '법학'의 탄생과 발전 과정, 그리고 법리적 논쟁들을 살펴보고, 로마 계약법 일부를 설명한다. 마지막 제4부에서는 로마 물권법과 계약각론, 그리고 부당이득법과 불법행위법을 살펴본 후 로마 상속법을 간단히 다루었다. 아무쪼록 이 책이 오늘날 현행법의 뿌리에 관심 있는 독자분들께 로마법에 관한 지적 여정의 안내서가 되었으면 한다.

이 책의 출간에 있어서 감사드릴 분들이 많다. 먼저 나는 은사님이신 최병조 교수님으로부터 로마법뿐만 아니라 학자로서의 삶의 자세에 대해 많은 것을 배웠다. 교수님의 후임이라는 영예로운 중책을 맡게 되면서, 아무쪼록 교수님께서 쌓아 올린 업적에 누가 되지 않고 (로마 법률가들이 그러했듯이) 조금이라도 더 이어 나가고자 하는 마음이 간절하다. 이 책의 내용 중 거의 대부분은 교수님으로부터 배운 것이라 해도 과언이 아니다.

다음으로 매주 로마법 강독회를 통해 같이 공부하며 귀한 가르침을 주시는 서을오 교수님과 서울시립대 성중모 교수님께도 감사의 말씀을 드린다. 서 교수님께서는 이 책의 초고를 검토해 주시고, 유익한 제언을 많이 해주셨다. 그리고 신임 교수인 나에게 언제나 격려를 아끼지 않으신 서울대학교 법학전문대학원의 존경하는 여러 교수님께도 깊은 감사의 말씀을 드리고 싶다.

아울러 나의 강의를 수강한 서울대학교 법학전문대학원 학생들이 없었다면 이 책은 세상에 나오지 못했을 것이다. 매년 학생들의 피드백을 받으면서 많은 자극과 공부가 됐다. 특히 지난 학기(2025년 2학기) 강의연구 장학생을 맡아 매시간 강의 내용을 녹음하고 초고를 검토해 준 김효영 학생과 수업 조교로서 많은 도움을 준 이건희 학생, 정성껏 강의 내용을 정리해 준 김성진, 김수진, 김인규, 그리고 양현정 학생에게도 감사의 말을 전한다.

'서가명강' 시리즈로 이 책이 출간될 수 있도록 기획해 주신 21세기북스 관계자분들과 특히 편집과 출간을 도와주신 양으녕 팀장님, 이정미 편집자님을 비롯한 여러 관계자분께도 감사드린다. 마지막으로 지금의 나를 있게 해주신 부모님과 인생의 반려자인 아내 김선경에게 감사의 마음을 전한다.

2026년 3월

이상훈

1부

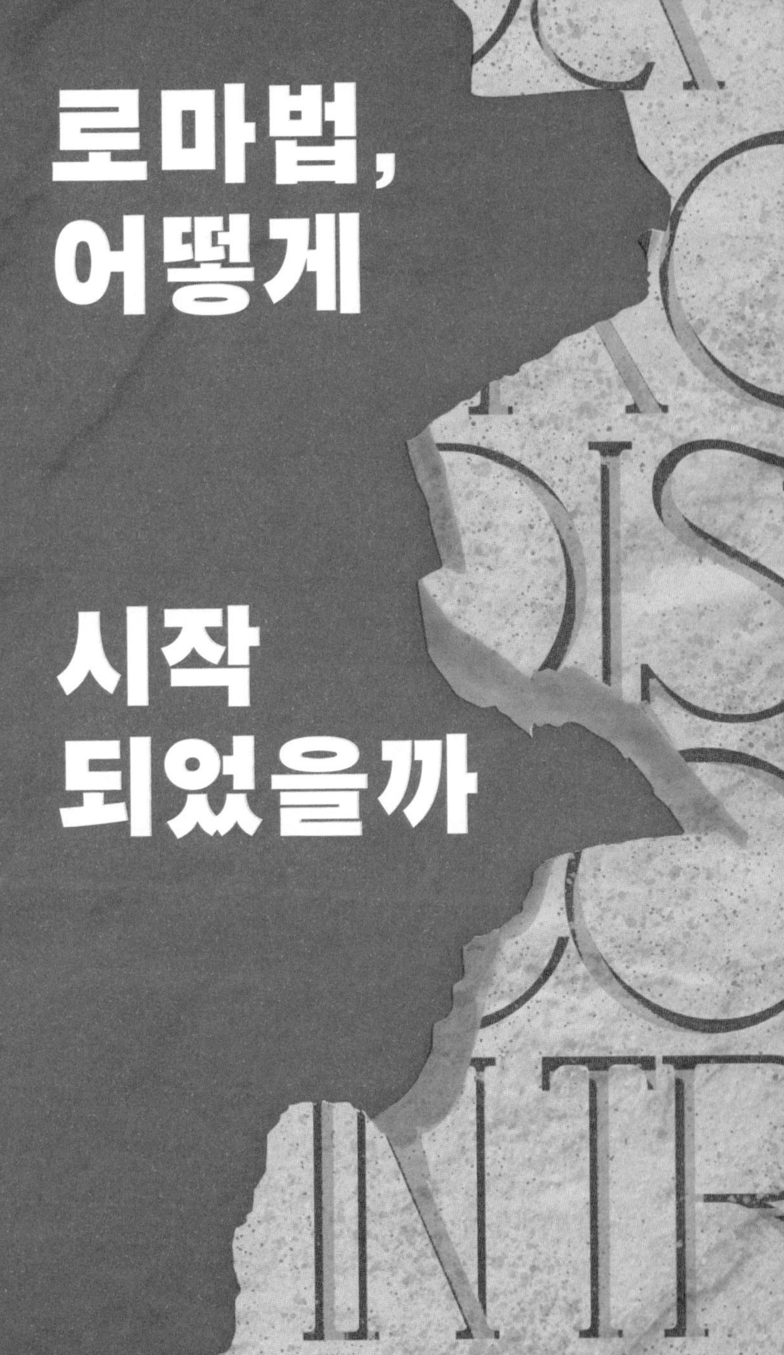

로마법,
어떻게

시작
되었을까

법제도가 잘 작동하기 위해서는 규정의 취지가 명확해야 할 뿐만 아니라 절차적 세심함을 갖춰야 한다. 아무리 좋은 규정을 두었다 하더라도 그 제도를 시행하기 위한 절차가 미비하면 현실에서 제대로 작동하지 않기 때문이다.

법학의 뿌리를 찾아서

21세기 대한민국에서 우리가 '로마법'을 배우는 이유는 무엇일까? 단순히 지적 호기심 때문일 수도 있고, 역사 중에서도 서양 고대사를 좋아하기 때문일 수도 있다. 이 외에도 다양한 이유로 로마법에 관심이 있는 독자들이 분명히 있을 것이다. 그러나 법의 세계로 들어오면 이 질문은 '로마법과 우리나라 현행법이 무슨 관계가 있을까?'로 바뀐다. 지금도 무수히 많은 법령과 판례가 존재하고, 비교법적으로 참고할 수 있는 다른 나라 법들을 공부하기에도 벅찬데, 왜 굳이 고대 로마법을 배워야 할까?

이에 답하기 위해서는 구한말 이후 우리나라가 서구법을 수용했다는 사실을 주지할 필요가 있다. 즉, 현행의 법 또는 법체계는 —현행의 제도들이 대부분 그렇듯이— 우리의 전통법을 계승해 발전시킨 법이 아니라, 서구법을 수용해 만들어졌다. 우리가 어떤 물건이나 기술을 수입하듯이 법제도와 법체계 역시 그럴 수 있다. 그런 의미에서 본다면 지금 우리나라 법체계는 서구의 법을 수입한 것이라고 말할 수 있다.

서구법의 수용과 영향

19세기 후반부터 진행된 서양법의 수용과정은 우리의 사회구조와 구성원리를 비롯해 사람들의 인식 또한 밑바닥부터 바꾸어놓기 시작했다(이에 대해서는 최병조, "동아시아의 서양법 계수", 저스티스 158-2 참조). 우리는 초등학교 때부터 민주주의, 3권분립, 법치주의 등을 당연한 것으로 배웠고, 학교를 졸업해 사회생활을 하는 과정에서 서양의 법제도를 체화하며 살아왔다. 그렇다면 우리가 수용한 서양의 법체계는 어떤 것인가?

법 계통을 말할 때 대륙법계civil law와 영미법계common law로 나누는데, 우리나라는 '대륙법계'에 속한다. 여기서 대륙법계는 유럽대륙을 의미하고, 프랑스와 독일이 그 대표 국가에 속한다. 그렇다면 프랑스와 독일을 하나로 묶는 '대륙법'이 무엇일까? 역사적으로 거슬러 올라가 보면 이들을 묶는 공통분모는 로마법이다. 그런 점에서 로마법은 우리가 수용한 서구법의 원류이자 뿌리에 해당한다. 놀랍게도 고대 로마에서 발전시킨 법에 대한 관념과 제도들이 현대 대한민국에도 여전히 살아서 영향을 미치고 있는 것이다.

이런 이유에서 우리는 고대 로마가 남긴 유산에 주목하게 된다. 로마법의 어떤 점이 위대하기에, 또는 역사적인 다른 법들과 비교했을 때 어떤 특징이 있기에 2000년이라는 긴 시간을 지난 지금까지 여전히 생명력을 유지하며 지속될 수 있는 것일까? 서구법의 뿌리로서 로마법은 과연 어떤 의미가 있을까?

집단지성의 발현과 지속적 의지의 성과

인류가 사회를 이루며 살아가기 위해서는 '법'이라는 규범이 필수다. 아주 먼 옛날 근동에는 그 유명한 함무라비 법전이 있었고, 유대에는 십계명과 각종 율법이 있었으며, 우리에게도 고조선의 '팔조법금八條法禁'이 있었다. 그리고 동서고금의 국가들, 특히 여러 민족으로 구성된 제국의 경우에는 '법전'을 통해 나라를 통치했다. 그래서 영토를 넓히거나 법전을 편찬한 왕이나 황제를 우리는 '대왕' 또는 '대제'라고 부른다. 그중에서도 로마법의 특별함은 무엇일까? 다시 말해 5세기 서로마제국이 멸망한 이후 아직까지도 로마법만이 지대한 영향력을 미치게 된 이유는 무엇일까?

결론부터 말하자면, 로마법이 발전한 계기와 그 배후에는 수 세기를 거쳐 지속된 법률가들의 담론을 바탕으로 이루어진 '법학'이 존재했다. 사람들이 공동체를 이루며 살아가기 시작한 이래 법은 어느 시대, 어느 사회에도 존재했다('사회 있는 곳에 법이 있다'). 그러나 로마에는 법을 대상으로 하는 '법학'이 존재했고, '법학'을 발전시킨 주역으로 '법률가' 계층이 존재했다는 점에서 로마법만의 특별함이 있는 것이다.

로마법의 발전에 있어서 로마 법률가들의 공헌과 기여는 로마법 곳곳에서 드러난다. 그들은 자신들의 현행법 제도를 기반으로 법률 사례를 해결하는 과정에서 개별 사안의 '구체적 타당성'만을 추구하는 것이 아니라, 일관된 법적 사고를 통한 해결을 추구했으며, 그런 성과들이 세대를 거듭하여 쌓이면서 법학이 발전하게 된다. 아울러 로마법의 위대함은 그렇게 만들어진 '법규범'을 지속적으로, 그리고 일관되게 관철해 가며 발전시켜 왔다는 데 있다.

로마 법률가 울피아누스의 말처럼 "정의正義란 각자에게 그의 권리를 배분하려는 한결같고 지속적인 의지constans et perpetua voluntas"(D.1.1.10.pr.)였고, 로마 법률가들은 인류 역사에서 이것을 모범적으로 실천했다. 다시 말해 로마가 하루아침에 만들어진 것이 아니듯이, 로마법 역시 한 개인에 의해서나 한 세대 만에 형성된 것이 아니라, 법률가 계층의 '집단지성'의 발현과 그 성과를 지속적으로 관철시킬 수 있는 '의지'로 만들어진 것이다. 우리가 로마법을 배운다는 것은 이것이 어떻게 가능했는지를 살피는 데 있다.

정리하면 로마법은 법학의 원류로서, 우리가 구한말 이후 수입한 서구법의 모태이자 뿌리에 해당한다. 그 점에서 로마법은 우리 법체계라는 구조물의 '설계도'라고 할 수 있다. 건물을 짓거나 물건을 만들 때 설계도가 필수이듯이, 우리는 그 설계도를 통해 만들어진 물건의 구조나 작동 원리를 파악할 수 있다. 그 뿐 아니라 문제가 생겼을 때도 그 설계도를 펼쳐 봄으로써 문제점을 쉽게 파악할 수 있다. 또한 설계도가 있으면 현상의 문제점을 파악하는 데 그치지 않고, 그것을 개선하고 업그레이드해 나가는 데도 큰 도움을 받을 수 있다. 이런 점에서 로마법은 단지 역사적 유물로서의 호기심 대상에 그치는 것이 아니라, 오늘날의 우리에게 중요한 의미가 있다.

로마 시대의 법문화,
그 특별함

법문화legal culture 또는 법전통legal tradition이라는 말이 있다. 이 개념에 대해서는 다양한 논의가 있지만, 대개는 법이나 법제도가 시행되고 운영되는 과정에서 사람들의 인식에 작용하는 가치 또는 신념이라고 설명한다. 법문화라는 개념을 통해 우리는 단지 법조문만으로는 파악할 수 없는, 사회에서 법이 실제로 작동하거나 작동하지 않는 원리를 알아낼 수 있다. 특히 이런 법문화적 분석은 전통법의 계승이 아니라 외국의 법제도를 수입해 운용하는 우리의 경우에 있어서 매우 유용하다.

로마법을 공부하는 데 있어서 세부적인 주제로 들어가기 전에 로마의 법문화를 먼저 살펴볼 필요가 있다. 법문화는 물론 로마 전반의 문화와도 밀접한 관련이 있다. 이에 관해서는 여러 가지를 꼽을 수 있겠으나 여기서는 세속성, 전통 중시, 개방성과 실용성, 형식과 절차 중시, 마지막으로 신의에 대해 살펴볼 것이다(이하의 내용은 최병조·이상훈, 『일반원리』, 121면 이하를 참조했다).

세속성

고대 사회는 오늘날보다도 종교의 영향력이 훨씬 강했고, 법 또한 여기에서 벗어나지 못했다. 이에 비하면 로마인들은 상대적으로 세속성이 강한 민족이었다. 그렇기에 법의 발전에 종교적 영향이 상대적으로 미미했다. 그 결과, 법적 규율에 있어서 세속적·합리적 담론 형성이 가능했고, 이를 토대로 고전기 로마법이 만들어졌다. 물론 4세기 이후 기독교 공인과 국교화 후에 로마는 기독교의 영향을 강하게 받지만, 우리가 살펴보고자 하는 1~2세기 고전기 로마법은 그렇지 않다.

로마가 이처럼 고대 사회에서는 드물게 세속성이 강한 법을 발전시키게 된 배경은 무엇일까? 로마 역시 초기에는 종교적 영향이 강했고, 신관단神官團, collegium pontificum에 의해 법 지식의 독점이 이루어졌다. 오늘날처럼 정보가 넘치는 시대에는 '법 지식의 독점'이라는 말이 잘 이해되지 않지만, 불과 50년 전만 해도 우리 사회에서 법은 일반인들이 잘 알 수 없는 전문가들이 독점하는 지식이었다.

로마에서는 기원전 450년경에 12표법^{lex duodecim tabularum}의 제정이 이루어지는데, 이 12표법에 관한 지식과 그에 따른 소송을 바로 이 신관단이 독점했다. 특히 고대 사회에서 법은 '형식'이 매우 중요했고(법=형식), 법에서 정한 형식에서 조금이라도 어긋나면 소송에서 패소하는 결과를 맞이했다(후술하는 법률소송 참조). 그래서 당사자들은 법에서 정한 형식을 정확하게 알아야만 했는데, 오늘날에도 그렇듯이 그것이 일반인에게는 어려운 일이다 보니 불이익을 입는 경우가 많았고, 그럴수록 법 지식을 독점한 자들의 영향력이 강해질 수밖에 없었다.

그러던 중에 로마에서 법의 발전에 결정적 계기가 되는 사건이 일어났다. 기원전 304년에 해방노예의 자식이었던 그나이우스 플라비우스^{Gnaeus Flavius}라는 사람이 신관단의 비밀 서고에 보관되어 있던 책력과 소송방식서를 대중에게 공개한 사건이다(D.1.2.2.7). 사람들은 그 내용을 묶어 '플라비우스 시민법서ᴵᵘˢ ᶜⁱᵛⁱˡᵉ ᶠˡᵃᵛⁱᵃⁿᵘᵐ'라고 부르게 됐다. 이 사건을 계기로 로마에서 법은 더 이상 소수의 신관단이 독점하는 비밀법학이 아니었고, 일반 대중에게 공개됐다.

전승되는 사료에 의하면 최초로 대중을 상대로 법학 공개 강연을 한 인물로 기원전 3세기경의 티베리우스 코룬카니우스ᵀⁱᵇᵉʳⁱᵘˢ ᶜᵒʳᵘⁿᶜᵃⁿⁱᵘˢ(BC 약 320~243)가 언급된다(Pomp. D.1.2.2.35). 다시 말해 기원전 304년 플라비우스에 의한 '법 지식의 개방'을 계기로 로마에서 '법'은 이제 세속 집단 지성의 영역으로 넘어오게 되었고, 이로써 합리적 담론의 영역에서 법학 발전의 토대가 마련됐다.

이런 일련의 역사적 사건과 관련해 저명한 독일의 로마법학자 프리츠 슐츠ᶠʳⁱᵗᶻ ˢᶜʰˡᶻ(1879~1957)는 『로마법의 원리』라는 저서에서 로마의 법(학)이 발전하게 된 계기를 "분리ⁱˢᵒˡᵃᵗⁱᵒⁿ"의 원리에서 찾는다. 즉, 독일인들이 '종합'에 능했다면 로마인들은 '분리'에 능했는데, 우선 그것은 '법'과 '법 아닌 것의 분리'를 통해 이루어졌다. 그 후 다시 법은 '신성법ⁱᵘˢ ˢᵃᶜʳᵘᵐ'과 '세속법'으로 나뉘었고, '세속법'은 다시 우리가 잘 알고 있듯이 '공법公法'과 '사법私法'으로 나뉘었다. 이렇게 로마에서 법 발전의 출발점이었던 분리의 원리는

'법 지식의 공개' 이후 가능했다.

전통 중시

로마 법문화의 또 다른 특징으로는 전통 중시를 들 수 있다. 로마인들은 농경문화에 기반한 선조들의 관습mos maiorum을 따르며, 일관성constantia과 진중함gravitas을 삶의 중요한 가치로 삼았다. 그리고 기원전 450년경 제정된 12표법을 기초로 점차 법의 발전을 이루어갔다(12표법의 개요와 대역으로 최병조, 로마법연구(I), 2면 이하 참조).

로마인들이 12표법을 얼마나 중요하게 생각하며 준수했는지를 짐작할 수 있는 예가 있다. 기원 전후에 활동한 로마의 역사가 리비우스Titus Livius는 12표법을 "로마의 모든 공법과 사법의 연원fons omnis publici privatique iuris"으로 칭했고, 기원후 2세기 법학자였던 가이우스는 당시 기준으로 제정된 지 600년이 지난 12표법에 대한 주석서를 집필했다. 그리고 6세기 동로마에서 편찬한 유스티니아누스 황제의 법학제요에서도 12표법이 언급되며, 그중 일부는 여전히 효력을 유지하고 있었다.

12표법을 중심으로 로마에서는 전통적 시민법ius civile이 형성되었고, 로마인들은 이런 전통적인 법을 변경할 때는 "오랫동안 공평한 것으로 인정된 법을 버릴 정도로 분명한 유익함"이 존재하거나(Ulp.D.1.4.2), "명백한 형평이 요청" 될 것을 요구했다(D.50.17.183). 로마인들의 전통 중시는 황제들의 국정 철학과 국정 방향을 정함에 있어서도 여실히 드러난다. 아우구스투스는 국가 재건의 모토로 "자유국가libera res publica의 회복"을 표방했고, 6세기 유스티니아누스 황제는 고전기 법의 보전을 위해 로마법대전을 편찬했다는 점에서 전통 중시는 로마 법문화의 매우 중요한 요소 중 하나다.

개방성과 실용성

로마인들이 이처럼 전통을 중시하긴 했으나 그렇다고 해서 꽉 막히거나 수구적이지만은 않았다. 그들은 오히려 개방성과 실용성을 갖추고 있었는데, 이것이 로마 법문화에도 큰 영향을 미쳤다. 로마인들은 자신들이 정복한 민족들에게 훌륭한 점이 있으면 그들로부터 배우기를 주저하지 않았다. 그중에서도 그리스 정복 이후 로마인들은 그리스의 학문과 사상을 적극적으로 수용하며 자신들의 문화를 한층 더 발전시켰다. 그리고 로마인들의 실용적인 성향은 학문 분야에서도 드러나는데, 주지하듯이 로마인들은 수학이나 자연과학보다는 공학, 철학보다는 법학에서 발군의 실력을 발휘했다.

무엇보다 로마인들의 개방성과 실용성은 공화정기 로마가 영토를 확장하면서 로마 시민이 아닌 외인peregrinus과의 교류를 통해 더욱 두각을 보였다. 도시국가 로마를 넘어 이탈리아반도를 편입하고 지중해 제패로 나아가는 과정에서 로마 시민과 외인 사이의 거래, 또는 외인끼리의 거래에서 발생한 분쟁 해결을 위해 로마인들은 '외인 담당 법정관praetor peregrinus'이라는 새로운 관직을 신설하고(D.1.2.2.28), 기존의 소송절차를 쇄신한 새로운 소송절차(후술할 '방식서소송')를 도입했다.

나아가 법률가들은 전통적 시민법을 넘어선, 당시 지중해를 둘러싼 모든 민족에게 적용되는 만민법萬民法, ius gentium이라는 새로운 법규범을 발전시켰다(법원의 성층에 따른 시민법, 만민법, 자연법의 분류는 후술). 그리고 이와 같은 만민법을 통해 로마법은 합리성과 보편성을 추구하며 세계법으로 발전해 나갈 수 있게 됐다.

형식과 절차의 중시

'형식에 얽매이지 마라', '그것은 요식행위에 불과하다'라는 말에서도 잘 드러나듯이, 오늘날 우리는 '형식'보다는 '실질'을 더 중시하는 세상에 살고 있다. 하지만 고대 사회에서는 오늘날 우리가 상상하는 것 이상으로 형식과 절차가 매우 중요했고, 법의 세계에서는 더욱 그러했다. 이는 로마인들도 마찬가지였다. 가령 소송에서 원고는 정해진 격식어를 토씨 하나 틀리지 않고 정확하게 구술해야 했으며, 그렇지 않으면 패소를 당했기에 법 지식은 아주 중요할 수밖에 없었다.

소송뿐만 아니라 법적 행위를 할 때도 '형식'을 지키는 것이 중요했는데, 대표적인 것이 바로 '동형행위'와 '문답계약'이었다. 특히 뒤에서 자세히 설명하겠지만 로마에서는 정해진 형식을 갖추거나 정해진 계약의 유형에만 법적 효력(=소구력訴求力)을 인정했다는 점은 계약자유가 지배하는 오늘날의 법체계 모습과는 사뭇 다르다. 물론 시간이 지나면서 점차 형식과 절차가 완화되는 방향으로 고전기 이후의 법이 발전해 나가지만, 로마법의 기저에는 엄정한 형식 감각이 유지되고 있었다는 사실을 잊어서는 안 된다. 따라서 로마법 사료를 읽다 보면 곳곳에서 등장하는 (로마법을 이해하기 위한 필수 개념에 속하는) 동형행위와 문답계약을 먼저 간단히 설명하고자 한다.

우선 '동형행위銅衡行爲'란 'negotia per aes et libram'의 역어로, 말 그대로 동 조각을 뜻하는 '동銅, aes'과 저울을 뜻하는 '형衡, libra'을 통해 이루어지는 격식행위를 말한다. 동형행위는 인人과 물物에 대한 지배권 득실(이것이 후술할 '악취행위'다), 채무변제, 그리고 뒤에 설명할 유언제도의 발전 등 곳곳에서 다양하게 활용되는 범용 격식행위였다.

동형행위를 하기 위해서는 당사자 두 명 외에도 저울잡이libripens 한 명, 그리고 성숙기가 지난 남자 증인 다섯 명, 이렇게 여덟 명이 필요하다. 동 조각과 저울잡이가 필요했던 것은 화폐경제가 더디게 발전한 로마의 경제 상황을 반영한다. 당사자가 대금 지급 등을 위해 '동 조각'을 들고 나오면 이것의 무게를 재기 위해 저울잡이가 필요했고, 증인 다섯 명은 일종의 공시를 위해 입회하였다. 그런데 화폐경제가 발전하면서 이런 격식행위는 불필요하게 느껴졌을 것이지만, 그럼에도 동형행위는 일종의 상징행위로서 고전기까지도 계속 사용됐다.

동형행위가 활용되는 가장 대표적인 예는 '악취행위^{握取行爲}, mancipatio'다. 악취행위는 앞서 설명했듯이 인과 물에 대한 지배권의 취득·상실에 활용되었는데, 전자의 대표적인 예가 자식을 솔가권으로부터 내보내는 부권면제^{父權免除}, emancipatio였고(아들의 경우에는 무려 세 차례를 해야만 했다. 12표법 제4표 제2b조 및 Gai.1.132 참조), 후자는 악취물^{res mancipi}에 속하는 노예 또는 역축을 매매하면서 행해졌다. 시간이 지나면서 악취행위는 가장매매^{imaginaria venditio}로서 행해지는데, 기원후 2세기에 집필된 가이우스『법학원론』은 이 과정을 다음과 같이 설명한다.

가이우스, 『법학원론』 제1권 119절(161년 집필 추정)

악취행위는. 전술한 바와 같이 일종의 가장매매다. 그리고 그것은 로마 시민의 고유한 법에 해당한다. 이 일은 다음과 같이 행해진다: 최소 5명의 성숙기가 지난 로마 시민 증인들의 입회와 그밖에 동 저울을 소지한 '저울잡이'라고 불리는 지위에 있는 자의 협력하에, 악취행위로 받는 자가 물건을 잡고서 다음과 같이 말한다: "이 노예를 나는 퀴리테스의 법[=로마시민법]에 기하여 나의 것임을 선언하노니, 그가 나에게 이 동 조각과 동 저울에 의하여 매수될지어다.” 그다음에 동 조각으로 저울을 치고 그 동 조각을 악취행위로서 물건을 주는 자에게 대금조로 교부하였다.

법의 발전 초기단계에 행해지던 이런 악취행위는 점차 시간이 지나면서 격식성이 완화되다가, 나중에는 실제 악취행위를 하지 않은 채 문서상에 기재하는 것으로 대신했다. 그러다가 6세기에 이르러 최종적으로 유스티니아누스 황제에 의해 폐지됐다(C.7.31).

로마법상 또 다른 중요한 형식행위로 ‘문답계약stipulatio’이 있다. 이것은 말 그대로 당사자 사이의 ‘문問’과 ‘답答’으로 이루어지는데, 앞서 설명한 동형행위처럼 복잡하진 않다. 두 당사자 사이에서 일방이 질문하고 상대방이 답함으로써 법적 구속력이 있는(여기서의 ‘구속력’은 ‘소구력’을 의미한다) 계약이 체결된다. 그런데 문답계약이 형식행위인 이유는, 일방이 질문할 때 반드시 정해진 동사를 사용해야 하고, 상대방은 반드시 질문자가 사용한 동사에 맞춰 대답해야만 했기 때문이다.

가령 약속을 받아야 하는 사람을 뜻하는 요약자要約者가

상대방(채무자)의 급부내용을 서약하다s_spondere_라는 동사를 써서 '그대는 ~을 서약하는가?'라고 질문한 경우, 약속을 승낙하는 사람을 뜻하는 낙약자諾約者는 반드시 '나는 서약한다'라고 답을 해야만 한다(이 점에서 문답계약은 낙약자 일방만이 의무를 부담하는 편무계약에 속한다). 이때 낙약자가 다른 동사를 사용해 대답하면 법적 구속력이 생기지 않게 되고, 뒤에 설명하듯이 무방식의 약정_pactum_에 그치게 된다. 물론 이 문답계약 역시 시간이 지나면서 점차 형식이 완화되고, 원래는 반드시 구술방식_verbis_으로 해야 했지만 나중에는 문서 작성으로 대신했다. 어쨌든 문답계약은 로마 계약법을 이해하기 위한 필수 제도 중 하나다.

그렇다면 문답계약과 단순한 무방식의 약정은 어떤 차이가 있을까? 둘 다 의사의 합치가 있었다는 점에서는 오늘날의 관점에서는 '계약'과 동일한 것으로 보이지만, 로마법에서 이 둘은 매우 큰 차이가 있었다. 용어상의 구별에서 알 수 있듯이 문답계약은 엄연히 계약이지만, 무방식의 약정은 로마법에서는 계약이 아니었다. 이것은 상대방이 불이행할 시 법적 소구력의 차이로 이어진다. 문답계약이 체결되었는데 상대방이 그 내용을 이행하지 않는 경우 법적

소구가 가능하지만, 단순한 무방식의 약정은 법적 소구가
불가능하다. 이것은 뒤에 설명하듯이 소권법체계인 로마
에서 권리를 법적으로 소구하기 위해서는 소권이 필요한
데, 문답계약의 경우에는 소권이 부여되지만, 단순한 무방
식의 약정에는 원칙적으로 소권이 부여되지 않는다는 결
정적인 차이가 있다.

로마법상 문답계약은 형식행위였지만, 무슨 내용이든
문답계약 안에 담기만 하면 형식상 그리 어렵지 않게 소구
력을 발생시킨다는 점에서 매우 다양하게 활용될 수 있었
고, 그런 점에서 대단히 편리하고 쓰임새가 많은 제도였다.
그리하여 로마인들은 전형계약을 체결하면서 부수 약정을
문답계약하기도 하고, 소비대차를 체결하고 나서 문답계
약을 다시 체결하기도 했다. 나아가 문답계약은 오늘날로
치면 손해배상액의 예정에 활용되기도 하고, 소구 불가능
한 채무의 법적 구속력을 인정하기 위해서도 활용되는, 이
른바 간접강제 수단으로도 활용됐다.

문답계약의 실제 사례로 보이는 다음의 개소에서는 2세
기 말에서 3세기 초 황실 법정에서 낭독된 문답계약의 문
구가 나온다. 당사자들이 사용한 동사를 유의해 읽어보고,

이 사안에서는 어떤 점이 문제가 되었을지 생각해 보자.

문답계약 실제 사례("Lex Lecta")

D.12.1.40 파울루스, 『질의록』 제3권.

Lecta est in auditorio Aemilii Papiniani praefecti praetorio iuris consulti cautio huiusmodi: (…) 근위대장인 법률가 아이밀리우스 파피니아누스(주 활동시기: 170~212)의 황실 법정에서 이런 문기[文記]가 낭독되었다. "나 루키우스 티티우스는 푸블리우스 마이비우스로부터 그의 집에서 나에게 지급된 15금[=5,000 세스테르티우스]의 소비대차금을 수령하였음을 기록하였고, 푸블리우스 마이비우스가 이 15금이 정화[正貨]로 적법하게 장래 모월 초하루 변제될 것을 문답 요약하고, 나 루키우스 티티우스가 문답낙약하였다. 상기 일자에 그 금액이 푸블리우스 마이비우스에게 또는 그 금액이 속할 자에게 지급되거나 변제되거나 그 명목으로 담보제공되지 않으면, 그때는 내가 후에 변제하는 만큼 징벌 명목으로 30일당, 그리고 100데나리우스당 1데나리우스를 지급할 것을 푸블리우스 마이비우스가 문답요약하고, 나 루키우스 티티우스가 문답낙약하였다. 그리고 우리 사이에 마이비우스를 위해

상기 금액을 월 분할급으로, 즉 전체 금액을 300데나리우스
씩 그 또는 그의 상속인에게 환급하기로 [무방식] 합의하였다
convenit." [번역은 최병조 대표, 비교민법총서]

로마 사람들의 형식 중시는 법적 절차를 마련함에 있어
서도 특유의 섬세함과 꼼꼼함으로 나타난다. 어떤 법제도
가 잘 작동하기 위해서는 규정의 취지가 명확해야 할 뿐만
아니라 절차적 세심함을 갖춰야 한다. 아무리 좋은 규정을
두었다 하더라도 그 제도를 시행하기 위한 절차가 미비하
면 현실에서 제대로 작동하지 않기 때문이다. 로마 사람들
은 이런 점을 잘 알고 있었고, 제도 설계에 있어서 탁월함
을 발휘했다. 로마에서는 어떤 필요에 의해 법을 만들면,
이것이 현실에서 잘 작동할 수 있도록 세심한 절차 규정을
마련하는 데 공을 들였다. 대표적으로 기원전 450년경에
제정된 12표법의 첫 조문은 놀랍게도 민사소송에서 피고
의 법정소환에 관한 규정이다. 그곳에는 피고를 법정소환
해야 하는 원고가 무엇을 해야 하는지가, 법정 소환을 받은
피고의 대응과 상황에 따라 마치 매뉴얼처럼 상세하게 규
정되어 있다.

12표법 제1표

1. (원고가 피고를) 법정에 소환하면 (피고는) 출두하여야 한다. 그가 출두하지 않으면 (원고는) 증인을 소환하여야 한다. 그 후에 (원고는) 그를 포획한다.

2. (피고가) 속이거나 도주하려 하면 (원고는) 그를 나포한다.

3. 질병이나 노령이 장애 사유일 때 원고는 (피고에게) 무개마차無蓋馬車를 제공한다. 피고가 이것을 거절하는 때는 (원고는) 유개마차를 준비한다. [번역은 최병조, 연구]

로마 사람들의 절차 중시를 보여주는 다음의 예로는 미발생손해 담보문답계약cautio damni infecti에 관한 법정관 고시(D.39.2.7.pr.)를 들 수 있다. 후술하듯이 미발생손해 담보문답계약은 이웃한 건물 기타 공작물의 붕괴 위험에 대비하기 위한 것이다. 그런 위험이 발생했을 때 신청 자격이 있는 자가 관할관(법정관 또는 관할 정무관)에게 신청하면, 관할관은 사정심리 후에 피신청인에게 일정한 법적 조치를 취하도록 해서 건물 붕괴를 미연에 방지하는 제도였다(상세는 최병조,『논고』, 70면 이하 참조). 이런 상황에서 이웃 건물주가 알아서 보강공사 등의 붕괴 방지 조치를 하면 좋겠지만,

모두가 그런 것은 아니었기에 법정관 고시에서는 피신청인의 대응에 따라 신청인이 취할 수 있는 법적조치가 단계별로 제시되어 있다(번역은 최병조, 『논고』, 134면을 기초로 일부 수정했고, 문단 나누기와 [ ]에 의한 설명은 저자가 가한 것이다).

Praetor ait: DAMNI INFECTI SUO NOMINE PROMITTI, …

법정관 고시: 본관은 미발생손해에 관하여, 자신이 남소하기 위하여 그것을 신청하는 것이 아니라는 것, 또는 그가 대리하는 소송명의인이 남소하기 위하여 신청하려 한 것이 아니라는 것을 선서한 자에게, 그 자신의 명의로 하는 경우에는 단순 손해담보문답계약이, 타인의 명의로 하는 경우에는 보증인부 손해담보문답계약이, 본관이 사정을 심리해 정하는 기간까지 낙약되기를 명할 것이다.[→ 피신청인에게 담보문답계약 체결 강제 촉구]

본관은 손해담보계약을 낙약할 자의 소유자 여부에 관하여 분쟁이 있을 경우에는 항변하에 보증인부 손해담보문답계약이 낙약되도록 명할 것이다. (중략)

본관은 그와 같이 손해담보계약을 낙약받지 못할 자는, 손해담보문답계약이 낙약될 것을 신청할 그 물건의 사私압류에 들어가고, 또 정당한 사유가 있다고 인정될 경우에는 전부점유轉付占有, possidere iubere까지도 명할 것이다.[→ 피신청인 불응 시 신청인에게 사압류 또는 전부점유 부여]

본관은 손해담보문답계약을 낙약하지도, 사압류 및 전부점유를 용인하지도 않은 자를 상대로 소송을 부여할 것인바iudicium dabo, 그는 이 건에 관해 본관의 하명下命에 기하거나 또는 이 건에 관하여 본관에게 속하는 사법관할권이 있었던 자의 하명에 기하여 손해담보문답계약이 낙약되었더라면 그가 지급하여야 하였을 상당액을 지급하여야 한다.[→ 소송 부여(손해배상)]

이웃에 붕괴 위험이 있는 건물이 있는 경우 현행법에서는 어떠한가? 우리나라의 경우 과거에 비해 부실공사는 줄었지만, 최근 건물 노후화와 땅꺼짐 현상으로 인해 붕괴 위험이 있는 건물들이 많아졌고, 실제로 붕괴 사고에 이른 뉴스를 종종 접하게 된다. 우리나라에서는 민법에 예방조치를 취할 수 있는 관련 규정이 있지만(제214조 소유물방해예방청구권, 제206조 점유의 보전 등) 현실에서 제대로 적용되고 있는 것 같지는 않다. 관할 구청에 신고하더라도 사유재산이라 어쩔 수 없다는 답변만이 돌아볼 뿐인지라 답답함을 토로하는 경우가 많다. 건물 붕괴는 공공의 안전에 관한 것으로 대규모 인명과 재산 피해를 초래할 수 있다는 점에서 적극적인 대처가 필요하다. 공권력에 의지하는 방법도 있겠으나 그것과 아울러 우리에게도 예방법학적 측면에서 세밀한 권리구제 절차 마련이 절실해 보인다.

신의

마지막으로 로마 법문화의 특징으로 빠뜨릴 수 없는 섯 중 하나가 '신의fides'다. 신의는 로마인들이 신격화할 정도로 중시했는데, 키케로의 말처럼 "정의iustitia의 기초는 신의"이며, 이는 "말한 바와 합의한 바의 엄수와 진실됨"을 의미했다(『의무론』 1.7.23. 최병조 역. 참고로 키케로 의무론의 경우 기존의 허승일 역(1989/2006) 외에도 최근 번역서들이 연이어 출간됐다. 임성진 역(아카넷, 2024); 김남우 역(열린책들, 2024)). 로마인들의 신의에 대한 중시는 도의적 또는 사상적인 차원에 머무는 것이 아니고 법문화와 법의 발전에 있어서도 중요한 역할을 했다.

우선 로마인들은 소송절차에서 '선서iusiurandum' 제도를 적극 활용했다. 오늘날 우리가 일상에서 선서를 하는 경우는 거의 없기에 의례적인 것으로 치부하지만(대표적으로 증인 선서, 대통령 취임 선서, 그밖에 임관 선서 등), 고대인들에게 선서 제도는 매우 실효적인 것이었다. 따라서 절차를 운용해 나갈 때 요소요소에서 활용되었는데, 그 이유는 당사자가 선서를 한 뒤 이를 어긴다는 것은 고대인들, 특히 신의를 중시하는 로마인들로서는 상상할 수 없는 일이기 때문이다. 이런 면에서 볼 때 위증이 아무렇지 않게 행해지는 오늘날의 우리 사회에서는 반성이 필요하다.

로마인들에게 신의의 엄중함은 신의가 중시되는 법률관계 소송에서 패소한 경우(대표적인 예로 위임, 조합, 신탁, 후견 등) 단순히 금전배상만이 아니라 파렴치효infamia 부과로 나타났는데(후술), 로마 사회에서 파렴치자infamis가 된다는 것은 '믿을 수 없는 사람'으로 낙인찍혀 각종 불이익을 감수해야 한다는 것을 의미했다.

무엇보다 로마 계약법의 발전 과정에서 매우 중요한, 당사자 간 의사의 합치만으로 법적 소구력을 인정하는 '낙성계약'의 인정은 바로 이런 신의에 기반한 것이었다. 또한 신의는 소송법에서도 엄법소송stricti iuris iudicia과 구분되는 성신소송bonae fidei iudicia에서 중요한 역할을 하게 된다.

이런 법문화를 토대로 발전한 로마법의 특징에 대해 좀 더 자세히 살펴보자.

전문실무법학

로마인들은 철학보다는 법학에 재능이 있었고, 그 결과 추상적 법이론보다는 실제 사례의 해결을 위한 법리를 중심으로 하는 '전문실무법학'을 발전시켰다. 오늘날의 용어를 빌려 표현하면, 로마인들은 법철학보다는 구체적인 사례에서의 법률관계를 연구대상으로 하는 민법학을 발전시켰다. 그 결과 로마인들의 정의正義에 대한 담론은 추상적 이론 차원에 머무는 것이 아니라 구체적인 사안을 토대로 이루어졌다(상세는 최병조, "로마법률가들의 정의관", 로마법연구(I), 138면 이하; "고전 로마법상의 정의 논변", 학술원논문집 62-1(2023), 403면 이하 참조).

합리적 담론을 중시하는 '학식법'으로의 발전

로마법은 전문실무법학이면서도, '학식법學識法'이었다. 즉, 로마에서 법은 실무 차원의 운용을 넘어 학문화하는 과정에서 법학을 발전시켰다는 점이 특징이다.

'법의 학문화'는 법률가 계층에 의해 이루어졌는데, 이들은 법 실무와는 거리를 두고 자문과 저술 활동을 통해 법학을 발전시켰다. 그 결과 후대에 전해지는 로마법의 모습은, 이전의 인류 역사에서는 전례를 찾기 힘든 학식법의 모습을 갖추게 됐다.

그런데 로마인들이 학문화한 대상은 자연법이 아니라 실정법이었다. 즉 로마에서는 학문화의 과정에서도 전문 실무법학의 모습을 유지했다. 그런 의미에서 로마에서는 "법공동체의 실정법에 대한 방법적 인식"으로 정의되는 법학(심헌섭, "법학의 학문성", 법철학연구, 제9권 제1호, 10면)이 비로소 시작된다.

그리고 로마 법률가들은 법률문제를 다룸에 있어서 당장 눈앞에 있는 사례의 해결이 아니라, 사례 해결의 기준으로서 '일관성'과 '합리성'을 가진 법리 문제에 천착했다. 이때 결론의 타당성은 물론이고, 그러한 결론에 이르는 논증으로 '합리적 논변disputatio fori'이 중시됐다. 그 과정에서 많은 경우 견해대립이 존재했는데, 이는 사료를 통해 전해진다.

D.41.1.5.1 가이우스, 『일용법서』 제2권.

[사냥 중에] 상처를 입어서 포획할 수 있을 들짐승(=야생동물)이 즉시 우리 것이 된다고 이해되는지가 문제된다. 트레바티우스(주 활동시기: BC 50~AD 4년경†) 견해는 즉시 우리의 것이고, 우리가 그것을 추격하는 동안까지는 우리의 것으로 인정되지만, 그러나 우리가 그것을 추격하기를 그만두면 우리의 것이기를 그치고, 반대로 선점자의 것이 되고, 따라서 우리가 그것을 추격하는 시간 동안에 타인이 자신이 이득할 의사로 그것을 취하면, 그는 우리에게 절도를 범한 것으로 인정된다는 것이다. ¶ 다수설은, 우리가 그것을 취하지 않으면 우리 것이 아니라는 것인데, 왜냐하면 많은 일들이 우리가 그것을 취하지 못하도록 발생할 수 있기 때문이다. 이 견해가 더 타당하다.

위의 개소에서는 야생동물의 사냥을 통한 소유권 취득, 이른바 무주물 선점^{occupatio} 사례를 다루고 있다. 야생동물은 무주물이고 따라서 선점하는 사람이 소유권을 취득하게 되는데(민법 제252조 제1항 및 제3항 참조), 사냥꾼이 활을 쏘거나 창을 던져 부상당한 동물을 추격하는 과정에서 다른 사람이 부상당한 야생동물을 가로챈 경우, 그것이 누구의 소유인지가 문제가 된다. 그리고 그에 따라 동물을 가로챈 자의 절도 성립 여부가 결정되는 것이다.

공화정 말기부터 제정 초기까지 활동했던 트레바티우스C. Trebatius Testa라는 법률가는 그 경우 사냥을 해서 동물에게 부상을 입히면 즉시 사냥꾼의 소유가 되는데, 다만 그 동물이 도망갈 때는 사냥꾼이 추격하는 동안에만 그 소유권이 인정되고, 도중에 포기하면 나중에 가로챈 사람의 소유가 된다는 견해였다. 이에 대해 다른 견해는, 선점은 실제로 점유를 취득하는 것으로 부상을 입힌 것만으로는 선점이라고 볼 수 없으며, 실제로 점유를 취득한 자의 소유를 인정한다는 입장이다. 그러면서 위의 트레바티우스의 견해를 따르면 "많은 일들이 우리가 그것을 취하지 못하도록 발생할 수 있다"고 비판했다. '선점'이라는 개념상 이 견해가 당연하다고 생각할 수도 있다.

실제로 학생들에게 물어보면, 민법을 공부한 2학년 학생들은 이 견해가 타당하다고 본다. 그런데 극단적으로 사안을 상정하면, 부상을 입힌 동물을 끝까지 추격해 곧 손만 뻗으면 잡을 수 있는 상황에서 근처에 있던 누군가가 순식

간에 동물을 낚아챈 사안에도 이 법리를 적용하는 것이 타당한지는 의문이 든다. 실제로 민법을 아직 본격적으로 공부하지 않은 학생들의 경우, 이때는 사냥꾼의 소유로 인정하는 것이 타당하다는 학생들도 많다(이유는 사냥꾼의 노력에 대한 보상이 필요하며, 가로챈 사람의 소유가 되면 사냥꾼이 '억울'할 것 같다는 것이다).

시간과 노력을 들여 동물을 추격한 사람과 어떻게 보면 우연히 횡재를 한 사람 중 누구에게 소유권을 인정하는 것이 낫을까? 가장 공평(?)하게 보이는 해결책은 둘이 싸우지 말고 반반씩 나눠 가지라는 것일 수도 있다. 당사자들이 사이좋게(?) 합의한 경우라면 문제가 없겠으나 항상 그런 것은 아니므로 이것은 일관된 기준이 아닐뿐더러 법적 기준이 될 수 없다. 특히 소유권의 귀속과 관련한 물권법 규정은 명확한 기준 제시가 중요하다는 점에서, 그런 극단적인 사안일지라도 선점이라는 개념에 충실하게 실제로 점유를 취득한 자의 소유권을 인정하는 것이 타당하고, 그런 의미에서 다수설이 된 것이다. 6세기 유스티니아누스 황제도 이 견해를 따랐다(Inst.2.1.13).

다음은 매매에서의 착오 사안이다.

D.18.1.9.2 울피아누스, 『사비누스 주해』 제28권.

그러므로 객체 자체에 관하여는in ipso corpore 착오가 없으나, 성상性狀, substantia에 관하여는 착오가 있는 경우, 예컨대 (a) 식초가 포도주로 매도되거나, (b) 은이 금으로 또는 (c) 납이 은이나 은과 유사한 어떤 다른 것으로 매도되는 경우 매매가 성립하는지 문제가 된다. 마르켈루스(주 활동시기: 140~175)는 『학설집』 제6권에서 매매가 성립하는바, 왜냐하면 비록 재료/질료에 있어서in materia 착오가 있었으나 객체에 있어서는 합의가 되었기 때문이라고 기술하고 있다. ¶ 사견私見으로 포도주의 경우는 동의하는데, 왜냐하면 포도주가 시어진 것이라면 거의 같은 본질οὐσία, susbstantia이기 때문이다. 그러나 포도주가 시어진 것이 아니라 처음부터 식초 같은 산액이었다면, 서로 다른 물건이 매도된 것으로 생각된다. 그러나 그 밖의 경우에는 재료/질료에 있어서 착오가 있을 때는 매도는 무효라는 것이 사견이다.

매매가 성립하려면 당사자 사이에 합의가 있어야 하는데, 이때 합의는 목적물과 대금액에 대하여 이루어져야 한다. 위의 개소에서 울피아누스(주 활동시기: 190~223†)는

"객체 자체에 관하여는 착오가 없으나, 성상에 관하여는 착오가 있는" 사안을 다루고 있는데, 그 예로는 (a) 식초가 포도주로, (b) 은이 금으로 또는 (c) 납이 은이나 은과 유사한 어떤 다른 것으로 매매되는 사례를 들고 있다. 우리가 보기에 현실에서 어떻게 이런 일이 일어날까 싶지만, 이는 로마법률가들이 다룬 사례의 특성을 보여주는 것으로, 실제로 성분의 함량이나 원재료가 서로 다른 경우가 요즘에도 드물지 않게 있다(최근 기사에 따르면 거위털 패딩인 줄 알고 샀는데, 알고 보니 오리털이었던 일들이 일어나서 법적으로 문제가 되고 있다).

물론 그 과정에서 매도인이 알고 있고, 나아가 매수인을 속이고 판 경우를 별론으로 한다면, 대체로 매도인이 모르는데 매수인만 알고 사는 경우는 극히 드물 것이고, 이런 일은 매도인과 매수인 모두 모르는 경우가 많을 것이다.

2세기에 활동한 마르켈루스는 어쨌든 객체에 대한 합의가 있다면 매매는 성립하는 것으로 본다. 2세기 말에서 3세기 초에 활동한 울피아누스는 선배 법률가인 마르켈루스의 견해를 소개한 후, 자신은 포도주 매매 사안에서는 이 견해를 따르지만 다른 재료착오 사안에서는 매매가 무효라는 견해를 개진한다. 이 중 누구의 견해가 더 타당해 보이는가?

일단 견해 대립이 있는 것으로 보이지만, 곰곰이 다시 읽어보면 법리 자체에 대한 견해 대립이라기보다는 사안을 어떻게 보는지에 대한 차이에서 비롯한 것이 아닐까 하는 생각이 든다. 울피아누스도 포도주의 경우에는 동의한다고 하면서, 멀쩡하던 포도주가 나중에 시어진 것이라면 객체에 대한 합의를 인정하면서도, 처음부터 식초 같은 산액이었다면 서로 다른 물건이 매도된 것으로 객체에 대한 합의를 부정하고 있다.

이런 점에서 울피아누스가 보기에는 "(b) 은이 금으로 또는 (c) 납이 은이나 은과 유사한 어떤 다른 것으로 매매되는 예"들은 객체에 대한 합의 자체를 부정하는 것으로 보이는데, 울피아누스의 이 같은 입장은 후술하듯이 쌍방의 착오 사안을 다룬 다른 개소(D.181.14 참조)에서 간취看取될 수 있다.

마지막으로 다음 개소를 살펴보자.

D.12.7.2 울피아누스, 『고시주해』 제32권.

세탁업자가 옷을 세탁하기 위하여 수급하였고, 옷을 분실하게 되자 도급계약에 기하여 제소되어 소유자에게 가액을 지급하였는데, 그 후에 소유자가 그 옷을 찾은 경우, 세탁업자는 어떤 소권으로 그가 공여한 가액을 얻어야만 하는가? 카씨우스[주 활동시기: 20~70] 가로되, 그는 도급계약에 기하여 제소할 수 있을 뿐만 아니라 소유자에게 이득반환청구소권으로 청구도 할 수 있다. 사견[=울피아누스]으로 그는 어쨌든 도급계약에 기한 소권을 가진다. 이득반환청구소권으로 청구도 할 수 있는지가 문제가 되는데, 왜냐하면 그가 공여한 것이 비채가 아니기 때문이다. 다만 혹시라도 우리가 원인 없이 공여된 것으로서 이득반환청구소권으로 청구될 수 있다고 생각하는 경우라면 그렇지 않다. 왜냐하면 옷을 찾은 경우는 원인 없이sine causa 공여된 것으로 인정되기 때문이다.

어떤 사람이 세탁업자fullo(라틴어 사전을 찾아보면 '마전장이', '축융공縮絨工'이라는 어려운 단어가 나오는데, 세탁업자로 이해하면 된다)에게 자기 소유의 옷 세탁을 맡겼는데(이것은 도급계약에 해당한다), 맡긴 옷이 분실되자 세탁업자에게 손해배상을 청구했고 손해배상을 받았다. 여기까지는 문제가 없다. 그런데 소유자가 나중에 그 옷을 찾게 됐다. 물론 이때 소유자는 옷보다는 이미 받은 돈을 선택할 수도 있고, 세탁업자는 자기가 이미 손해배상을 했으니 그 옷을 자기에게 달라고 요구할 수도 있다. 그러나 일반적으로 이 경우는 소유자가 손해배상으로 받은 돈을 세탁업자에게 돌려주면 문제가 해결된다.

그런데 소권법체계를 취하고 있는 로마법에서는 받은 돈을 돌려주라는 결론만으로는 안 되고, 어떤 소권으로 돌려주어야 하는지도 중요한 문제인데, 이 개소는 바로 그 점을 다루고 있다. 이에 대해 기원후 1세기에 활동한 카씨우스C. Cassius Longinus는 도급계약에 기한 소권과 (현행법상 부당이득반환청구에 해당하는) 이득반환청구소권condictio을 제시한다. 울피아누스는 이 견해에 동의하면서도 변제 당시 채무가 있었으므로 이득반환청구소권은 불가능하지 않냐는 의문을 던졌다.

결국에는 사후적으로 원인 없이 준 돈이 되었으므로 반환청구가 가능하다는 논거를 제시함으로써 선배 법률가인 카씨우스의 견해를 보강하고 있다(민법에서 이 사안은 손해배상자대위(제399조)와 관련되어 논의되는데, 가령 손배자대위가 있은 후 물건이 발견되어 채권자가 그 가액을 반환하고 배상자가 배상자대위로 취득한 물건 또는 권리의 반환을 청구할 수 있는지에 대해서는 양창수·김재형,『계약법(민법 I)』(2024), 551면 이하를 찾아보고, 위에서 설명한 로마법의 태도와 비교해 보기 바란다).

더 알아보기: 로마 법률가들은 왜 '제한능력자' 사례를 연구했을까?

로마법의 학식법적 특징은 여러 가지가 있겠으나 로마 법률가들이 거의 모든 법률문제를 다룰 때 현행법상의 법률용어인 '제한능력자 사례'를 반드시 다루고 넘어간다는 점을 들 수 있다. 그중 대표적인 경우가 바로 정신착란자furiosus와 피후견인pupillus이 등장하는 사례다. 정신착란자는 민법상 의사무능력자에 해당하고, 로마 시대의 피후견인은 어린 나이에 아버지를 여읜 고아인데, 로마 법률가들이 이들을 항상 언급한다는 점은 의아하다. 로마가 숱한 전쟁을 치르면서 오늘날로 표현하면 '외상후 스트레스 장애PTSD'를 겪는 환자들이 많았거나, 또는 기대수명이 짧다 보니 고아들이 많아져서 이들과 관련된 사례가 많이 생겨날 수밖에 없었고, 그렇다 보니 법률가의 입장에서는 이런 사안을 다루지 않을 수 없다는 생각이 들었을 수도 있다.

그러나 이런 상황은 다른 곳도 마찬가지였을 텐데 왜 유독 로마에서만 이 문제들을 비중 있게 다루었는지는 여전히 해명되지 않는다. 로마 법률가들로서 이들과 관련된 사례가 법리적으로 중요했던 이유는, 이 문제가 권리주체의 능력과 관련된 아주 중요한 주제였기 때문이다(로마 후견제도에 관해서는 최병조,『법과 생활』, 311면 이하 참조). 다음 개소에서는 성^盛고전기를 대표하는 로마 법률가 켈수스가 정신착란자를 상대로 이루어진 인도의 효력을 다루고 있다. 켈수스가 내린 결론의 타당성을 검토해 보고, 현행 민법의 태도와도 비교해 보자.

D.41.2.18.1 켈수스〔주활동시기: 100～130〕,『학설집』제23권.
외관상 맑은 평온한 상태여서 네가 제정신이라고 판단한 정신착란자에게 네가 물건을 인도한 경우, 비록 그가 점유를 취득하지 못할지라도 너는 점유하기를 그친다. 왜냐하면 네가 이전하지 못하더라도 점유를 그만두기에 충분하기 때문이다. 즉, 어떤 자가 이전하여야만 점유를 그만두기를 원한다고 말하는 것은 어불성설이기 때문이다. 오히려 자신이

이전한다고 판단하기 때문에 점유를 그만두기를 원하는 것
이다.

민사법 중심의 발전

위의 두 가지 특성을 결합하면, 실용성을 추구하는 로마인
들은 전문실무법학으로서의 법실무만이 아닌 실정법에 대
한 합리적 인식 방법으로서의 법학을 발전시켰다. 그런데
로마 법률가들이 집중한 분야는 공법이 아닌 사법이었다.
이는 동서고금 대부분의 법이 형법이나 행정법과 같은 공
법 중심으로 발전한 것과는 매우 대비된다. 그도 그럴 것이
국가를 전제로 하는 법의 세계에서는, 당연히 국가 측면에
서 관심이 있는 법 분야가 발전하는 것이 자연스럽기 때문
이다.

전통사회와 같이 중앙집권화가 일찍 확립되고 국가의
역할과 권한이 큰 경우 법은 규제와 처벌 중심으로 발전한
다. 그리하여 오늘날 일반인들에게 '법'이라고 할 때는 '헌
법'이나 '형법' 같은 공법을 떠올리게 되는데('법 없이도 살
사람'에서 '법'이란 어떤 법을 의미하는가?), 막상 로스쿨에 진학
해 처음 법 공부를 할 때는 '민법'이 차지하는 비중과 중요

성이 매우 크다는 것을 알고 놀란 경험이 있을 것이다. 이와 같이 법과대학 또는 법학전문대학원의 교과과정에서 민법의 비중이 큰 것은, 민법이야말로 인간의 가장 기본적인 생활 영역을 다루는 법 분야로서 그 내용에서도 중요할 뿐만 아니라, 민법을 공부하는 과정에서 법적 개념과 사고방법을 익힐 수 있기 때문이다.

로마에서 민사법 중심의 발전이 이루어진 이유에는, 여러 가지를 들 수 있겠지만, 전술했듯이 이것은 프리츠 슐츠가 말한 '분리 원리'에서 비롯한다. 즉, 로마인들은 법과 법 아닌 것을 나누고, 법을 신성법과 세속법으로 나누며, 세속법을 다시 공법과 사법으로 나눈 뒤 사법을 주된 대상으로 삼았다. 로마 법률가들이 사법을 주된 관심 영역으로 삼은 이유는 그들이 보기에 공법은 관직자들의 소관이며, '법리'(법 논리)의 문제가 아닌 '정치'와 권한행사의 문제였기 때문이다. 이 점에서 로마 법률가들이 보기에 공법은 일관된 법리를 개발하기 어려운 영역이고, 모든 권한이 황제에게 집중된 제정기에는 더욱 그랬을 것이다. 로마가 이와 같이 사법을 발전시킨 것은 로마 멸망 이후에도 로마법이 영속하는 주된 이유가 됐다.

민사법 발전을 위한 3가지 조건

법이 발전하기 위해서는 다양한 사례가 있어야 한다. 법은 사례가 생기고 그것을 일관된 기준에 따라 해결하기 위한 논리를 고민하는 과정에서 발전한다. 사인私人 간의 관계를 다루는 민사법의 경우, 처음에는 가족관계를 중심으로 사례가 생기다가(친족법과 상속법) 점차 사회가 확대되고 거래가 활발해지면서 거래관계에서의 다양한 사례가 발생하게 된다. 그런 점에서 민사법이 발전하기 위해서는 우선 거래가 발달해야 하는데, 그렇게 보았을 때 농업사회와 상공업사회의 (민)법의 모습에는 현격한 차이가 있다.

그러나 거래가 늘어난다고 해서 민사법이 당연히 발전하는 것은 아니다. 그 외에 어떤 조건이 필요할까? 다름 아닌 '민사법은 무엇인가?'라는 질문에 그 답이 있다. 민사법이란 사인 간의 법률관계를 규율하는 법으로, 여기서 사인은 '자유롭고 평등한 개인'으로 상정된다. 달리 말해 '자유롭고 평등한 개인'이라는 관념이 없다면 민사법은 발전할 수 없다. 아울러 민법이 다루는 '사인 간의 법률관계'란 기본적으로 누가 누구에게 어떤 '권리'가 있느냐에 관한 것이다. 권리란 법적으로 보호받는 개개인의 이익이라는 점에서 '사익私益'에 대한 긍정 역시 필수다.

물론 고대 로마는 노예제 사회였으나, 처음에는 로마 시민 간에, 나아가 로마 시민이 아닌 자유인들까지도 거래에 참여하고 법적 주체로서 권리를 부여해 주는 쪽으로 발전한다는 점에서 민사법 발전의 전제조건을 갖추게 된다. 아울러 로마에서는 '개개인의 이익singulorum utilitas'을 긍정하고 이를 법질서 내에서 관철시킬 수 있는 제도적 수단으로서 소권을 마련하고 있다는 점에서도 역시 민사법이 발전할 수 있는 조건을 갖춘 셈이다.

여기에 더해 '민법'이란 기본적으로는 국가에 의한 사인들 간의 분쟁 해결 기준이라는 점에서, 민사법이 발전하기 위해서는 국가가 평범한 개인의 삶에 관심을 가져야 한다. 이는 국가가 사인들의 분쟁에 관심을 가지고 그것을 일관된 기준으로 해결하기 위한 논리 개발에 지속적인 관심을 기울여야 한다는 것을 의미한다. 그렇게 하기 위해서는 국가가 공동체의 평화와 안정을 위해 공권력을 동원하는 형사법적 처벌에만 의존하지 않고, 민사법적 논리를 개발하고 이를 집행할 의지가 중요하다. 이 점에서 로마는 공동체의 평화 유지를 위한 수단으로, 나아가 제국의 평화를 유지하는 수단으로 국가적 차원에서 법, 그중에서도 민사법의 발전에 많은 힘을 기울였다.

황제의 권위에 기반한 구속력 있는 법적 규범의 마련

앞에서 로마법이 학식법적 특성이 있고, 합리적 논변을 통해 발전했다고 서술했다. 그런데 이런 학식법이 현실에서 어떻게 법규범으로 기능할 수 있었는지에 대한 의문이 들 것이다. 이른바 '통설communis opinio doctorum'에 해당하는 견해라면 큰 문제가 없겠지만, 법률가들 사이에서 의견 합치를 보지 못하면 그야말로 중구난방이 되어 법적 안정성을 확보하기가 어렵기 때문이다.

특히 로마에서 법률가들은 사회지도층으로서 주요 공직을 두루 역임하기도 했지만, 그들의 학문적 작업이 어디까지나 사인의 지위로 이루어졌다는 점에서 더욱 그렇다. 물론 로마 법률가 개개인의 권위에 기댈 때도 있었겠으나 이 문제는 제정기에 이르러 아우구스투스가 주요 법률가들에게 황제의 권위에 기반한 해답권, 즉 칙허해답권 ius respondendi ex auctoritate principis을 인정함으로써 해결됐다(Pomp. D.1.2.2.49). 이를 통해 학설은 "이성에 기반한 권위 있는 결정"으로서의 구속력을 갖게 된다.

D.1.2.2.49 폼포니우스〔주 활동시기: 130-180〕, 『편람』 단권.

말이 나온 김에 알아보자면, 아우구스투스 치세[BC 27~AD 14] 이전에는 공적 해답권이 황제들에 의하여 부여된 것이 아니었고, 자신의 실력을 신뢰한 사람들이 의뢰인들에게 해답하였다. 그들은 항상 기명된 해답문을 제공한 것은 아니었고, 대개는 그들 자신이 심판인들에게 직접 서한으로 보내거나, 그들의 의뢰인들이 [누가 해답한 것인지를] 입증하였다. 최초로 신황神皇 아우구스투스가 법의 권위가 더 커지도록, 법률가들이 황제의 권위에 기하여 해답하도록 칙정勅定하였다. 그리고 이때부터 특전을 얻기 위하여 신청되기 시작하였다. 그리하여 하드리아누스 황제[117~138] 폐하는, 법정관을 역임하였던 자들이 해답권을 신청하였을 때 그들에게 칙답하기를, "이것은 신청되는 것이 아니라 허여되는 것이며, 그래서 어떤 자가 스스로를 신뢰하여 인민들에게 해답하는 활동을 준비한다면 짐은 흐뭇하다"고 하였다.[번역은 최병조·이상훈, 일반원리]

폼포니우스의 서술에 따르면 정치적 혼란을 정리하고 권력을 잡은 아우구스투스는 사회질서의 안정을 중차대한 과제로 여겼고, 이에 따른 방편으로 "법의 권위를 더 키우기 위해ut maior iuris auctoritas haberetur" 일부 법률가들에게 칙허해답권을 부여함으로써 법률가들의 권위가 공인됐다. 물론 로마의 모든 황제가 법률가들을 존중한 것은 아니었고, 칼리굴라(재위: 37~41)의 경우 자기 마음대로 하기 위해 법률가들의 칙허해답권을 없애려 했다고 사료에 전해진다(수에토니우스, 『로마황제전』, 칼리굴라 34). 어쨌든 이 제도는 시행된 지 100년쯤 지나면서 제대로 정착되었던 것 같다. 급기야 하드리아누스 황제 치세에는 서로 칙허해답권을 받겠다고 신청하는 사례가 등장하자, 황제는 '법률가로서 일을 잘하고 있으면 내가 알아서 주겠다'는 취지로 칙답하기에 이른다.

문제는 이런 법률가들의 견해가 일치하지 않을 때는 어떻게 할 것인가이다. 이에 대해 하드리아누스 황제는, 법학자들의 해답이 전원일치일 때는 그 자체로 '법률의 효력'을 가지되, 견해가 엇갈릴 때는 심판인의 재량에 따라 결정하도록 하는 것으로 정해진다고 칙답했다(Gai.1.7; Inst.1.2.8).

우리가 볼 때는 이렇게 해서 도대체 재판이 어떻게 이루어질까 하는 의문이 여전히 든다.

그렇지만 오늘날에도 어떤 논점에 대해 학설대립이 존재하는 경우가 많고, 때로는 매우 첨예하게 이루어지기도 한다. 그렇게 본다면 결국 구체적인 사안에서 어떤 학설을 택해 재판할 것인지는 판사의 직업적 양심에 달려 있으며, 이것이 상급심을 통해 정리된다는 점에서 학설대립이 존재하는 것을 이상하게 볼 일은 아니다. 오히려 법이 정체되지 않고 발전하는 데는 학설대립이 주는 장점이 존재하고, 그 점에서 우리나라의 최고법원인 대법원과 헌법재판소는 법정 의견 외에 반대 의견, 별개 의견, 보충 의견까지도 설시하는 것은 의미가 있다.

그렇더라도 로마법상 학설에 법적 효력을 인정했다는 것은 오늘날 근대 성문법전으로 생활하는 우리에게는 여전히 낯설고 이해하기 어려운 현상이다. 뒤에 설명하겠지만 로마에는 법률과 관습법 이외에도 다양한 법원法源이 인정되었고, 황제에 의해 학설법에도 법적 효력이 인정된 측면이 있는 것은 사실이다. 그런데 따지고 보면 오늘날 우리가 가지고 있는 법전, 특히 민법전 안의 법조문들은 '법률'

의 형식을 띠고는 있지만, 역사적으로는 로마 법률가들의 학설법을 기반으로 중세 이후 서양의 법률가들이 학문적으로 가공한 법 명제들을 체계적으로 정리한 것이다.

법률문제의 해결은 법조문에 대한 문언 해석만으로는 이루어지지 않는다는 점에서 법조문의 해석과 관련한 견해 대립은 상존한다(그리하여 하급심과 상급심의 판결이 일치하지 않기도 하고, 대법관들 사이에서 의견일치가 이루어지지 않을 때도 있다). 나아가 판례를 비판하고 지도하는 법학의 임무 등을 고려하면 오늘날 학설 그 자체에는 법적 효력이 부여되지 않지만, 법 해석과 적용, 나아가 법 개정 등의 입법에 있어서 법학의 역할은 더욱 커졌으면 커졌지 결코 작아지지 않았다.

전통과 개신의 공존: 법정관법의 기여

소규모 도시국가에서 시작한 로마가 공화정을 지나 세계 제국으로 커가는 과정에서 로마는 크고 중대한 변화를 겪는다. 이미 설명했듯이 로마에는 전통을 중시하는 법문화가 있었으며, 로마인들은 실용성을 갖춘 민족으로서 변화된 사회에 발맞춰 새로운 법체계를 발전시켜 나갔다. 로마

에서 이런 역할을 담당한 정무관이 법정관法政官, praetor이었다
(D.1.2.2.27).

법정관직은 로마에 전쟁이 빈번해져 집정관들이 전쟁
터에 나가고 사법司法을 담당할 정무관이 필요해지자 기원
전 367년 집정관의 하급 동료minor collega consulum로 신설됐다.
이후 로마가 팽창해 외인과의 교류가 늘어나면서 기원전
242년에는 시민담당법정관praetor urbanus과 외인담당법정관
praetor peregrinus으로 재조직되었고, 그 이후에도 여러 차례 증
원되어 네르바 치세에는 18인에 달할 정도로(D.1.2.2.32),
로마법의 발전에 있어서 중요한 역할을 담당했다.

무엇보다 이들은 고권高權, imperium을 가진 고급 정무관으
로 고시법을 제정할 권한이 있었고, 이것을 '명예관법ius
honorarium' 또는 '법정관법ius praetorium'이라고 부른다. 이 법정
관법은 "공공의 이익을 위해 시민법을 보조, 보충, 교정하
기 위해 도입한 것"으로(Pap.D.1.1.7.1), 이런 역할을 담당하
는 법정관은 "시민법의 살아 있는 목소리"였다.

그 밖에도 법정관이 창설한 권리구제 수단은 신속한 사
법 정의 실현을 기했다. 대표적으로 절차의 원활한 진행을
위한 법정관 명에 따른 문답계약, 현행법상 보전처분에 해

당하는 사私압류 허용missio in possessionem, 현행법상 '취소' 제도에 해당하는 원상회복 명령, 그밖에 공공질서의 유지·회복을 위한 가처분명령으로서의 특시명령interdictum 등도 로마의 사법제도가 운영됨에 있어서 매우 중요한 역할을 담당했다.

그 결과 고전기 로마법은 전통적인 시민법과 이 시민법을 "보조, 보충, 교정하는" 명예관법이라는 이중 시스템으로 구성되는데, 이 점은 로마법을 공부할 때 반드시 염두에 두어야 한다. 즉, 고전기 로마법을 제대로 알기 위해서는 12표법 이래 전통적인 시민법적 규율이 무엇인지를 먼저 파악한 후 법정관법에 의해 변화되는 과정, 그리고 그와 관련한 칙법까지도 알아야 한다(대표적으로 후술할 점유법, 침욕 불법행위, 상속법 등 참조).

로마법은
어떻게 만들어졌을까:
로마법 역사의 시대구분

고대 로마의 역사는 기원전 753년 건국^{ab urbe condita} 이래 정체^{政體}의 변화에 따라 왕정기, 공화정기, 제정기로 나뉜다. 그리고 그 시기는 기원후 476년 서로마제국 멸망까지 대략 천 년에 걸쳐 있다(동로마까지 하면 그 뒤로 또 천 년여가 이어진다).

로마는 왕정에서 출발했으나 폭정이 이루어지자 왕을 축출함으로써 공화정으로 이행됐다(기원전 509년). 공화정기에는 귀족과 평민의 신분 투쟁이 약 200년간 지속됨으로써 이른바 평민들의 '권리를 위한 투쟁'이 지속됐다. 기원전 494년 제1차 평민이반^{secessio plebis}을 시작으로, 기원전 450년 아피우스 클라우디우스의 자의재판^{恣意裁判}으로 촉발

된 제2차 평민이반이 있었다. 그 후 귀족과의 통혼권 인정(기원전 445년 카눌레이우스법)과 평민회의결plebiscitum에 대해 법률과 동일한 효력을 인정받음(기원전 287년 호르텐시우스법)으로써 귀족과 평민 간의 신분 투쟁이 종결됐다. 이렇게 이룩한 사회적 결속을 토대로 로마는 영토를 확장하며 팽창했고, 그 후 여러 민족과 문화를 포용하며 제국으로 성장했다. 이와 같이 로마는 자유의 확대로 점점 발전하게 된다.

천 년에 걸친 로마법의 역사

로마법의 역사는 크게 보면 기원전 450년경 제정된 12표법에서부터 시작해 6세기 유스티니아누스 황제의 로마법대전Corpus iuris civilis까지 약 천 년에 걸쳐 있다. 서로마제국 멸망 후에 동로마제국의 법을 '비잔틴법'이라고 따로 부르지만, 유스티니아누스 황제의 '로마법대전'이 고전기 법의 회복을 기본 목표로 하고 있기 때문에 로마법대전을 통해 우리는 고전기 로마법의 내용을 파악할 수 있다.

로마법의 역사에서 전성기는 1세기 말에서 2세기까지의 시기다. 이 시기를 우리는 '고전기classical period'라고 부르며, 이 시기가 로마가 가장 융성하던 때에 해당한다. 고전기를 조^早고전기, 성^盛고전기, 만^晚고전기로 세분하기도 하는데, 중요한 것은 만고전기 이후 3세기 초반까지의 고전기 후기(줄여서 고전후기^{late classical period})라고 부르는 시기에 고전기 로마법이 종합되어 완성된다. 고전기 후기 다음의 50여 년간 군인황제 시기가 이어지는데, 이 시기부터 사회가 혼란해지면서 법학의 수준도 떨어진다. 이후 전주정기^{dominatus}로 들어서는데, 이때를 '비속법^{卑俗法, vulgar law}' 시기라고 부른다. 디오클레티아누스(284년)에 의해 안정을 되찾다가 콘스탄티노폴리스로 천도가 이루어지고(330년), 동서로 분열(395년)된 후 서로마제국은 멸망(476년)하고 동로마제국은 이어진다. 6세기 유스티니아누스가 황위에 오르면서 고전기 로마법을 보전하기 위해 법전편찬을 하게 되는데, 그것이 '로마법대전'이다.

한편 고전기를 중심으로 할 때 그 직전 시기를 '고전기 전기^{pre-classical period}'라고 부르는데, 시기적으로는 공화정 중기부터 원수정 초기에 해당한다. 고전기 전기가 중요한 이유는, 로마가 하루아침에 이루어진 것이 아니듯이 고전기 로마법도 하루아침에 만들어진 것이 아니므로, 고전기 전기는 고전기 로마법을 꽃피우기 위한 여러 가지 요소들을 배태하고 있었다는 데 있다. 실제로 고전기 법률가들은 이 시기에 활동한 법률가들을 옛법률가들veteres이라고 불렀다. 또한 기원전 2세기 초에서 중엽을 '법학의 발상 또는 요람'으로(D.1.2.2.38), 뒤이어 활동한 위대한 법률가 3인(푸블리우스 무키우스 스카이볼라, 브루투스, 마니우스 마닐리우스)을 가리켜 '시민법의 정초자들fundatores iuris civilis'이라고 부르며 (D.1.2.2.39) 고전기 법학의 기원을 고전기로부터 300년을 소급한 공화정기 법률가들에게로 연결짓는다.

고전기 로마법이 발전할 수 있었던 토양

그렇다면 고전기 전기의 어떤 요소들이 고전기 로마법으로 발전하는 데 기여했을까? 역사적으로 이 시기는 로마가 지중해를 제패함으로써 세계 제국으로 나아가는 토대를 마련한 때였는데, 이와 관련해 두 가지 주목할 것들이 있다. 첫째는, 전술한 바와 같이 이 시기에 로마가 정복한 그리스로부터 학문과 사상이 유입되기 시작했다는 것이다. 그중 처음에는 로마 법률가들이 '스토아 사상'을 받아들였고, 공화정 말기에 이르러서는 '회의주의 아카데이아'가 유입됐다. 로마인들은 자신들이 가진 재능을 발휘해 그리스 사상을 법에 접목함으로써 법학을 탄생시켰고, 이것이 훗날 위대한 고전기 로마법의 토양이 됐다.

둘째는, 공화정기라고 하는 정체政體가 가진 요소다. 공화정이란 왕이 없는 정체로, 선출직 정무관이 국정을 담당했는데, 전술한 바 있는 로마법의 발전에서 중요한 역할을 담당한 법정관 역시 선출직 정무관에 해당했다. 로마의 지도층 인사들이 법학에 전념하게 된 배경에는 정무관직이 선출직이라는 점이 중요하게 작용했다. 로마 귀족으로는 혈통귀족patricii과 관직귀족nobiles이 있었는데, 양자는 많은 경우 중첩됐다. 그런 이유에서 로마 귀족들은 사회적으로 볼 때 관직에 오르는 것이 중요했고(그 최종점은 집정관이었다), 관직에 오르려면 인민들의 표를 얻어야 했다. 이들에게 법률 자문은 자신들의 피호민들clientes을 비롯한 인민들의 표를 얻을 수 있는 좋은 수단이 되었던 것이다.

다시 말해 이들에게 법적 자문 활동은 그들의 사회적 영향력을 증대시키고 그들의 이름을 알리기 위한 필수 조건이었고, 이를 위해 그들은 열심히 법을 공부하며 실력을 쌓았다. 결국 인간 사회에서 누가 무엇을 하는지는 사회발전의 향배를 결정하는 중요한 동인이 된다. 성리학性理學을 통치 이념으로 삼았던 전통사회에서 지식인들은 유학을 열심히 공부했고, 그 결과 퇴계와 율곡 같은 뛰어난 학자가 나와 성리학을 꽃피웠듯이, 로마에서는 사회지도층에 속하는 지식인들이 법을 열심히 공부함으로써 법학이 발전할 수 있었다.

이상의 내용을 도표화하면 다음과 같다.

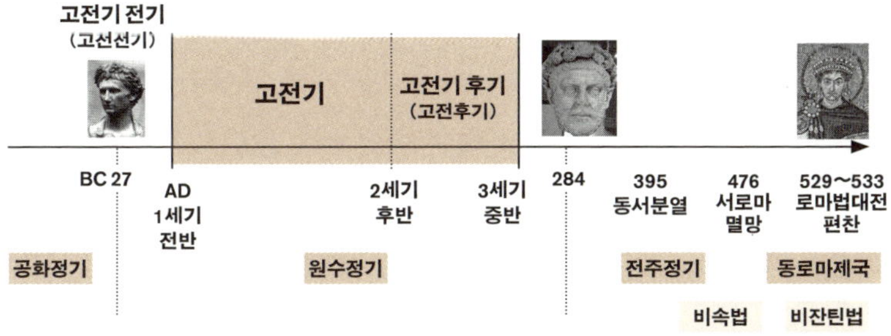

'로마법대전'이란
무엇인가:
고대법의 보물창고

로마법이란 고대 로마의 법을 말한다. 로마가 기원전 753년 창건한 이래 서로마제국은 기원후 476년에, 동로마제국은 1453년에 멸망했다. 그래서 가장 넓은 의미로 로마법을 말할 때는 '고대 로마제국의 모든 법'을 통칭하는 것이겠으나, 일반적으로 로마법이라고 할 때는 서로마제국까지만 다루고, 동로마제국법은 '비잔틴법'이라고 부른다.

서로마제국은 법의 역사에 있어서 기원전 450년경 제정된 12표법에서부터 시작하는데, 우리가 주목하는 시기는 기원후 1세기에서 3세기 초반까지 로마에서 법학이 가장 발전했던 고전기 로마법이다. 그런데 이 시기의 원사료는, 『가이우스 법학원론Gai Institutiones』을 제외하면 거의 전승되지 않는다. 그렇기에 고전기 로마법을 알기 위해서는 서로마제국이 멸망된 후 6세기 동로마제국의 황제 유스티니아누스가 편찬한 입법작품으로서의 〈로마법대전〉을 주된 사료로 삼는다.

로마법대전에 수록된 법은 동로마제국의 법이지만 우리가 로마법대전을 통해 고전기 법의 모습을 알 수 있는 이유는, 유스티니아누스 황제가 로마법대전을 편찬한 이유가 다름 아닌 '고전기 법의 보전'에 있기 때문이다. 그리고 유스티니아누스 황제는 법전을 편찬한 뒤 원문의 진정성 보장을 위해 원사료를 모두 폐기했으나, 황제가 편찬한 법전이니만큼 로마법대전은 계속해서 필사되며 전승됐다.

그 후로 로마법대전은 대략 500년간 잊혀 있다가 11세기에 이탈리아 볼로냐에서 재발견됨으로써 유럽에서의 법학 발전에 기초를 제공하게 된다. 이런 이유에서 오늘날 로마법을 알기 위해서는 중세 시대 때와 마찬가지로 6세기에 편찬된 로마법대전이 필수 사료다. 그렇다면 로마법대전이란 무엇이며, 황제가 이것을 편찬한 목적과 특징은 무엇일까?

제국의 쇄신을 실현하기 위한 법전편찬

'로마법대전'이란 기원후 529~533년 동로마 황제 유스티니아누스(재위: 527~565)의 명을 받은 사법장관 트리보니아누스^{Tribonianus}(475년경~545)의 주도하에 입법된 법전들을 말한다. 시기적으로 거의 유스티니아누스 황제가 황위에 즉위한 직후부터 편찬 작업이 시작되었다는 점에서 황제는 아마 그 전부터 법전편찬의 구상이 있었던 것으로 보인다. 그리고 그 이유는 당시 서쪽의 상황과 무관하지 않았으리라 추측된다.

전술했듯이 6세기 초에 서로마제국은 멸망했고 게르만 부족들이 제국의 서쪽을 할거하고 있었다. 그런데 정복자인 게르만족들이 볼 때 그곳에 원래 살고 있던 로마인들은 나라를 잃은 사람들로 이들에게 적용할 법전이 필요했다. 피정복민들에게도 게르만법을 적용하면 되지 않았을까 하는 생각이 들지만, 게르만법은 관습법으로 게르만인들에게만 적용되는 속인주의를 택하고 있었기 때문에 그럴 수가 없었다. 그렇다 보니 하루아침에 정복자가 된 게르만족은 자신들에게 적용되는 법전 외에 나라를 잃은 로마 유민들을 위한 법전을 만들게 된다.

그 내용은 로마법이기는 하나 당시 여건상 이미 3세기 중반 이후 법학의 수준이 퇴조된 비속법이 많이 반영될 수밖에 없었다. 그리고 이런 상황이 지속되는 것은 로마제국의 진정한 황제인 유스티니아누스가 볼 때 용인하기 어려운 일이었고, 이것이 아마도 법전편찬의 강한 동기 중 하나가 되었을 것이다. 유스티니아누스 황제는 '제국의 쇄신'이라는 자신의 통치 이상을 실현하기 위해 당시 혼란스러웠던 법 상황을 정리하고자 법전편찬을 기획하고 있었다. 그는 고전주의자로서 고전기 법의 보전을 중요한 국정 목표로 삼았고, 황위에 오른 직후부터 법전편찬을 추진해 나갔다.

이를 위해 유스티니아누스 황제는 재위 3년차였던 529년에 당시 사법장관이었던 트리보니아누스에게 법전편찬을 명했고, 그의 주도하에 법전편찬 작업이 진행되기에 이른다.

먼저 527년에서 528년까지 제정기 황제의 칙법을 모은 칙법전을 만드는데, 이것이 구칙법전^{Codex vetus}이다. 그 후에 530년 말부터 533년까지 고전기 법학자들의 학설들을 주제별로 모아놓은 학설휘찬^{Digesta}을 편찬하고, 그해 말에 법학교에서 법학을 공부하는 학도들을 위한 교과서로 법학

유스티니아누스 황제와 그의 수행원 및 막시미아누스 주교[1]
(위키피디아)

유스티니아누스 황제(재위 527~565)[2]
(위키피디아)

제요Institutiones가 만들어지는데, 황제는 여기에 법적 효력을 부여한다. 그리고 529년 이후의 칙법을 보완해 구칙법전을 개정한 개정칙법전Codex repetitae praelectionis, 즉 칙법휘찬을 편찬해 그 이듬해인 534년에 공포한다.

그 이후 유스티니아누스 재위 기간에도 칙법이 계속 발령됨에 따라 황제는 새로 발령된 칙법들의 정비사업을 염두에 두었으나 끝내 실현되진 못했다. 그렇지만 당시 법학교와 실무에서는 따끈따끈한 '현행법'에 해당하는 재위 중인 황제의 칙법이 가지는 중요성을 감안하여 개정칙법전 이후 유스티니아누스 황제의 칙법들을 모은 책이 사찬私纂되는데, 그것이 신칙법집Novellae constitutiones이다.

유스티니아누스 학설휘찬(플로렌티아 판본Pandectarum codex Florentinus)
가장 오래된 현존하는 사본으로 6세기 발효 직후 필사된 판본이다.[3]

Q

'Corpus iuris civilis'는 어떤 의미인가?

6세기 동로마제국 황제가 편찬한 법전들은 학설휘찬, 법학제요, 그리고 칙법휘찬이었다. 여기에 사찬 칙법집인 신칙법집Novellae을 추가해 'Corpus iuris civilis'라고 부르는데, 이 이름을 붙인 사람은 그로부터 천 년도 더 지난 1583년에 프랑스의 인문주의 법학자로 활동한 고토프레두스Dionysius Gothofredus(1549~1622)였다.

우선 '로마법대전'이라는 우리말 번역어부터 살펴보자. 서양에서는 법규범을 모아 법령집으로

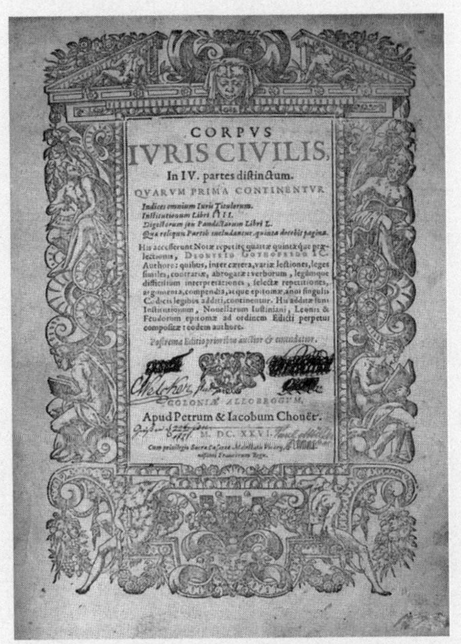

고토프레두스(1549~1622)가 편집한 1626년
출판된(초판본 1583년)『로마법대전』제1부의 표지[4]

편찬한 것을 'corpus legem' 또는 'corpus juris'라
고 불러왔는데, 여기서 'corpus'는 '몸'을 의미한
다. 우리 전통사회에서는 영구히 지켜야 할 법령
을 모은 책을 '전典' 또는 '대전大典'이라고 불렀고
(대표적으로 경국대전이 있다), 그에 따라 '대전'이라

는 번역어를 붙였다. 그렇다면 이 책의 핵심은 'ius civile'에 있다. 이것은 '시민법'을 의미하는데, 여기서 시민법은 다름 아닌 로마법을 뜻한다. 그런 이유에서 'Corpus iuris civilis'를 직역해 '시민법대전'이라는 역어를 사용하기도 하지만 그것만으로는 그 의미와 내용 파악이 어렵다. 본래의 의미를 살리기 위해서는 오히려 '로마법대전'이 더 좋은 역어라는 생각이다. 같은 맥락에서 서양법의 역사에서 'civil law'는 '민법'을 의미하기도 하지만 '로마법', 나아가 '대륙법'을 의미하기도 한다.

그렇다면 고토프레두스는 16세기에 세상에 없던 책을 출간한 것이 아니라, 이미 존재하던 유스티니아누스 황제의 법전들을 모아 합본 간행하면서 그렇게 이름을 붙였다는 데 의미가 있다. 그런데 고토프레두스가 이 작업을 하게 된 계기가 있다. 당시로부터 3년 전인 1580년에 교회법에 관한 법규와 법령을 모아 정리한 것을 교황이 공식 인준함으로써 교회법대전^{Corpus iuris canonici}으로 공식 정착되었다는 사건에 주목해야 한다.

중세 유럽에서는 단일한 법체계가 존재하지 않았고, 신분과 지역에 따라 여러 법이 적용되고 있었다. 기본적으로 게르만족의 시대였으니만큼 게르만 관습법이 있었고, 봉주와 봉신 간의 봉건 관계에서는 봉건법, 장원에는 장원법, 도시에는 도시법, 상인들 간에는 상인법 등이 적용되고 있었다. 물론 각 나라 별로 국왕이 제정한 국왕법도 있었다. 이 중에서 유럽 전역에 적용되던 법이 있었는데, 다름 아닌 교회법Canon law이다. 서양에서 중세는 기독교가 지배한 시기였고, 따라서 당시 유럽에 살던 모든 사람은 사제 또는 교인에 해당했기 때문에 교회법은 유럽 전역에 적용됐다. 그런데 교회법이 발전하게 된 계기는 11세기 볼로냐에서 로마법 연구가 시작된 데 있다. 이때 로마법 연구가 활성화되면서 교회법도 함께 가르치고 연구하면서 발전하게 된다.

그렇다면 당시 로마법은 어떤 지위에 있었을까? 로마법은 교회법과 함께 대학에서 가르치고 연구하던 법이었으나, 교회법과 달리 로마법은 당연히 직접 적용되는 법이 아니었다. 그런데 로마법의 내용이 워낙 우수하다 보니 대학에서 로마법을 공부한 사람들이 졸업 후 여러 요직에 중용되면서 로마법이 자연스럽게 유럽에 퍼져나가게 되는데, 이것을 '로마법의 계수Reception of Roman law'라고 한다. 그러면서 로마법은 교회법과 함께 유럽대륙에 보편적으로 적용되었고, 이것을 '보통법ius commune'이라고 부른다.

한편 교황과 신성로마제국 황제 사이의 권력 다툼 속에서 교회법과 로마법 사이에 묘한 긴장관계가 형성된다. 이렇듯 중세 유럽에서 로마법(학)과 교회법(학)은 상호 보완과 경쟁하며 발전해왔고, 그 점에서 로마법 연구자인 고토프레두스는 1580년 교회법대전이 공식 인준되자 '로마법대전'을 간행함으로써 이에 대응했던 것이다.

유스티니아누스 황제가 법전편찬을 명한 후 놀랍게도 그 방대한 내용을 담은 법전이 3년 남짓한 기간 내에 편찬 완료됐다. 이에 대해 황제는 환희에 차 다음과 같은 반포칙령을 내렸다.

유스티니아누스 황제가 법전을 편찬한 이유는, 전술했듯이 당시의 법 상황을 정리함과 동시에 고전기 로마법을 보전하는 데 있었다. 이런 명을 받은 트리보니아누스는 선대 황제들의 칙법을 모아 정리했을 뿐만 아니라(칙법휘찬) 고전기 법학자들의 저술을 발췌·요약해 주제별로 편제했다. 황제는 거기에 효력을 부여해 '법'으로 선포했는데, 그것이 학설휘찬이다. 그렇다 보니 6세기에 편찬된 법전이지만, 칙법휘찬과 학설휘찬에는 당시보다 300~400년 전의 고전기 로마법의 내용이 오롯이 담겨 보전될 수 있었다.

로마법대전은 어떻게 구성되어 있는가?

로마법대전을 구성하는 법전 중 첫 번째는 칙법휘찬^{勅法彙纂}, Codex Iustinianus, C.이다. 칙법휘찬은 유스티니아누스 자신을 포함한 로마 황제들이 제정한 '칙법'을 모아놓은 것이다. 제정기 시대에 황제가 종래의 법들을 정리해 법전을 편찬한다고 할 때, 가장 먼저 생각해 볼 수 있는 것은 선황들의 칙법을 모으는 작업일 텐데, 칙법휘찬이 바로 그것에 해당한다. 제일 처음 만들어진 구칙법전은 전승되지 않고, 현재는 개정칙법전만 전승된다(조선시대에도 새로 법전을 편찬하면 옛 법전은 모두 회수해 없애버렸다고 한다).

편찬 방식은 2세기 오현제 중 한 명인 하드리아누스 황제(117~138) 이래 황제들의 칙법을 주제별로 나누고, 연도순으로 분류해 정리했는데, 그런 이유로 어려운 한자 '휘彙'와 '찬纂'이 사용됐다.

사료로는 3세기 말의 두 개의 사찬법령집(Codex Gregorianus, Codex Hermogenianus)과 438년의 테오도시우스 법전을 기반으로 하고, 534년까지의 유스티니아누스의 칙법들이 추가되었다. 각각의 칙법에는 발령 황제, 수신인, 공포일에 대한 정보가 수록되어 있다. 총 12권으로 제1권은 교회법, 국가법, 절차법을 담고 있고, 제2권부터 제8권까지는 사법, 제9권은 형법, 그리고 나머지 3권인 제10권부터 제12권(이른바 'Tres Libri')은 비잔틴 행정법을 담고 있다.

칙법휘찬에 수록된 사료의 예시를 하나 들어보자. 아래의 칙법은 손해배상액 또는 이익상당액을 산정할 때 옛법의 혼란을 정리하기 위해 유스티니아누스 황제가 앞으로는 손해배상액을 가액의 최대 2배액으로 제한하도록 정했다는 대단히 중요한 내용을 담고 있다.

C.7.47.1 유스티니아누스 황제(531년)

유스티니아누스 황제가 근위대장 요한네스에게.

서항. 손해배상에 관한 옛 법률가들의 의문들이 무한히 양산되었기에, 짐이 보기에 이와 같은 종류의 장황함이 가능한 한 간결하게 축소되는 것이 마땅하다.

1. 그리하여 짐이 정하기를, 확정액 또는 확정된 성질을 가지는 모든 사안에 있어서, 예컨대 매매, 임약賃約 그리고 모든 계약의 경우, 손해배상액은 가액의 2배를 결코 초과하여서는 안 된다. 그러나 불확정하게 보이는 다른 경우들에 있어서는, 종식시켜야 할 사안을 맡은 재판관은 자신의 정

교함을 통해 실제로 손해가 된 것, 이것이 배상되도록 그리고 어떤 간계와 지나친 왜곡으로 풀릴 수 없는 혼란에 빠지지 않도록 조사하여야 하니, 이로써 계산이 무한으로 빠지는 동안 그 자신의 불능으로 인하여 패착하지 않기 위함인데, 짐은 권한 있는 자의 조절로써 정해지거나 법률에 의하여 [분쟁을] 종결하는 확정된 한계로써 규정된 그만큼의 위약벌만 수취되는 것이 자연에 부합하는 것으로 알고 있는 바이다.

2. 또한 짐의 칙령은 손해에 대하여서만이 아니라 이익에 대하여서도 적용되는데, 왜냐하면 옛 법률가들은 이로부터도 그 이익상당액을 정하였기 때문이다. 이 칙령의 공포가 모든 이들에게 선언된 바에 따라 옛 장황함이 종식될지어다. 〈531년 9월 1일, 콘스탄티노폴리스에서, 현관顯官 람파디우스/오레스테스 집정관 재임 후 1년에〉

[번역은 최병조 대표, 비교민법총서]

두 번째 법전은 고전기 법학자들의 학설들을 주제

별로 모아 발췌해 분류하고 정리한 학설휘찬學說彙纂, Digesta Iustiniani, D.이다. 'Digesta'는 '정리하다', '분류하다'를 뜻하는 라틴어 'digerere'에서 유래했으며, '정리된 것(들)' 또는 '분류된 것(들)'을 뜻한다. 그런 점에서 역시 역어에서는 한자 '휘'와 '찬'이 사용됐다. 다른 역어로 '학설유집學說類集' 또는 '학설유취學說類聚'라는 역어가 사용되기도 하지만, 법적 효력이 있는 법전의 의미가 잘 살진 않는 것 같다.

라틴어 'digerere'에 해당하는 그리스어는 '포괄하다'는 뜻의 'πανδέκτης, pandektes'인데, 19세기 독일의 '판덱텐법학'이라는 명칭은 이로부터 유래했다(역어를 구별하기 위해 Digesta의 그리스어 표현인 Pandectae의 역어로는 '회전會典'을 사용한다). 칙법휘찬의 경우 유스티니아누스 황제의 칙법들을 추가하는 작업이 있었던 것에 비해, 학설휘찬은 변화된 법 상황을 반영한 일부 수정(이른바 interpolatio. 대표적인 예가 mancipatio를 traditio로 변경)이 있기는 하지만 기본적으로 새로운 내용에 대한 추가 없이 요즘 표현으로 '풀과 가위로'로 만들어졌다는 특징이 있다.

학설휘찬은 분량이나 내용 면에서 로마법대전의 핵심에 해당한다. 총 50권으로 이루어져 있고, 편제는 권liber–장titulus–절lex–항으로 구성되어 있다. 각각의 절을 법문lex 또는 개소 내지 단편fragmentum이라고 부르고, 총 9,000개가 넘는 방대한 분량으로 이루어져 있다. 그 내용은 고전기 로마 법학자들의 저서에서 발췌했는데, 다행히 각 법문의 저자명과 서명, 권수까지의 출처가 표제 사항inscriptio으로 표기되어 있다. 무엇보다 학설휘찬에 담긴 내용의 대부분이 개별 사례를 다루고 있다는 점은 대단히 흥미로운 부분이다. 유스티니아누스는 이를 법학 교육과 재판에 활용하기 위해 편찬했는데, 고전기 법을 보전하면서도 모순 없는 법문들을 정립하기 위해 학설대립을 제거하려 노력한 흔적이 곳곳에 남아 있다.

학설휘찬과 함께 황제는 법학도들을 위한 교과서를 만들게 하고 법률의 효력을 부여했는데, 법학제요法學提要, Institutiones Iustiniani가 그것이다. 법학제요는 2세기 고전기 법학자였던 가이우스의 동명의 저서Gai Institutiones(이에 대해서는 후술)를 저본으로 삼고 있지만, 각 장별로 옛법(12표법)부터 고전기 법, 나아가 그 이후 유스티니아누스 황제에 의한 법 개혁의 내용까지 아주 압축적이며 정제된 서술로 이루어져 있다는 점이 특징이다. 그런 이유에서 법학제요는 이후 유럽에서 법 교육의 교재로 활용해 왔을 뿐만 아니라 오늘날까지도 로마법의 기본 내용을 이해하는 필수 사료다(앞의 일러두기에 소개한 성중모 초역 참조).

법학제요는 총 4권으로 구성되어 있으며, 인人persona—물物, res—소권訴權, actiones 체계로 이루어져 있고, 근대 최초의 민법전인 프랑스 민법전의 편제에 영향을 주었다('인스티투치오네스식 편별법').

이렇게 편찬된 유스티니아누스 황제의 법전은 상당수 내용이 사법私法을 다루고 있다는 특징이 있다. 학설휘찬의 경우 대략 4분의 3이, 칙법휘찬의 경우 총 12권 중 7권이 할애될 정도로 사법

유스티니아누스 황제에게 학설휘찬을 헌정하는 트리보니아누스
(1511, 라파엘로 산치오, 프레스코화, 로마 바티칸 미술관)[5]
(위키피디아)

중심으로 구성되어 있는데, 이는 전술한 로마법
의 특징 중 민사법 중심 발전을 잘 보여준다고 하
겠다.

로마법대전 개소의 인용방법은?

앞에서 법사료 인용 시 'D.12.1.40', 'D.1.2.2.49',
'C.4.64.7'와 같이 표기한 부분들을 보았을 것
이다. 로마법대전에 수록된 사료의 단편들을 '개
소個所(독일어로는 Quellenstelle이며 줄여서 Stelle)'라
고 부르는데, 성서에 나오는 구절을 인용하는 방
법이 있듯이(예를 들면 창세기 1장 1절을 줄여서 '창
1:1'), 로마법대전에 수록된 개소를 인용할 때도
인용법이 있다. 예전 문헌에서는 다소 복잡한 인
용법이 사용되었으나(예: 1.27 §2 D.9.2 또는 fr.27 §
2 D.9.2), 오늘날에는 약어 다음에 '권.장.절'의 순
서로 아라비아 숫자를 표기한다. 절 다음에 항도
있다면 항까지 인용한다(위에서 언급한 개소를 오늘

날 인용법으로 표기하면 D.9.2.27.2).

학설휘찬을 인용할 때는 Digesta의 약어 'D.' 다음에 항이 없는 경우는 아라비아 숫자 세 개(예: D.12.1.40), 항이 있는 경우는 네 개로 인용된다(예: D.1.2.2.49). D. 앞에 출처가 된 법률가의 이름을 약어로 부기하기도 한다(예: Paul.D.12.1.40. 더 상세한 출처 표기까지 한다면 D.12.1.40 Paul. 3 quaest.)

칙법휘찬을 인용할 때는 Codex의 약어 C. 다음에 '권.장.절'의 순서로 아라비아 숫자로 표기하고(C.4.64.7), 역시 절 다음에 항도 있다면 항까지 인용한다(C.9.4.1.2). 칙법휘찬의 경우에는 발령 황제와 연도까지 표기해 주면 더 좋다(예: C.4.64.7 Diocl./Maxim. (294년)).

법학제요의 인용은 'Inst.' 다음에 '권.장.절'로 인용한다(예: Inst.4.6.28). 유의해야 할 점은 '항'이 있는 경우 첫 번째 항을 '초항' 내지 '서항'이라 하고('pr.'로 표기), 그다음에 제1항, 제2항… 하는 식으로 이어진다.

더 알아보기: 『가이우스 법학원론』의 발견

앞에서 고전기 로마법에 관한 필수적인 사료가 6세기 로마법대전이고, 다른 사료들은 남아 있지 않다고 이야기했다. 그런데 이에 대한 예외가 바로 가이우스 법학원론^{Gai Institutiones}이다. 유스티니아누스 법학제요의 저본으로 활용될 정도로 유명했던 가이우스 법학원론은 기원후 2세기 중반인 161년경 저술된 것으로 추정된다. 저자인 가이우스는 수도 로마가 아닌 지방에 있는 법학교의 법학교수로 활동한 인물로 추정되는데, 저자의 전체 이름은 알려진 바가 없고, '가이우스'라는 로마에서는 아주 흔하디흔한 개인명^{個人名}만 전해진다. 그점에서 저자는 정작 수도 로마에서 활동하던 당대의 기라성 같은 로마 법률가들에게는 잘 알려지지 않은 인물로 보인다.

이 책은 독일의 사학자이자 정치가였던 니부어^{Barthold Georg Niebuhr}(1776~1831)가 1816년 이탈리아 베로나에서 팔림프세스트^{palimpsest}(원래의 글 일부 또는 전체를 지우고 다시 쓴 문서)된 사본을 발견하면서 세상에 다시 알려지게 됐다. 고전기 활동하던 법학자가 당시의 생생한 현행법을 학생들을 대상으로(그렇기 때문에 역사적 서술과 함께 비교법적 서술도 가미되어 있다) 쉽게 서술하고 있다는 점에서 고전기 로마법을 공부하는 데 필수 사료다. 가이우스 법학원론을 인용할 때는 'Gai.' 또는 'G.'라는 약어 다음에 '권.절'의 순서로 아라비아 숫자를 표기한다.

2부

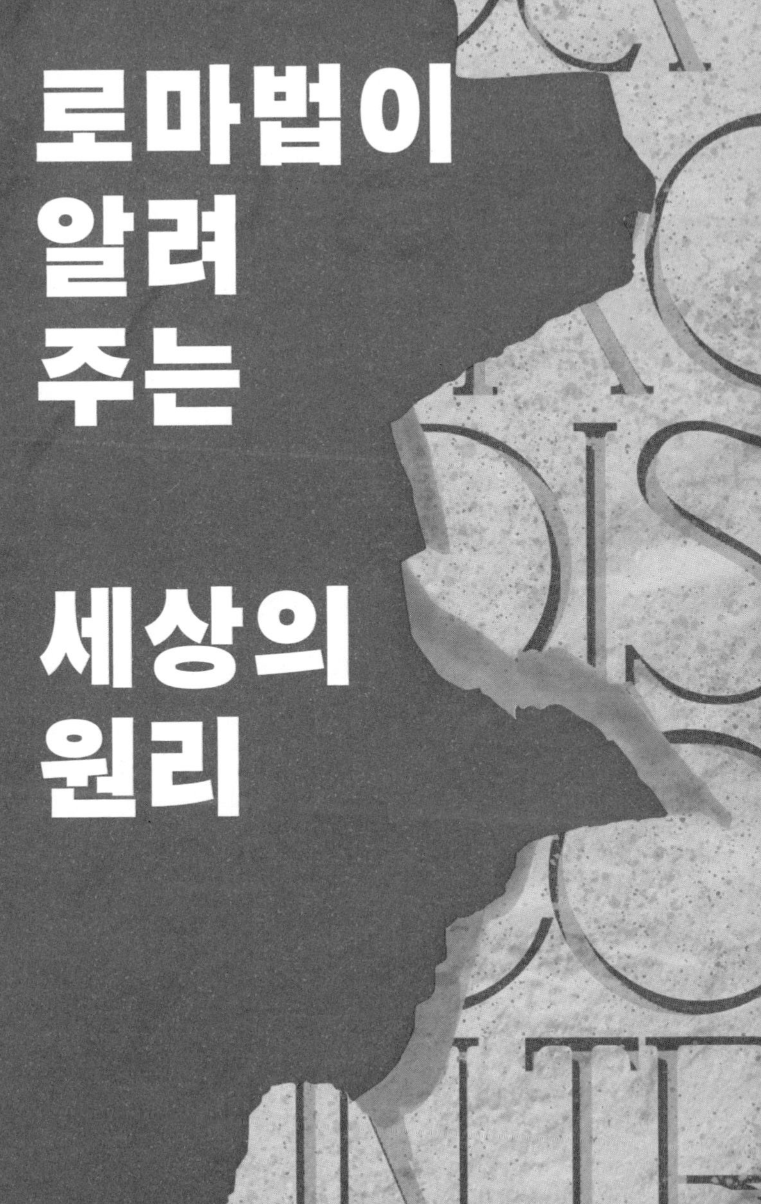

로마법이 알려주는 세상의 원리

법을 공부하려는 자는 먼저 법이라는 명칭이 어디서부터 유래하였는지를 알아야 한다. 그것은 정의正義로부터 명명된 것이고, 켈수스가 훌륭하게 정의定義하였듯이, 법(학)은 선과 형평의 기술技術인 것이다.

(D.1.1.1.pr. 울피아누스, 『법학원론』 제1권.)

로마법은 무엇으로
이루어졌을까:
로마 법원론

이번 장에서는 로마법의 법원에 관해 살펴보자. 법원法源, fontes iuris이란 법의 존재 형식 또는 인식의 근거를 뜻한다. 전술했듯이 로마 법률가들은 분리 원리에 따라 공·사법을 나눈 뒤 사법에 전념했다. 그리고 울피아누스의 분류법에 따르면 사법은 법이 존재하는 층위에 따라 자연법, 만민법, 시민법으로 삼분된다(D.1.1.1.2). 자연법ius naturale은 자연 세계에 보편적으로 적용되는 법, 만민법은 지중해를 둘러싼 당시 문명사회에서 통용되는 법, 시민법은 각각의 시민공동체에 적용되는 법을 말한다.

이를 수범자 입장에서 설명하면, 로마 시민은 기본적으로 로마 시민공동체의 법인 시민법을 적용받는다. 그런데 로마 시민이 로마 시민이 아닌 사람과 거래할 때는 로마 시민법을 적용할 수 없다. 이때 상대방이 지중해를 둘러싼 문명사회의 구성원이라면 모든 민족에게 적용되는 만민법이 적용된다. 마지막으로 자연법이란, 오늘날 자연법론에서와 마찬가지로 실정법 규범 위에 존재하는 자연적인 법질서를 말한다.

로마 법률가들은 추상적인 자연법에 관해서는 많은 논의를 하지 않았다. 그 의미에 관해서도 "자연이 모든 동물에게 가르친 것"(D.1.1.3)이라는 자연법칙의 의미로 이해하는 견해와, "항상 공정하고 선인 것"(D.1.1.11)이라는 가치 개념으로 이해하는 견해로 나뉘었다. 후자의 의미에 따르면 '공정aequum'이라는 개념이 이에 상응한다고 볼 수 있다. 한 가지 언급해야 할 점은 로마 법률가들이 자연법을 명시적으로 원용하는 대목은 "모든 사람은 자유롭게 태어난다"는 부분이다(D.50.17.32). 그래서 울피아누스도 인법ius을 논하면서 "우리는 하나의 자연적인 명칭으로 '사람'이라고 불리는 반면에, 만민법상으로는 세 부류가 됐다. 이에 대해 출생 자유인, 이에 대한 반대개념으로 노예, 그리고 세 번째 부류인 해방노예, 즉 노예이기를 그친 자"(D.1.1.4)라고 설명한다. 고대의 노예제 사회에서도 인간 평등에 대한 관념이 법제도의 기저에 흐르고 있다는 점은 눈여겨볼 만한 부분이다.

법원의 성층에 따른 분류에 있어서 로마법의 특징은 만민법이라는 법규범의 창출에 있다. 시민법은 어느 공동체에나 존재하고, 자연법에 관한 논의 역시 다른 인류 사회에서도 나타나지만, 만민법은 로마법만이 특별히 가지고 있는 것이었다. 로마가 팽창하고 지중해를 제패한 뒤 외인들과의 교류가 잦아지면서, 로마 법률가들은 로마 시민들 사이에 적용되는 전통적 시민법 외에 새로운 규범체계로 만민법을 개발했다. 이 만민법은 오늘날 '국제사법國際私法' 같이 섭외 사건에서의 준거법을 지정하는 법이 아니라 실체법 규범으로 이루어졌다. 즉, 얼마 전까지 유럽에서의 법동화法同化 추세와 함께 국제적인 모델 규정들이 만들어지고 있는데, 말하자면 만민법은 이런 실체법적 규율을 내용으로 하는 법규범이다. 이 만민법을 통해 로마법은 자신들의 공동체에 국한되지 않는 보편적 타당성을 지향하는 법규범으로 발전해 나가게 된다.

주목할 점은 로마에 의한 평화pax Romana 시기에 살았던 법률가 가이우스가 자연법과 만민법 간에 '자연의 이치'를 매개 개념으로 사용하면서, 그에 따라 법원의 성층成層에 관한 분류에 있어서 시민법과 만민법의 이분법을 택했다는 것이다(Gai.1.1). 이 시기는 고전기 로마 법학이 만개하던 때였다. 로마의 법률가들 입장에서 이 시기는, 실정법을 초월하는 자연법에 호소할 필요 없이 문제가 되는 법률관계에 자국의 법질서를 통해 '자연의 이치'를 관철시킬 수 있다는 자신감 넘치던 때였다. 그런 점에서 가이우스의 이런 분류법은 시사하는 바가 크다. 한편 212년 카라칼라 황제의 시민권칙령Constitutio Antoniniana을 통해 제국에 거주하는 자유인들에게 시민권을 부여함으로써(D.1.5.17) 이론상 시민법과 만민법의 구별은 없어진다.

이제 구체적으로 고전기 로마법상의 법원에 대해 살펴보자. 전술한 시민법은 로마 시민들에게 적용되는 법이라는 의미에서 '로마 시민'을 뜻하는 '퀴리테스법ius Quiritium'이라고도 부른다. 그리고 시민법은 다시 아주 오래된 법의 분류법에 따라 성문법과 불문법으로 나뉜다. 성문법과 불문법은 법의 존재 형식에 따른 것으로 오늘날 법학개론 책에도 나오는 개념이다. 오늘날 대표적인 성문법은 법률이고,

대표적인 불문법은 관습법에 해당한다. 그런데 이것은 단지 그 내용이 글자화(텍스트화) 되었는지에 따른 것이 아니고(가령 관습법이 채록되어 활자로 이루어졌다 하더라도 '성문법'이 되진 않는다), 제정 방식에 있어서 제정 권한을 가진 자가 만든 것인지 여부로 구분한다.

성문법

로마법상 성문법ius scriptum에는 다양한 종류가 속하는데, 민회에서 제정된 '법률'뿐만 아니라, 귀족을 제외한 평민들로 구성된 평민회에서 의결한 평민회의결plebiscita, 원로원에서 의결한 원로원의결senatus consultum, 황제가 제정한 칙법constitutiones principum, 그리고 정무관이 제정한 고시edicta magistratuum가 있다.

그리스 변론가들은 법률lex이란 무엇인지에 대해 다음과 같이 설명한다.

D.1.3.2 마르키아누스, 『법학원론』 제1권.

변론가 데모스테네스Demosthenes(BC 384~322)도 이렇게 정의하였다: "법률이란 만인이 그에 복종하는 것이 적의適宜한 바의 것으로, 다른 많은 이유가 있지만, 특히 모든 법률은 신의 창정創定이며 선물이고, 참으로 현명한 자들의 소명이요, 자발적이고 비자발적인 비행非行들의 교정이며, 공동체의 성원은 누구든지 그것에 따라 사는 것이 적의로운 공동체의 공동 약정이기 때문이다." 그런데 스토아 철학에 조예가 깊은 학자 크리시포스Chrysippus(BC 약 230)는 그의 『법률론』을 이렇게 시작하였다: "법률은 일체의 신사神事와 인사人事의 주재자이고, 선업도 악업도 다스려야 하며, 자연 본성상 '정치적인 동물[존재]'의 영도자이며 지배자이어야 하고, 그리하여 하여야 할 것은 행하여지도록 명령하고, 하여서는 안 될 것은 행하여지는 것을 금지시키는 정正과 부정不正의 규준이어야 한다." [번역은 최병조·이상훈, 일반원리]

이에 비하면 로마인들의 법률에 대한 정의는 매우 간명하다. 물론 그리스 사상에 조예가 깊었던 키케로는 『법률론』을 통해 법철학적 차원의 법률에 대한 나름의 심오한 정의를 내리고 있지만, 로마 법률가들은 '법률가답게' 간명한 정의를 내리고 있다. 대표적인 예로 2세기에 살았던 로마 문필가 겔리우스Aulus Gellius의 『아티카 야화Noctes Atticae』에 따르면, 제정기 초기 활동한 '공법과 사법에 정통한 법률가'로 평가받는 아테이우스 카피토Ateius Capito(주 활동시기: BC 20~AD 22)는 법률에 대해 다음과 같이 정의한다.

겔리우스, 『아티카 야화夜話』10.20.1-2.
1. 나는 '법률'이란 무엇인지를 묻는 것을 듣는다. (…) 2. 공법과 사법에 아주 정통한 아테이우스 카피토는 '법률'이 무엇인지를 이런 말로 정의하였다. 가로되, 법률이란 정무관의 제안에 따른 인민 전체의 또는 평민의 일반적 명령이다. [번역은 최병조, 연구]

고전기에 활동한 가이우스의 법률에 대한 정의는 더욱 간명하다.

Gai.1.3 (가이우스 법학원론 제1권 제3절)
법률이란 국민이 명하고 제정한 것이다.

고전기 후기를 대표하는 고명한 법률가 파피니아누스의 법률에 대한 정의도 주목해 볼 필요가 있다.

D.1.3.1 파피니아누스 『정의 편록』 제1권.

법률이란 일반적 규범이자 법 전문가들의 방책으로, 자발적 또는 모르는 채로 범하여진 불법행위에 대한 징치懲治를 내용으로 하는, 국민공동체의 공동 서약이다. [번역은 최병조·이상훈, 일반원리]

본디 법률은 민회에서 의결된 것이지만, 시간이 지나면서 민회가 기능을 멈추자 고전기를 지나 법학의 원숙한 발전이 이루어지는 시기에 일반적 규범으로서의 '법률'은 "국민공동체의 공동 서약"으로 치환되면서, "일반적 규범이자 법 전문가들의 방책"으로 그 개념상 변화가 이루어진다.

우리나라에서도 구성과 권한에 따라 의회가 여러 개로 나뉘듯이(국회, 광역단체의회, 기초단체의회 등), 로마에도 여러 종류의 민회가 있었다. 그중에서도 법률을 제정할 권한이 있는 곳은 국가의 주요사안에 대한 표결 권한을 가진 백인회민회comitia centuriata였으며, 이곳에서는 재산 등급에 따라 표결이 이루어졌다. 로마의 단행 법률은 그 수가 그리 많지 않고, 법사료에서 자주 인용되는 주요 민사 단행 법률은 다음과 같이 우리나라의 현행 법률 수와는 비교가 안 될 정도로 적다. 이 점에서 로마인들은 '법의 민족'이지, '법률의 민족'은 아니라는 것을 알 수 있다.

- 서약에 관한 푸리우스법^{lex Furia de sponsu}(BC 241 후): 보증인 보호 및 분별의 이익 규정
- 푸리우스법^{lex Furia testamentaria}(BC 204~169 사이): 유증 제한
- 미성년자에 관한 (플)라이토리우스법^{lex Plaetoria de minoribus}(BC 192경)
- 팔키디우스법^{lex Falcidia}(BC 40): 유류분 규정(후술)
- 혼인 계층에 관한 율리우스법^{lex Iulia de maritandis ordinibus}(BC 18)
- 민사소송에 관한 율리우스법^{lex Iulia iudiciorum privatorum}(BC 17)
- 푸피우스-카니니우스법^{lex Fufia Caninia}(BC 2): 유언에 의한 노예해방 수 제한
- 아일리우스-센티우스법^{lex Aelia Sentia}(AD 4): 채권자 사해 목적 노예해방 무효화
- 벨라이우스법^{lex Iunia Vellaea}(AD 26년경): 유복자에 대한 상속인 지정과 제외 규정

공화정기 로마는 귀족과 평민으로 나뉘어 있었는데, 귀

족과 평민이 모두 포함되는 민회 외에도 평민들만이 모이는 평민회concilia plebis가 있었다. 그리고 이곳에서 호민관이 제안해 의결한 것을 평민회의결plebiscita이라고 하는데, 귀족을 제외하고 있어서 원래 귀족에게는 효력이 없었다. 그러나 오랜 신분 투쟁 끝에 기원전 287년 이후로는 평민회의결도 귀족을 포함한 로마 국민 전체에 구속력을 인정받게 됐다lex Hortensia. 대표적인 평민회의결로는 기원전 267년의 불법재물손괴에 관한 아퀼리우스법lex Aquilia과 기원전 204년의 증여 제한에 관한 킨키우스법lex Cincia이 있다.

법률의 분류

민법을 공부하다 보면 강행규정, 단속규정이라는 개념이 나온다. 법률에서 어떤 행위를 금지하면서 그 효과에 대해 명시적으로 무효라고 선언하는 경우도 있지만 그렇지 않을 때가 문제다. 로마에서도 이런 경우가 있었는데, 다음 사료(『울피아누스 초록』으로, 울피아누스가 직접 저술한 것은 아니고 대략 비속법 시기인 3세기 말 또는 그 직후에 만들어진 저자 미상의 법서)에 의하면 법률은 완전법률perfecta lex, 불완전법률imperfecta lex, 그리고 미완전법률minus quam perfecta lex로 구분된다.

울피아누스 초록Ulpiani Epitome(=ʻRegulae Ulpianiʼ)

1.1. 완전법률이란, 어떤 것이 이루어지는 것을 금하고, 그것이 행하여진 경우 무효로 하는 것으로, 그런 것으로는 아일리우스-센티우스법lex Aelia Sentia[AD 4]이 있다. (…) 불완전법률이란, 어떤 것이 이루어지는 것을 금하지만 그것이 행하여진 경우 무효로 하지도 않고 또한 법률을 위반한 자에게 징벌을 부과하지도 않는 것으로, 그런 것으로는 일정한 혈족에 속하는 자를 제외하고 일정 금액 이상이 증여되는 것을 금지하는 킨키우스법lex Cincia(기원전 204년 평민회의결)이 있는데, 그 이상으로 증여되어도 취소하지 않는다.

1.2. 미완전법률이란, 어떤 것이 이루어지는 것을 금하고, 그것이 행하여진 경우 무효로 하지는 않지만 법률을 위반한 자에게 징벌을 부과하는 것이다.

완전법률과 미완전법률의 경우 이를 위반할 시 어떻게 된다는 것은 이해가 되는데, 불완전법률의 위반 효과가 무엇인지에 대해서는 선뜻 이해하기가 어렵다. 즉, 위반행위를 무효로 하지도 않으면서 처벌도 하지 않기 때문이다. 이경우 로마 법률가들은 소송에서 관련자에게 항변exceptio을 부여해 법의 취지를 관철시켰다.

위 개소에서 예로 들고 있는 킨키우스법의 경우, 일정한 자를 제외하고는 법에서 정한 액수를 초과하는 금액의 증여를 금지하는 법으로 우리의 부정청탁방지법과 유사한 취지로 이해할 수 있다. 이에 위반하는 증여 약속이 이루어지고 증여받기로 한 자가 이를 청구하는 경우 증여자에게는 항변을 부여했다. 그리고 이미 증여가 이행된 경우에는 증여자가 동법에 위반해 증여된 증여물을 반환 청구해 수증자가 '증여되고 인도된 물건의 항변exceptio rei donatae et traditae'을 원용하면, 증여자는 다시금 수증자가 소유권을 취득하지 못했다는 동법에 기한 재항변replicatio legis Cinciae으로 대응할 수 있었다(상세는 한승수, "증여의 특이성과 로마법상의 증여", 서울대학교 법학, 59-1(2018. 3), 237면 이하 참조). 참고로 이런 법률의 분류는 테오도시우스 2세가 439년에 모든 금지법규를 완전법률로 선언함으로써 법률에서 금지하는 행위는 사법상 모두 무효로 처리됐다.

다음으로 로마법상 성문법에는 원로원의결이 있다. 원로원은 로마 국호Senatus populusque Romanus. S.P.Q.R. 제일 앞에 들어갈 정도로 로마를 대표하는 기관이며, 로마의 상류층에 해당하는 지도층 인사들로 구성된 곳이다(그 구성원은 senator, 'patres et conscripti'). 그런데 원로원은 고권(임페리움)이 없으므로 국정운영에 대한 자문 기능만 있었다. 그래서 원로원의결은 법적 구속력은 없지만, 그 권위로 인해 국정에 상당한 영향력을 가지고 있었다. 특히 공화정 말기에 민회의 입법 기능이 사실상 상실되면서 원로원의 기능이 더욱 중요해지고, 원로원의결이 법률의 효력까지 얻게 되었으나 (legis vicem optinent. Gai.1.4), 제정기가 되면서 황제 권한이 강화됨에 따라 황제 권력에 예속화된다. 민사에 관한 주요 원로원의결은 다음과 같다(연도순).

- 실라누스 원로원의결^{SC Silanianum}(AD 10): 주인이 살해당한 경우 가내 노예의 고신拷訊 및 처벌 규정
- 리보 원로원의결^{SC Libonianum}(AD 16): 유언 필집자의 이익에 관한 유언 무효
- 벨레이우스 원로원의결^{SC Velleianum, Vellaeanum}(AD 46년경): 여성의 채무 가담 금지
- 트레벨리우스 원로원의결^{SC Trebellianum}(AD 56): 포괄신탁 유증 관련

· 유증에 관한 네로 원로원의결SC Neronianum de legatis(AD 60~64년경)

· 투르필리우스 원로원의결SC Turpillanum(AD 61): 소추포기 금지

· 마케도 원로원의결SC Macedonianum(베스파시우스 황제 치세 AD 69~79): 가자家子의 소비차금 사안 관련

· 페가수스 원로원의결SC Pegasianum(AD 73년경): 신탁유증 사안에서 상속인에게 보장

· 테르툴루스 원로원의결SC Tertullianum(하드리아누스 치세 AD 117~138년경): 모母의 법정상속권 규정

· 유벤티우스 원로원의결SC Iuventianum(하드리아누스 치세 129년): 무주상속재산에 대한 황고皇庫의 청구 사안(후술)

· 오르피투스 원로원의결SC Orfitianum(AD 178): 여성의 상속인 순위 조정

원로원의결은 단행법률과 마찬가지로 특정 사항만을 다루고 있는데, 대체로 그것이 계기가 된 사건이 있는 경우가 많다. 그 대표적인 예로 베스파시아누스 황제 치세(69~79)에 있었던 마케도 원로원의결(D.14.6)이 있다.

D.14.6.1.pr. 울피아누스, 『고시주해』 제29권.

마케도 원로원의결의 문언은 다음과 같다. "마케도^{Macedo}의 본성이 야기한 악행의 다른 사유 중에는 남에게 차금借金한 것도 있다. 그리고 더 이상 말할 필요도 없이, 불확실한 채권으로 금전을 대여한 자는 자주 나쁜 품성에 악행의 소재를 제공하였기 때문에, 가자家子에게 소비대차금을 공여한 자에게, 심지어 그 가자를 솔가권 하에 두었던 부父의 사후에도 대인소권이나 대물소권이 부여되지 않는다고 정한다. 그리하여 최악의 방식으로 식리殖利한 자들[=채권자들]은 부父의 사망을 기다린다 한들 가자의 재산이 되지 않음을 알지어다." [번역은 최병조 대표, 비교민법총서를 기초로 손질]

위 원로원의결의 계기가 된 사건은 평소 행실이 불량했던 마케도라고 하는 자(그는 아버지인 가부장의 가부장권하에 있었던 가자였다)가 여기저기서 돈을 꾸고 갚지 못해서 채권자들로부터 압박을 받자, 급기야는 채무 변제를 위해 가부장이었던 자신의 아버지를 살해했다. 아마 자신은 재산이 없지만 아버지가 사망하면 상속받은 재산으로 돈을 갚으리라고 생각한 것 같다. 이 사건은 오늘날에도 충격적이지만 가부장제 사회였던 로마에서는 상상할 수 없는 사건이었다.

이에 존속을 살해한 마케도에 대한 형사처벌과는 별개로 원로원이 소집되고 원로원의결이 이루어지는데, 그 내용은 "앞으로 가자에게 돈을 꿔준 사람들은 가부장의 사망 후에도 소구할 수 없다"는 것이었다. 즉, 채권자들이 패륜아인 마케도에게 돈을 꿔주는 바람에 그의 악행을 더 부추겼다는 것이다. 그리고 이때 채권자들이 마케도에게 돈을 꿔준 이유는 물론 그의 아버지 재산을 염두에 두었기 때문일 것이다. 이것은 가부장으로 구성된 원로원의원들에게는, 자식을 포함한 다른 사람들이 자기의 죽음을 바라고 있었을 것을 상상하는 것만으로도 등골이 서늘한 일이었을 것이다.

그렇다면 마케도의 채권자를 비롯해 앞으로 위 원로원의결을 위반해 가자에게 돈을 꿔준 사람은 어떻게 될까? 꿔주는 것까지 법이 막을 수는 없지만, 나중에 반환청구를 하게 될 때 차주인 가자에게는 항변exceptio SCti Macedoniani이 부여되고, 이를 통해 원로원의결의 취지가 관철된다. 그렇다면 만약에 가자 스스로 또는 제3자가 이 돈을 갚을 경우는 어떻게 될까? 원로원의결에 의하면 항변이 부여되어 사실상 갚지 않아도 되는 돈을 괜히 갚았으므로 다시 돌려달라고 할 수 있을까?

그렇지는 않다. 그 경우에 변제는 유효한데, 그 이유는 이때 항변을 부여하는 이유가 채무자를 보호하기 위한 것이 아니라 채권자를 벌하기 위한 것이고, 이 경우 '자연채무obligatio naturalis'는 존재하기 때문이라는 것이 로마 법률가들의 설명이다.

원사료로 읽는 로마법:
학설휘찬 제1권 제1장

'백문이 불여일견'이라는 말이 있듯이, 로마법을 공부할 때는 원전 사료를 직접 읽어보는 것만큼 좋은 방법이 없다. 그중에서 로마법을 공부할 때 가장 먼저 읽어보아야 할 사료는 '정의正義와 법에 관하여'라는 장명을 달고 있는 학설휘찬 제1권 제1장(D.1.1)이다. 여기에는 켈수스의 그 유명한 법(학)ius에 관한 정의定義를 비롯해 법률가의 역할, 지금까지 설명한 법의 성층에 따른 법원론, 나아가 울피아누스의 법의 3계명 등의 주옥같은 금언들이 담겨 있다.

그리고 사료 강독을 통해 학설휘찬이 고전기 법률가들의 저작을 발췌해 만들었다는 것을 확인할 수 있다. 앞에서 설명한 학설휘찬 개소 읽는 방법 등을 포함해 지금까지 설명한 내용을 참조하며 정독해 보기 바란다(번역은 최병조·이 상훈, 일반원리. 왼쪽의 구분은 필자가 내용 이해를 위해 한 것이다).

	우리 주군, 가장 신성한 황제 유스티니아누스의, 모든 고법으로부터 핵심을 추출하여 집대성한 법을 담은 학설휘찬 또는 회전會典의
장명	제1권 제1장 정의正義와 법에 관하여
법(학)의 유래와 정의	D.1.1.1. 울피아누스, 『법학원론』 제1권. 법을 공부하려는 자는 먼저 법이라는 명칭이 어디서부터 유래하였는지를 알아야 한다. 그것은 정의正義로부터 명명된 것이고, 켈수스가 훌륭하게 정의定義하였듯이, 법(학)은 선과 형평의 기술技術인 것이다.
법률가의 역할	1. 이런 이유로 사람들이 우리를 사제라고 부르는데, 왜냐하면 우리는 정의를 실천하고 선과 형평에 관한 지식을 가르치기 때문인바, 불공평으로부터 공평을 분리하고, 불법으로부터 합법을 준별하며, 형벌의 위하威嚇뿐만 아니라 보상의 격려로써도 사람들을 선인으로 만들기 원하면서, 내가 착각하는 것이 아니라면, 거짓 철리哲理가 아닌 참된 철리를 추구하기 때문이다.
공법과 사법의 준별	2. 이 학문에는 두 분야가 있는데, 그것은 공법公法과 사법私法이다. 공법은 로마의 국가적 사안에 관한 법이고, 사법은 개개인의 이익에 관한 법이다. 왜냐하면 어떤 이익들은 공적이고, 어떤 이익들은 사적이기 때문이다. 공법은 국가의 제의祭儀, 종교관宗敎官, 정무관政務官에 관한 법으로 구성되어 있고, 사법은 세 부분인데, 즉 자연법, 만민법, 시민법상의 규율들의 총합이다.
자연법의 개념과 내용	3. 자연법이란 자연이 모든 동물에 가르친 것이다. 왜냐하면 이 법은 인류에게만 고유한 것이 아니라 땅과 바다에서 태어난 모든 동물, 그리고 새들에도 공통된 것이기 때문이다. 이로부터 우리가 혼인이라고 부르는 남녀의 결합이, 이로부터 자녀의 출산이, 이로부터 자녀의 양육이 유래하였다. 우리는 기타 동물들이 맹수라 할지라도 이 자연법을 익히 잘 알고 있다는 것을 인정한다.
만민법의 개념	4. 만민법이란 인류 제민족諸民族이 사용하는 법이다. 이것이 자연법과 분리된다는 것은 쉽게 이해할 수 있는데, 왜냐하면 후자는 모든 동물에 공통되는 법이지만, 전자는 인간들 사이에서만 공통되는 법이기 때문이다.

만민법의 내용	D.1.1.2. 폼포니우스, 『편람』 단권. [만민법에 속하는 것으로는] 예를 들면 신에 대한 숭배, 우리가 부모와 조국에 순종하는 것이 있다.
만민법의 내용 (계속)	D.1.1.3. 플로렌티누스, 『법학원론』 제1권. 우리가 폭력과 침해를 격퇴하는 것[도 만민법에 따른 것]인데, 왜냐하면 이 법에 따르면, 누구든지 자신의 신체를 보호하기 위하여 행하였던 바는 적법하게 행하였던 것으로 평가되기 때문이다. 또한 자연이 인류 상호 간에 일정한 혈연관계를 맺게 하였으므로, 인간이 인간을 음해하는 것은 천리天理에 반하는(= nefas) 결과다.
만민법의 내용 (계속) 노예해방, 인人의 분류	D.1.1.4. 울피아누스, 『법학원론』 제1권. 노예해방도 만민법에 속한다. 노예해방manumissio은 '손에서manu 놓아준 다missio'에서 유래하는데, 즉 자유의 부여다. 어떤 이가 노예 상태에 있는 동안에는 주인의 지배와 권능에 복속되지만, 해방되면 주인의 권능으로부터 자유로워지는 것이다. 이것은 만민법에서 그 기원을 취하였는데, 자연법상으로는 만인은 자유로 태어나며, 노예제도가 미지의 것이므로 노예해방도 알려져 있지 않은 까닭이다. 그러나 만민법상 노예제도가 들어온 후에는, 해방의 은전恩典도 뒤따르게 되었다. 그래서 우리는 하나의 자연적인 명칭으로 '사람'이라고 불리는 반면에, 만민법상으로는 세 부류가 되었다: 출생자유인, 이에 대한 반대개념으로 노예, 그리고 세 번째 부류인 해방노예, 즉 노예이기를 그친 자.
만민법의 내용 (계속)	D.1.1.5. 헤르모게니아누스, 『법적요法摘要』 제1권. 이 만민법으로부터 전쟁이란 것이 성립되었고, 민족이 구별되었고, 왕국이 창건되었고, 소유권이 확정되었고, 토지의 경계가 설정되었고, 거기에 건물들이 세워졌고, 상거래, 매매, 임약, 기타 채권채무관계가 정하여졌다. 여기에서는 시민법상 도입된 일부는 제외하고 하는 말이다.
시민법	D.1.1.6. 울피아누스, 『법학원론』 제1권. 시민법은 자연법이나 만민법으로부터 전적으로 분리되는 것도 아니고, 모든 점에서 그것에 따르는 것도 아니다. 그리하여 우리가 공통법에서 무엇인가를 가감한다면 우리는 고유법, 즉 시민법을 만드는 것이다.
시민법의 분류 (성문법과 불문법)	1. 그런데 이런 우리의 법은, 성문법과 불문법으로 이루어져 있는데, 그리스인들의 경우 다음과 같이 말하는 것과 마찬가지다: "법규에는 성문의 것이 있고, 불문의 것이 있다."
시민법의 법원法源	D.1.1.7. 파피니아누스, 『정의定義 편록』 제2권. 그런데 시민법은, 법률, 평민회의결, 원로원의결, 황제의 재결과 법학자들의 학설법으로부터 연원한다.

법정관법 (명예관법)	1. 법정관법法政官法이란 공공의 이익을 위하여 법정관들이 시민법을 보조하거나 보충하거나 교정할 목적으로 도입한 법이다. 그것은 명예관법이라고도 하는데, 법정관이 명예관직이므로 그에 따라 이렇게 명명되었다.
명예관법 (계속)	D.1.1.8. 마르키아누스, 『법학원론』 제1권. 명예관법이야말로 시민법의 살아 있는 목소리이기 때문이다.
시민법과 만민법의 관계	D.1.1.9. 가이우스, 『법학원론』 제1권. 법률과 관습으로 규율되는 모든 인민은, 한편으로 자신들의 고유법을, 다른 한편으로 모든 사람에게 공통된 법을 사용한다. 왜냐하면 각각의 인민마다 자신을 위하여 제정한 법은, 그 자신의 나라의 고유한 법이고, 그 나라의 고유법으로서 시민법이라고 부른다. 그에 반하여 자연의 이치가 모든 사람 간에 정한 것은 모든 이들에게 있어서 아주 동등하게 준수되고, 모든 민족이 사용하는 법으로서 만민법이라고 부른다.
정의正義의 정의定義	D.1.1.10. 울피아누스, 『법규칙 편록』 제1권. 정의正義란 각자에게 그의 권리를 배분하려는 한결같고 지속적인 의지다.
법의 3계명	1. 법의 계명은 이것이다: 품덕 있게 사는 것, 타인을 해치지 않는 것, 각자에게 그의 몫을 배분하는 것.
법학의 내용	2. 법학은 신사神事와 인사人事에 관한 지식이며 정正과 부정不正에 관한 학문이다.
ius의 용례	D.1.1.11. 파울루스, 『사비누스주해』 제14권. 'ius'라는 말은 여러 가지 방식으로 사용된다. 우선, 항상 형평과 선인 것을 '법'이라고 부르는데, 자연법이 그러하다. 다른 방식으로, 각 나라에서 모두 또는 다수에게 유용한 것이라 할 때는, 시민법을 의미한다. 또한 타당하게도 우리나라에서는 명예관법을 '법'이라고 부른다. 법정관도 법을 선언한다ius reddere고 말하는데, 심지어 그가 불공정하게 판정하였을 때도 그러하다. 왜냐하면 법정관이 실제로 행한 바가 아니라 마땅히 행하여야 할 바에 결부시키기 때문이다. 다른 의미에서 법이 선언되는 장소도 'ius'라고 말하는데, 이는 이루어지는 것[법]에서 이루어지는 장소[법정]로 명칭이 전용된 것이다. 이 장소를 우리는 다음과 같은 방식으로 정할 수 있다: 그곳이 어디든지 법정관이 자신의 명령권의 존엄을 지키고 조종성규祖宗成規를 준수하면서 법을 선언하기로 결정한 곳을 올바르게 '법(정)'이라고 한다.
ius의 용례 (계속)	D.1.1.12. 마르키아누스, 『법학원론』 제1권. 때로는 친연관계에도 'ius'라는 말을 사용하는데, 예컨대 '그는 나와 혈족 또는 인척관계ius다'와 같이 말이다.

고대 로마의 재판은
어떻게 진행되었나

재판은 국가가 법에 따라 권리 의무를 선언하는 방법을 통해 분쟁을 해결하는 절차로서, 재판제도의 운영은 법질서를 유지하는 데 대단히 중요하다.

고대 로마에서 민사재판은 크게 세 개의 시기로 구분할 수 있다. 첫째는 법률소송^{legis actiones}이고, 둘째는 방식서소송^{actiones formulae}, 그리고 셋째는 비상심리절차^{cognitio extra ordinem, extraordinaria cognitio}다.

이들 절차 사이의 관계가 특정 시점을 기준으로 명확하게 분절되는 것은 아니고 서로 중첩되기도 하는데, 이하에서는 고전기 민사소송의 정규절차인 방식서소송을 중심으로 설명한다.

제1기 법률소송

법률소송이란 '법률로 정해진 소송^{legitimae actiones}'이라는 뜻으로, 12표법 이래 기원전 17년 '민사소송에 관한 율리우스법'에 의해 전면 폐지될 때까지 시행됐다. 법률소송은 구술절차로서 엄격한 형식주의에 따랐다. 그리하여 소송할 때 당사자들은 법률 문언에 엄격하게 기속되어 반드시 정해진 격식어를 사용해야 했고, 조금이라도 틀린 경우는 패소를 감수해야 했다. 가령 위법하게 타인의 나무를 벌채한 자에 대한 손해배상청구소송(12표법 제8표 제11조)에서 12표법의 해당 조문에는 "타인의 나무"라고 되어 있는데, 원고가 소송에서 "타인의 포도나무 가지"라고 말한 경우 패소했다. 이렇게 엄격한 형식주의를 채택한 이유는 함부로 소송을 일으키는 것을 저지하기 위함이라고 한다(D.1.2.2.6). 법률소송에 대한 가이우스 법학원론의 서술은 다음과 같다.

Gai.4.11. (가이우스 『법학원론』 제4권 제11절)

옛사람들이 이용한 소송은 '법률소송'이라고 불렸는데, 혹은 그것들이 법률에서 유래하였기 때문이거나, 그때는 다수의 소권들을 도입한 법정관의 고시가 아직 사용되지 않았던 까닭이며, 혹은 그것들이 법률 자체의 문언에 맞춰져서 마치 법률처럼 변경 불가한 것으로 준수되었기 때문이다. 그래서 포도나무 가지들이 절단된 데 대하여 소송에서 "포도나무 가지"라고 칭하며 소송한 자는, 절단된 포도나무 가지에 대하여 소권이 인정된 근거였던 12표법이 일반적으로 절단된 "나무"로만 규정하였으므로 그는 "나무"라고 칭해야만 하였기 때문에 패소하였다고 [법률가들에 의해] 해답되었다.

〔참고〕 **12표법 제8표 제11조**(플리니우스『박물지』17.1.7)
12표법에는 위법하게 타인의 나무를 벌채한 자는 그루당 25아스의 배상을 한다고 규정되었다.[최병조 역]

제2기 방식서소송

이런 법률소송은 사람들에게 점차 혐오의 대상이 되었고, 기원전 2세기 중후반에 새로운 절차가 도입되었는데 바로 '방식서소송'이다. 방식서소송은 고전기 로마 민사소송의 정규절차였으며, 342년에 공식 폐지(C.2.57.1)될 때까지 이용됐다. 방식서소송 역시 기본적으로 구술절차이지만,

구술절차로만 진행되던 법률소송에 비하면 '방식서方式書, formula'를 활용한다는 점에서는 당사자들에게 편리한 절차였다.

방식서란 원고의 청구취지, 청구원인은 물론 심판인 지정과 판결 권한 지시까지 포함된 문서를 말한다. 특히 법률소송이 로마 시민만이 가능했던 것과 달리, 방식서소송은 로마 시민이 아닌 사람들도 이용할 수 있었고, 나중에는 그 편리함으로 인해 로마 시민들의 정규절차로 자리 잡게 된다. 방식서소송 역시 법률소송과 마찬가지로 법정관 앞에서의 '법정절차in iure'(여기서의 법정은 장소로서의 법정을 뜻한다. 앞의 D.1.1.10 참조)와 심판인 앞에서의 '심판인 절차apud iudicem'로 구분된다.

(1) 법정절차

우선 법정절차에서 원고가 피고에 대한 소송을 통고하고, 피고를 법정소환한 후 법정관 앞에서 일응의 방식서를 제시하면서 소송신청을 하면, 법정관이 법정신문을 통해 원고 주장의 당부를 판단한 후 원고의 주장이 타당하면 소권을 부여해 소송을 허용했고, 그렇지 않으면 소권을 거절

했다.

이 과정에서 피고는 인낙confessio in iure을 하거나 원고와 화해할 수도 있었고, 항변 사항(가령 대여금반환청구에서의 지급기일 유예 항변, 악의의 항변 등)이 있어서 법정관에게 이야기하면, 법정관이 방식서에 피고의 항변을 포함시켰다. 이 절차에서 중요한 또 한 가지 사항은 바로 심판인 선정이다. 심판인iudex은 오늘날과 같이 직업 법관이 아니고, 사회적으로 명망 있는 사인 중 법정관의 지휘하에 당사자의 합의를 통해 정했다.

방식서는 소권별로 차이가 있었는데, 기본적으로 맨 앞부분에서 심판인을 선정하고, 원고의 청구취지와 청구원인 등을 간결하게 기재한 후, 심판인의 심판범위와 판결 권한 지시가 기재된다.

방식서의 예를 들어보자. 먼저 '갑'과 '을'이 1만 세르테르티우스를 소비대여한 후 문답계약을 체결했다. 차주 을이 돈을 갚지 않자 대주 갑이 문답계약에 기해 확정금의 반환청구를 하고자 할 때의 방식서는 다음과 같다.

도표의 방식서 문구에서 밑줄 친 부분은 말하자면 빈칸으로 개별 사건에 맞춰 당사자 이름과 금액을 채워 넣을

심판인 지정 dacio iudicis	Gaius Seius iudex esto. 가이우스 세이우스가 심판인이 되어라.
청구취지 표시 intentio	Si paret, Numerium Negidium Aulo Agerio sesterium decem milia dare oportere, 피고 을이 원고 갑에게 금 1만 세스테르티우스를 지급할 의무 있음이 판명되면,
판결권한 지시 condemnatio	iudex Numerium Negidium Aulo Agerio sestertius decem milia condemnato, si non paret absolvito. 심판인은 피고 을로 하여금 원고 갑에게 금 1만 세스테르티우스를 지급하라고 유책판결하라. 판명되지 않은 경우는 면소판결하라.

수 있었다. 참고로 원고를 'Aulus Agerius'라고 하고, 피고를 'Numerius Negidius'라고 하는데 실명은 아니고, 우리 식으로 하자면 원고 '갑', 피고 '을'에 해당한다.

그리고 위의 방식서는 세 가지 명령형 동사로 이루어진다. 제일 먼저 심판인 지정 부분에서 '심판인이 되어라iudex esto', 그다음에는 판결권한 지시 부분에 있는 '유책판결하라condemnato' 또는 '면소판결하라absolvito'가 그것이다. 그리고 전체 문장이 가정문으로 구성되었다는 점이 특징인데, 즉 심판인 입장에서 청구취지에 해당하는 사항에 대해 판명되면Si paret 유책판결을 하고, 판명되지 않으면si non paret 면소판결을 해야 한다.

위 사안에서 만약 차주 을 자신이 대주 갑과 지급유예 합의가 있었다고 항변하면, 다음처럼 피고의 항변란에 그 내용이 들어간다. 방식서상에 피고의 항변은 '~하지 않았다면si~non'이라는 문장 형식으로 들어가게 되고, 그에 따라 문장 구조는 '그런 항변 사실이 인정되지 않는다면 ~ 심판인은 유책판결하라'로 구성된다.

심판인 지정	가이우스 세이우스가 심판인이 되어라.
청구취지 표시	피고 을이 원고 갑에게 금 1만 세스테르티우스를 지급할 의무가 있음이 판명되면,
피고의 항변	si inter Aulum Agerium et Numerium Negidium non convenit, ne ea pecunia intra annum peteretur, 원고 갑과 피고 을 사이에 그 금전을 1년 이내에는 청구하지 않겠다는 지급유예의 합의가 성립하지 않았다면,
판결권한 지시	심판인은 피고 을로 하여금 원고 갑에게 금 1만 세스테르티우스를 지급하라고 유책판결하라. 판명되지 않는 경우에는 면소판결하라.

그다음 법정관이 소송을 허용하면 쟁점결정litis contestatio이 이루어지는데, 이 시점은 피고 의무 내용 확정 및 심판의 기준 시점이면서도 다양한 소송법적 효과(종래 권리는 소

멸하고 피고의 유책판결을 구하는 권리가 발생하는 소권의 소진효, 소권경합시 다른 소권은 배제됨, 일사부재리의 효과 등)가 발생한 다는 점에서 로마 민사소송법에서는 매우 중요하다. 특히 이 시점을 기준으로 원고의 청구가 과다청구[plus petitio]에 해 당하면 청구는 전부 기각된다. 과다청구 여부는 급부 내용 (50금인데 60금을 청구하는 경우), 이행지(정해진 이행지와 다른 곳에서 청구하는 경우), 이행기(이행기보다 먼저 청구하는 경우) 등을 기준으로 판단한다.

(2) 심판인절차

법정관이 소송을 허용하고 피고가 응소하면 심판명령 이 내려지고, 심판인 절차[apud iudicem](직역하면 '심판인 앞에서') 로 넘어간다. 그리하여 방식서에서 지정된 사람이 심판인 이 된다. 이 점이 오늘날 민사소송과의 큰 차이점인데, 즉 법정관은 법정절차에만 관여해 소송의 허부만을 결정하 고, 실제 심판은 사인들로 구성된 심판인 명부 중 선정된 심판인에게 맡겨진다는 점이다.

물론 그렇다고 해서 로마의 민사재판이 중재는 아닌데 (로마법상 중재계약에 대해서는 최병조, 『로마법강의』, 515면 이하 참조), 왜냐하면 여기서 심판인은 사인 중에 선정되기는 하나 법정관이라는 국가권력으로부터 심판권한을 부여받았기 때문이다('Gaius Seius iudex esto'). 심판인은 방식서에 기재된 심리 사항과 범위에 맞춰 변론 및 심리 후에 자유심증주의에 따라 심판한 뒤 판결을 선고했다. 사실관계가 판명되어 원고의 청구가 타당하면 피고에게 유책판결을 선고했고, 판명되지 않거나 또는 피고의 항변이 이유가 있다면 피고에게 면소판결을 선고했다.

(3) 집행절차

유책판결 후 피고에게는 30일 간의 유예기간이 부여되었고, 그 기간이 경과한 뒤 유책판결을 받은 피고가 판결채무를 부인하면 원고는 판결채무이행청구소권actio iudicati을 부여받아 다시 소를 제기할 수 있었다. 그런데 이때 피고가 패소하면 원 판결채무의 2배액을 지급해야 했다litis crescentia(판결채무액 배증).

고전기 민사소송에서 모든 유책판결은 금전배상이었고omnis condemnatio pecuniaria, 집행은 원칙적으로 포괄집행으로서 피고의 전 재산을 압류missio in bona하고 매각했다venditio bonorum.

법정절차
in iure

- 소송개시(訴訟開始, edere actionem): 원고의 피고에 대한 소송의 통고
- 법정소환(in ius vocatio)
- 소권의 개시(開示, editio actionis): 원고가 일응의 방식서 제시
- 소권부여 신청(postulatio actionis)
- 법정신문(interrogatio in iure) ┌ 소권부여 거절 └ **소권 부여**

〈피고의 대응〉

- 당사자 약정에 의한 임의적 선서
- 법정 인낙(confessio in iure) → 인낙 소권(actio confessoria) → 집행
- (확정물·확정금 청구소송의 경우) 법정 선서
- 불방어(non defendere) → 피고의 응소강제 위한 여러 수단 마련
- **응소** → 항변(exceptio) 신청 → 방식서에 기재

심판인 절차
apud iudicem

- 변론 및 심리(자유심증주의)
- 판결(sententia)

┌ **유책판결(condemnatio)** → **판결채무이행청구소권**
│ (30일 유예기간 부여) 피고가 판결채무 부인하면 판결채무액배증
└ **면소판결(免訴判決, absolutio)**

집행절차

- 권리 귀속확정(addictio) → 전재산 사私압류(missio in bona) → 전재산매각(venditio bonorum)

〈방식서소송 진행 절차〉

제3기 비상심리절차

비상심리절차cognitio extra ordinem 또는 extraordinaria cognitio는, 그 용어에서 알 수 있듯이 원래는 정규절차 외에 사법司法 담당관 앞에서 진행되던 절차로, 비송사건이나 보전소송, 새로운 권리보호 사안에 활용된 절차였다.

비상심리절차는 고전기에는 신탁 유증fideicommissum 사안

에 한정되었으나, 국가 주도의 관료사법제도가 확립됨에 따라 제정 후기에는 '비상非常'이라는 명칭과는 다르게 '통상'의 정규절차로 자리 잡게 된다. 그에 따라 방식서소송에서 사인이 담당하던 심판은, 이제 사법권司法權을 가진 관리가 담당하게 된다(그런 이유에서 제정기 후기 사료에 나오는 'iudex'는 '재판관'을 의미한다).

이 절차의 특징은 모든 과정이 국가 주도로 이루어진다는 점에 있다. 아울러 서면 비중이 증대되고, 판결로 특정이행도 명할 수 있을 뿐만 아니라, 집행에서 개별집행법리도 발전되는 등 오늘날 우리의 소송제도와 가장 유사한 모습을 하고 있다.

정리: 로마 민사소송의 특징

고전기 정규 민사소송 절차인 방식서소송을 중심으로 로마 민사소송 절차상의 특징을 살펴보자. 우선 법정절차와 심판인절차로 양분되어 있다. 즉, 사법담당 법정관은 소권부여 여부만을 판단했고 법정관이 소권을 부여하면 재판은 심판인이 맡았다. 그리고 이때 심판인은 사회적으로 명망 있는 사람들로 구성된 명부에서 법정관의 지휘하에 당사자가 합의해 선정했는데, 이 단계에서 당사자는 특정인에 대한 기피신청을 할 수 있었을 것이다. 무엇보다 심판인 선정에 있어서 당사자의 합의가 전제되었으므로 한쪽에 치우치지 않는 심판인에게 심판을 받는다는 점은 판결의 승복 면에서도 유리한 점이 있었다.

오늘날의 관점에서 보면 비법률가가 어떻게 재판을 할 수 있었는지 의문이 들 수도 있다. 그러나 심판인의 심리 사항과 범위, 그리고 판결(주문)의 내용이 방식서에 명시되어 있어서, 심판인은 방식서에 기재된 사항에 대해서만 심리하여 판단하면 되는 것이었다(심리 권한이 없는 사항에 관해 판결하면 오히려 자의재판으로 책임을 지는 상황이 된다). 심판인의 심리사항은 피고가 원고에게 돈을 차용했는지와 원피고 사이에 지급유예 합의가 있었는지 등의 사실관계에 관한 것이라는 점에서, 그리고 해당 사실의 입증 여부만을 자유심증주의로 판단하면 된다는 점에서 비법률가라 하더라도 큰 어려움이 없었을 것이다. 혹시라도 잘 모르는 경우는 주변의 법률가에게 자문을 구했을 것이다.

방식서소송은 당사자 주도로 진행되었는데, 법정소환과 강제집행까지도 당사자의 몫이었다. 방식서소송에서도 방식서 외에는 구술주의가 적용되었고, 변론의, 직접주의, 공개주의, 그리고 쌍방심리주의하에 진행되었다. 아울러 유책판결을 받은 피고가 판결이행을 하지 않는 것에 대한 불이익 조치(판결채무액배증)와 함께, 남소방지를 위한 선서제도^{iusiurandum calumniae}와 남소자에 대한 형사처벌 및 불이익이 마련되어 있었다.

방식서소송은 단심제였고, 후대로 가면서 심급제가 정착됐다. 심판인이 심판범위를 벗어나거나 불법행위가 있었다면 자의재판^{恣意裁判}(원어로는 'iudex qui litem suam fect'이며, 이를 직역하면 '소송을 자기 것으로 만든 심판인'이다. D.50.13 참조)에 해당해 책임을 질 수도 있었다(D.50.13.6에 의하면 불법행위에 준하는 사실소권으로 책임을 지고, 심판인의 양심에 공정하게 여겨진 상당액까지 징벌금을 부담한다).

로마 시대 형사재판

로마의 형사재판 역시 그 형태에 따라 세 시기로 구분된다. 기원전 2세기 중엽부터 정무관이 재량으로 인정한 형을 민회가 승인하는 방식의 민회에서의 재판^{iudicium populi}, 기원전 1세기부터 기원후 3세기 초까지는 배심재판^{iudicium publicum},

그리고 원수정기 이후 비상심리절차^{cognitio extra ordinem}가 그것이다. 민사재판과 마찬가지로 특정 시점을 기준으로 분절되는 것이 아니라 중첩되는 양상이 나타나는데, 우리가 관심을 가지고 주목해야 하는 것은 배심재판이다.

배심재판의 특징은 개별법률에 따라 범죄마다 법정을 설치하고 확정된 형벌(벌금형, 극형)을 정하고 있다는 점이다. 그렇게 해서 설치된 법정을 '상설사문회^{常設查問會, quaestio perpetuae}'라고 부른다. 오늘날과 달리 사인에 의한 소추, 즉 사소추^{私訴追} 제도를 택하고 있고, 공판절차를 거쳐 배심원에 의한 판결이 이루어진다(유죄는 Condemno, 무죄방면은 Absolvo). 키케로가 활약하던 시기의 형사재판이 바로 이 상설사문회에서의 배심재판이었고, 따라서 배심원들을 설득하기 위한 법정 변론이 중요했다.

원수정기 이후에는 국가 주도 사법제도가 확립됨에 따라 민사재판과 마찬가지로 비상심리절차가 도입되었다. 이에 따라 정무관에게 넓은 재량이 인정되었고, 황제의 칙답과 재결이 선례로 작용했다. 비상심리절차에서의 형벌은 신분에 따른 차등이 있었고, 후대로 갈수록 형벌이 점차 가혹해졌다.

　한편 속주에서는 속주총독에게 매우 광범위한 형사사법 관할이 인정되었고, 로마 시민이 아닌 외인에 대해서는 무제한의 형사재판권이 행사되었으나, 로마 시민인 경우는 상소권이 인정됐다(그 유명한 사도 바울의 예를 보라. 사도행전 22:25).

'소권'을 통해 나의 권리를 행사한다!

오늘날 민법은 실체법상 권리가 중요하고, 이 실체법상 권리는 그것을 실현하는 소송상 권리와 분리되어 있다. 그런데 로마법에서 양자는 결합된 형태였고, 이런 점에서 로마법을 '소권법체계'라고 부른다. 즉, 소권법체계에서는 소권이 있어야만(정확하게는 법정관에 의한 소권 부여가 있어야만) 비로소 소송상 권리를 행사해 그것을 관철시킬 수 있는 것이다. 그리하여 켈수스는 "소권이란 자신에게 귀속해야 할 것을 소송으로 추급하는 권리"(D.44.7.51)라고 정의한다.

로마에서는 이런 소권법체계하에서 소권중심적 사고가 발전했다. 물론 모든 법률관계가 소송으로 가는 것은 아니지만, 로마 법률가들은 궁극적으로 소송을 통한 권리행사

국면을 염두에 두고 법률문제를 다루었고, 그 결과가 소권별 방식서formula로 정식화됐다. 그렇기 때문에 권리행사에 있어서 당사자는 법정관에 의해 소권을 부여받는 것 못지않게 어떤 소권을 부여받는지도 매우 중요했다. 그렇기에 로마법을 제대로 이해하기 위해서는, 다시 말해 로마 법률가들의 관점에서 사례를 이해하기 위해서는 단순히 권리존부만을 판단하는 것에 그쳐서는 안 되고, 어떤 소권이 문제되는지도 알아야만 한다.

소권법 이해의 예시

민법은 소권법체계가 아니므로 현행법을 공부하는 학생들에게 로마법상 소권법체계를 이해시키는 것은 쉬운 일이 아니다. 이를 위해 다양한 예시를 들고 있는데, 그중 하나가 제작물 공급계약 사안이다.

당사자의 일방이 상대방의 주문에 따라 자기 소유의 재료를 사용해 만든 물건을 공급할 것을 약정하고 이에 대해 상대방이 대가를 지급하기로 약정하는, 이른바 '제작물공급계약'의 법적 성질과 관련해 그것을 매매로 볼 것인지, 도급으로 볼 것인지가 문제가 된다. 그 이유는 어느 계약으로 보느냐에 따라 하자담보책임의 내용과 권리행사기간의 차이(민법 제580조 이하와 제667조 이하를 비교해 보라), 상법 제69조 제1항의 매수인의 목적물 검사와 하자통지의무 적용 여부 등이 달라지기 때문이다. 이에 대한 우리 대법원의 구별 기준은 아래와 같다.

대법원 1987. 7. 21. 선고 86다카2446 판결

당사자의 일방이 상대방의 주문에 따라 자기 소유의 재료를 사용하여 만든 물건을 공급할 것을 약정하고 이에 대하여 상대방이 대가를 지급하기로 약정하는, 이른바 제작물공급계약은 그 제작의 측면에서는 도급의 성질이 있고 공급의 측면에서는 매매의 성질이 있어서 이러한 계약은 대체로 매매와 도급의 성질을 함께 가지고 있는 것으로서 그 적용 법률은 계약에 의하여 제작 공급해야 할 물건이 대체물인 경우는 매매로 보아서 매매에 관한 규정이 적용된다고 할 것이나, 물건이 특정의 주문자의 수요를 만족시키기 위한 불대체물인 경우에는 당해 물건의 공급과 함께 그 제작이 계약의 주목적이 되어 도급의 성질을 강하게 띠고 있다 할 것이므로 이 경우에는 매매에 관한 규정이 당연히 적용된다고 할 수 없다.

상공업이 발달한 로마에서도 물론 제작물공급계약이 있었고, 이에 관해서는 법적 성질의 논의가 있었다. 다음 개소를 읽고 우리 판례에서의 구별 기준과 비교해 보자.

Inst.3.24.4(법학제요 제3권 제24절 제4항)

또 금세공업자와 티티우스가, 금세공업자가 자신(금세공업자)의 금으로 일정 중량과 일정 형태의 반지들을 티티우스에게 제작하여 주고 가령 10금을 받기로 합의하는 경우, 매매가 체결되는 것인지 아니면 임약[=도급]이 체결되는 것인지가 문제다. 그런데 카시우스의 견해는, 실로 재료와 관련하여서는 매매가, 노무와 관련하여서는 임약[=도급]이 체결된다는 것이다[=혼합계약설]. ¶ 그러나 정설은 매매만 체결된다는 것이다. 그런데 만일 티티우스가 자신의 금을 제공한 경우, 노무에 대한 보수가 정하여졌다면, 임약[=도급]이라는 것에 의심의 여지가 없다.

소권의 분류

로마법상 소권은 다양한 기준으로 분류될 수 있다. 다소 복잡하지만, 소권의 분류와 각 소권의 특징은 로마법을 이해하려면 반드시 알아야만 한다. 우선 권리발생 근거에 따라 시민법상 소권actio civilis과 명예관법상 소권actio honoraria이 있다. 시민법상 소권은 대체로 12표법을 비롯한 법률에 기초한 것인데, 법정관의 활동과 법률가들의 해석을 통해 점차 확대됐다. 명예관법상 소권 중에는 특히 사법司法 담당 정무관인 법정관법상의 소권actio praetoria이 중요하다. 시민법상 소권과 명예관법상의 소권의 차이는 소권의 행사 기간에 있었는데, 시민법상의 소권은 몇몇 예외를 제외하면 영구소권이었고(예외로 보증인을 상대로 하는 푸리우스법 소권은 2년, 배륜유언의 소의 경우는 5년이었다), 명예관법상의 소권은 원칙적으로 해당 정무관의 임기인 1년 동안만 인정됐다.

다음으로는 소권의 내용에 따라 물物추급을 내용으로 하는 대물소권actio in rem과 채무자를 상대로 급부를 청구하는 대인소권actio in personam으로 구분된다. 이는 우리 민법상 물권과 채권의 분류에 상응한다고 볼 수 있다. 양자의 차이는 대인소송의 경우에는 피고가 응소의무가 있지만, 대물소송의 경우에는 피고의 응소의무가 없다는 데 있다. 즉, 대인소송에서 피고는 응소의무가 있으므로 피고가 불방어non defendere하는 경우 원고는 피고를 인치引致, ductio하고, 재산압류missio in bona를 통해 강제집행을 할 수 있었다. 그러나 대물소송의 경우 피고는 응소의무가 없으므로 피고가 불방어하더라도 원고는 속수무책이 되어버린다. 이런 상황에서 피고에게 응소를 강제하려면 피고를 상대로 하는 별도의 대인소권이 필요하다. 이 점에서 로마가 얼마나 철저하게 소권법적으로 사고했는지를 알 수 있다.

대물소권의 대표격인 소유물반환소권rei vindicatio을 예로 들어보자. 소유물반환소권에서 반환의 대상이 동산의 경우는 원고가 법정관에게 피고로 하여금 물건을 법정에 제시하도록 하는 제시소권actio ad exhibendum을 신청할 수 있었고, 부동산의 경우는 원고로 하여금 부동산의 점유취득을 하도록 하는 특시명령interdictum Quem fundum을 신청할 수 있었다. 따라서 원고가 제시소권과 해당 특시명령을 법정관에게 신청해 부여받았는데도, 피고가 이에 불응하면 이때는 본권에 대한 판단 없이 바로 가액배상판결을 받게 되는데, 이로써 피고로 하여금 사실상 응소를 강제하도록 만든다.

대인소권은 다시 엄법소권actio stricti iuris과 성신소권actio bona fidei으로 구분된다. 양자는 모두 대인소권이라는 점에서는 공통적이지만, 소권이 근거하고 있는 기초에서 차이가 있고, 그것은 방식서상에 '성신誠信에 기해ex fide bona'라는 문구가 들어가는지의 여부로 나타나게 된다. 그런 문구가 없는 엄법소송에서 심판인은 방식서상의 문언에 엄격하게 구속되지만, 신의에 기반한 성신소권의 경우에는 해당 문구에 기해 심판인의 재량이 인정된다.

엄법소권에는 유언소권actio ex testamento, 소비대차에 기한 대여금반환청구소권condictio ex mutuo, 문답계약소권actio ex stipulatu 등이 있고, 성신소권의 경우에는 성신계약소권(매매, 임약, 위임, 조합)을 비롯해 후견소권actio tutelae, 각종 분할소권 등이 있다(Inst.4.6.28 참조). 우리 민법의 기준에서 보더라도 유언 사건과 매매 사건에서 판사의 재량 범위를 비교해 보면 양자의 차이를 가늠할 수 있을 것이다.

성신소송에서는 심판인이 당사자의 의무 내용을 판단할 때 민법상 신의칙에 해당하는 '성신bona fides'을 기준으로 삼아야 했다. 그 결과 환청구에서 매수인이 이행지체에 빠졌다면 매도소송에서 지연손해금까지도 고려된다. 이는 엄법소권에 속하는 소비대차에 기한 대여금반환청구소권의 경우, 대주는 별도의 문답계약이 없다면 원금만 청구할 수 있고 지연손해금은 고려되지 않는 것과 차이가 있다.

성신소권에 속하는 (노예) 매도소권의 방식서는 다음과 같다. 앞에서 살펴본 엄법소권에 속하는 문답계약소권의 방식서와 어떤 차이가 있는지 살펴보자.

심판인 지정	Gaius Seius **iudex esto.** 가이우스 세이우스**가 심판인이 되어라.**
청구원인 사실 표시	**Quod** Aulus Agerius Numerio Negidio **hominem quo de agitur, vendidit,** 원고 갑이 피고 을에게 제소되고 있는 이 사건 노예를 매도한 것에 관하여,
청구취지 표시	**quidquid paret ob eam rem** Numerium Negidium **dare facere oportere ex fide bona,** 그것과 관련하여 피고 을에게 성신誠信에 기하여 급부의무가 있는 것이 무엇이든 판명되면,
판결권한 지시	**eius iudex** Numerium Negidium Aulo Agerio **condemnato, si non paret absolvito.** 이 사건의 심판인은 피고 을로 하여금 원고 갑에게 유책판결하라. 판명되지 않는 경우에는 면소판결하라.

우선 위의 방식서에는 청구취지 앞에 청구원인 사실 표시demonstratio가 들어갔는데, 이는 청구취지가 불확정물incerta을 대상으로 하기에 이것을 명확하게 하고("이 사건 노예"), 이로써 기판력을 한정하기 위함이다. 급부의무 표시와 관련해 대인소송에서 급부의무는 "주는 의무 있는 것과 하는

의무 있는 것^{dare facere oportere}"으로 표시되는데, 이는 민법상 '주는 급부의무'와 '하는 급부의무'에 상응한다(앞서 문답계약에 기한 확정금청구의 경우에는 주는 급부의무만이 문제가 되므로 'dare oportere'만이 쓰였다).

가장 큰 차이는 청구취지 표시란에 "ex fide bona", 즉 "성신에 기하여" 문구가 들어간다는 점이다. 매매의 경우 신의에 기반한 성신계약이므로, 방식서에도 "성신에 기하여"라는 문구가 들어가게 되고, 그에 따라 엄법소송에서와는 달리 심판인의 판단 범위가 넓어진다. 따라서 매수인의 이행지체에 대한 지연손해금은 물론이고, 본계약을 체결할 때 함께 이루어진 부수약정상의 의무 불이행까지도 본소권 내에 포함되어 심판인이 직권으로 판단할 수 있게 된다. 이렇듯이 엄법소권과 성신소권의 구분은 로마법에서는 대단히 중요한 분류 기준이었다.

한편 '재정소권^{裁定訴權, actio arbitraria}'이 있는데, 이것은 소송방식서에 반환·제시 등의 재정조항^{clausula arbitraria}이 삽입된 소권으로, 그런 소송방식서를 '재정방식서^{formula arbitraria}'라고 한다. 모든 대물소권과 반환·제시와 같은 취지의 대인소권(예: 제시소권 등)이 이에 해당된다. 로마법은 민법과 달리 강제이행(제389조)을 청구할 수 없고, 유책판결은 금전배상으로 귀결되는데omnis condemnatio pecuniaria, 이 점에서 재정소권은 피고로 하여금 원물을 반환할 수 있도록 하는 데 그 의미가 있다.

물론 방식서상의 재정조항에 기해 심판인이 반환명령를 하더라도 피고가 불응하면, 결국 금전배상을 내용으로 하는 가액판결이 내려진다. 이때 피고가 악의적으로 불응하는 경우 심판인은 원고에게 소송물가액선서iusiurandum in litem를 시키고(심판인이 한도액 설정 가능), 원고가 선서한 액수대로 피고의 유책판결액을 확정할 수 있었다.

추구하는 목적에 따라 소권에는 물건 또는 급부청구를 목적으로 하는 물物추급소권actio reipersecutoria과 징벌금poena을 목적으로 하는 징벌금소권actio poenalis이 있다. 후자와 관련해 종래에는 역어로 '벌금소권'이 쓰였으나, 현행법상 벌금은 국가에 납부하는 것이라는 점에서 민사소송에서는 오해의 소지가 있으므로 '징벌금'이라는 역어를 사용하기로 한다. 물추급소권에는 대물소권 및 계약소권의 대부분이 속하고, 징벌금소권에는 불법행위와 관련해 대표적으로 절도소권actio furti(현행도는 4배액, 비현행도는 2배액)이 속한다.

양자의 중요한 차이는 징벌금소권이 일신전속적이어서 가해자 측 책임이 상속되지 않는다는 것인데(물론 피해자 측은 상속이 가능하므로 상속인이 소권행사할 수 있다), 다만 '쟁점결정' 후에는 상속이 가능하다는 예외가 인정된다.

소권 중에는 파렴치효소권actio famosa이 있다. 이는 말 그대로 피고가 유책판결을 받는 경우 피고에게 파렴치효를 발생시키는 소권을 말한다. 그리하여 '파렴치자'가 되면 소송상 능력이 박탈되고, 후견직은 물론이고 공직 취임에도 제한이 되는 등 각종 불이익이 수반됐다. 파렴치효소권에 속하는 것으로는 징벌금소권(절도소권, 강탈재산소권, 사기소권, 침욕소권) 외에 비징벌금소권 중에서도 당사자들 사이에 신뢰관계가 중시되는 위임소권actio mandati, 임치소권actio depositi, 신탁소권actio fiduciae, 조합원소권actio pro socio, 후견소권actio tutelae이 있다.

이렇듯 로마인들은 법률관계 중에서도 불법행위소권과 계약소권을 구분하고, 계약 중에서도 신뢰가 특별히 중시되는지 여부를 구분해, 유책판결의 효과를 달리한다는 점에서 법률관계의 본성을 고려한 규율을 도모하였다. 가령 매도인이 매매대금을 지급받았는데도 목적물을 인도하지 않아 유책판결을 받는 경우와 수임인이 위임소권으로 유책판결을 받을 때 민법상으로는 둘 다 채무불이행이라는 점에서 별다른 차이가 없다. 하지만 로마법에서는 파렴치효 인정 여부에 있어서 중대한 차이가 발생한다. 이는 매매계약을 체결할 때와 위임계약을 체결할 때 상대방에게 기대하는 신임의 차이에서 비롯된다(즉, 우리는 생면부지의 사람과도 물건을 사고팔지만, 어떤 일을 부탁할 때는 믿고 맡길 수 있는 사람에게만 부탁하는 것과 같다).

정리: 절도 피해자 구제를 위해 고려될 수 있는 소권

지금까지 공부한 내용을 정리해 보는 차원에서, 로마법상 절도 사안에서 고려할 수 있는 소권을 살펴보자. 절도 피해자가 물건 소유자라고 한다면, 우선 물物추급을 위해 소유물반환소권이 점유자를 상대로 인정될 것이고, 다음으로 절도범을 상대로 불법행위로서 징벌금소권인 절도소권이 인정되는데, 양자가 추구하는 목적이 다르므로 놀랍게도 중첩행사가 가능하다(물론 이를 위해서는 물건의 소재도 찾아야 하고, 절도범도 찾아야 한다). 그런데 로마법에는 절도 사안에서 인정하는 이득반환청구소권이 있었는데(이것을 절도원인

이득반환청구소권condictio ex causa furtiva 또는 condictio furtiva이라고 부른다. D.13.1), 이와 같은 별도의 소권을 둔 이유는 무엇일까?

그것은 바로 위의 두 소권이 가지고 있는 한계 때문이다. 소유물반환소권은 물건의 소재, 즉 점유자를 찾아야만 하고, 절도소권은 절도범을 찾아내야만 하는데, 현실에서 둘 다 쉬운 일이 아니다. 특히 절도소권은 일신전속적인 징벌금소권이라는 점에서 절도범이 사망한 경우 절도소권을 행사할 수 없다는 문제점이 생긴다.

그리하여 절도원인이득반환청구소권은 그 반환 범위에서는 소유물반환소권보다는 적지만 ① 절도범만 찾아내면 되고 물건의 소재까지 찾을 필요가 없고, ② 물物추급소권이므로 절도범의 상속인 상대로도 책임을 추궁이 가능하며, ③ 이행제공 전 멸실에 대한 책임을 부담Fur semper in mora한다는 점에서 절도범의 책임을 강화해 준다(상세는 이상훈, "절도원인 이득반환소권에 관한 소고", 법사학연구, 57(2018), 257면 이하 참조). 유스티니아누스 법학제요는 이 소권의 특징과 필요성을 간명하게 설명하고 있다.

Inst.4.1.19(유스티니아누스 법학제요, 제4권 제1장 제19절)

절도소권은 2배액이든 4배액이든 징벌금의 추급을 위한 것이다. 왜냐하면 물건 자체의 추급권은 외부의 소유자가 가지기 때문인데, 즉 [소유자는] 소유물반환청구소권이나 [절도원인] 이득반환청구소권을 통하여 물物추급이 가능하다. 그런데 소유물반환청구소권은 실로 점유자를 상대로 하는데, 점유자가 절도범 자신인지 제3자인지는 무방하다. 그리고 [절도원인] 이득반환청구소권은, 점유자가 아니더라도, 절도범 자신이나 그의 상속인을 상대로 인정된다.

다음의 분류 기준으로는 본래소권, 준소권, 사실소권이 있다. 법에 직접 정해진 소권이 본래소권actio directa이고, 본래소권이 없는 경우 이를 유추해 부여하는 소권이 준소권actio utilis이며, 유추할 소권도 없는 경우 사실관계 그 자체를 기초로 부여하는 소권이 사실소권actio in factum이다.

우선 법률이든 고시든 명문의 근거 규정이 있다면 법정관에게 신청해 본래소권을 부여받을 수 있다. 그런데 사안이 근거 규정에 딱 맞지 않는 경우가 있다. 이럴 때 권리구제를 외면하는 것은 바람직하지 않다. 그러므로 이 경우는 유추를 통해 소권을 인정해 주는데, 그것이 바로 준소권이다. 나아가 유추할 소권마저 없지만 권리구제의 필요성이 인정되는 경우 법정관은 문제가 된 사실관계 그 자체factum를 기초로 소권을 부여할 수 있었는데, 그것이 사실소권이다.

법정관이 준소권이나 사실소권을 부여할 수 있는 것은 사법고권imperium을 가진 정무관이었기 때문이고, 그렇기에 준소권이나 사실소권은 법정관법상의 소권에 속한다. 이런 소권 부여를 통해 법에 정해진 소권이 없는 경우에도 권리구제의 흠결을 방지할 수 있다. 다음의 개소에 이런 점이 잘 설명되어 있다.

D.19.5.11 폼포니우스, 『퀸투스 무키우스 주해』 제39권.

소권의 수가 충분하지 않았으므로, 무릇 사실소권이 요구된다. 그런데 법률에 의하여 창설된 소권들도, 그 법률이 정당하고 필요한 경우, 법률에 흠결이 있는 곳에 법정관이 보충한다. 이것을 법정관은 아퀼리우스법에 대하여, 아퀼리우스법에 맞춰진 사실소권을 부여함으로써 행하고, 그 법률의 유용성이 그것을 필요로 한다.

예를 들어 설명하면, 로마법상 불법행위를 통한 재산손해에 대해서는 아퀼리우스법이 적용된다. 그런데 아퀼리우스법의 조문은 "타인에게 위법하게 소각, 파손, 파괴함으로써 손해를 가한 경우Si quis alteri damnum faxit, quod usserit fregerit ruperit iniuria"로 되어 있다. 화덕지기 노예가 깜빡 잠이 드는 바람에 이웃 가옥이 불에 타 없어진 사안에서는 부작위에 해당하므로, 법문에 규정된 작위에 해당하는 '소각'에는 포섭될 수 없다는 문제가 있다. 이 경우 유추를 통해 준소권을 인정하게 된다(D.9.2.27.9).

다음으로 아퀼리우스법의 위 조문에서의 '파괴'는 물건의 실체에 대한 침해를 요건으로 하는데, 그렇지 않고 단지 물건의 박탈, 즉 점유를 상실케 함으로써 손해를 가한 경우는 문제가 된다. 사료에는 가령 선박의 닻줄을 끊어서 표실漂失 시킨 경우(울피아누스 D.9.2.29.5), 타인의 반지를 과실로 강에 빠뜨린 경우(D.19.5.23), 잔이나 상품을 바다에 투척하는 경우(D.41.1.55 등), 포획한 멧돼지를 풀어놓아 주는 경우(D.41.1.55), 붉은 천을 흔들어 소를 도망치게 한 결과 도둑의 수중에 들어가게 된 경우(D.47.2.50.4) 등이 언급되어 있다. 이런 경우는 유추의 한계를 넘어서므로 준소권이 부여될 수 없다. 그렇더라도 피해자의 권리구제 필요성은 인정되므로 법정관이 자신의 사법고권에 기해 '사실소권'을 부여할 수 있다.

다음으로 의제소권^{actio ficticia}이 있다. 이는 소송방식서상의 사실을 '의제'함으로써 원고에게 소권을 인정해 주는 것이다. 의제소권의 대표적인 예로는 푸블리키우스 소권^{actio Publiciana}이 있다(D.6.2). 이 소권은 점용시효취득^{usucapio}의 요건 중 기간 요건을 충족하지 못한 상태에서 점유를 침탈당한 자에게 점유기간 요건 완성을 '의제'함으로써 물건의 점유를 취득할 수 있도록 인정해 주는 소권이다(Gai.4.36). 민법으로 치면 시효취득 중인 점유자를 보호해 주기 위한 소권인데, 단순히 점유자로서의 법적 지위의 보호가 아니라, 본권자로서 권리보호를 해주는 것이며 이를 위해 '의제'라는 법기술이 동원된 것이다.

의제방식서^{formula ficticia}로서 푸블리키우스소권의 방식서의 예는 다음과 같다. 강조 표시한 부분에서 라틴어 동사의 시제로 접속법 과거완료(si ~ possedisset)가 쓰이고 있는 것에 주목하라.

가이우스 세이우스는 심판인이 되어라.

원고 갑이 선의로 매수한 노예 스티쿠스를 그리고 그 노예가 그에게 인도된 경우 **원고 갑이 이 사건 노예를 1년간 점유하였더라면**[→점유기간 완성 의제]

퀴리테스의 법[=로마시민법]에 따라 원고의 소유라고 판명되었을 것이고, 이 노예가 당신의 재결에 따라 원고 갑에게 반환되지 않을 것이라면[→재정조항],

이 노예에 상당할 가액지급을, 심판인이여, 피고 을이 원고 갑에게 할 것을 유책판결하라.

판명되지 않는 경우에는 면소판결하라.

쌍방적 법률관계에서는 직접소권actio directa과 반대소권actio contraria이 있다. 가령 위임관계에서 위임인은 수임인을 상대로 위임직접소권, 수임인은 위임인을 상대로 위임반대소권이 인정된다. 이에 상응해 사무관리에서는 사무관리 본인이 사무관리인을 상대로 하는 사무관리소권과 사무관리인이 사무관리 본인을 상대로 하는 사무관리반대소권이 있다.

쌍무계약의 경우는 각각의 고유한 이름의 소권이 쌍을

이루고 있는데, 가령 매도인은 매수인을 상대로 매도소권, 매수인은 매도인을 상대로 매수소권을 행사할 수 있다. 소권의 내용과 관련해 위임관계에서 위임인은 수임인을 상대로, 반대로 수임인은 위임인을 상대로 무엇을 청구할 수 있는지, 매매관계에서 매도인은 매수인을 상대로, 반대로 매수인은 매도인을 상대로 무엇을 청구할 수 있는지 민법 조문을 펼쳐 놓고 생각해 보자.

정리: 소권법체계의 의미와 법 발전에 미친 영향

지금까지 소권의 분류와 종류를 살펴보았다. 여기서 유의해야 할 점은 로마법이 소권법체계라는 것은 로마법이 궁극적으로 소송을 통한 권리행사를 염두에 둔 소권중심적 체계로 구성되어 있다는 의미이지, 로마법상 실체법의 권리^{ius} 관념이 없었던 것으로 오해해서는 안 된다는 것이다. 로마법에는 소권과 별개로 권리 개념이 존재했고, 소송에 이르지 않고 종료하는 법률관계(대표적으로 임의이행)를 잘 알고 있었다. 이뿐만 아니라 이른바 소구력은 없지만 급부 보유력은 있는, 따라서 급부한 경우 부당이득반환청구가 인정되지 않는 '자연채무$^{obligatio\ naturalis}$'의 개념도 알고 있었다(대표적으로 노예나 가자가 주인 또는 가부에게 금전을 대여한 경우. D.12.6.64 참조). 무엇보다 정해진 소권이 없지만 권리구제의 필요성이 인정되는 경우 법정관이(사실은 그 배후에 있는 로마 법률가들의 자문으로) 준소권 또는 사실소권을 인정해 준 것 자체가 로마가 소권에 얽매인 경직된 법체계가 아니었다는 점을 잘 보여준다.

한편 이런 소권법체계는 로마법이 법학으로 발전해 나가는 과정에 아주 중요한 영향을 미쳤다. 즉, 어떤 사안을 법적으로 다룸에 있어서 구체적 타당성을 중시해 결론부터 정해놓고 그 결론을 위한 수단을 찾아내는 방식(사안별 해결법)이 아니라, 해당 사안에서 고려될 수 있는 개별 소권의 요건을 엄밀하게 분석한 후 요건이 충족되면 그 효과로서 소권을 인정해 주는 방식(요건-효과 해결법)으로 발전하게 된다. 그에 따라 로마법에서는 소권의 경합이 생겨나 각각의 소권 간의 관계를 검토해야 하는 어려운 문제가 제기되는 것이다. 이는 구체적 사안 해결만을 지향하는 경우 발생되지 않는 문제인 것이다. 어쨌든 전자의 방식은 해당 사안에 맞춘 구체적 타당성이 있는 결론을 도출할 수는 있지만, 이런 사안별 해결에 경도되다 보면 '제도화'의 측면에는 취약할 수밖에 없다. 반면 후자의 방법은 정해진 일관된 방법에 따라 사안을 취급함으로써 권리구제 수단을 제도화하는 방향으로 나아간다. 로마에서는 각각의 소권을 하나의 제도로 관념화했고, 그 점에서 평등한 권리 보장이 이루어지게 됐다.

물론 앞에서 설명했듯이 법정관은 본래소권이 없는 경우 권리구제를 매몰차게 외면해 버리는 것은 아니고, 유추가 가능하면 준소권, 유추도 불가능하지만 권리구제가 필요하다고 판단되면 사실소권을 부여해 소권흠결에 대처했다. 그리고 시민법상 소권의 부재로 인해 어쩔 수 없이 사실소권을 부여해 오던 사안의 경우에도 제도적 차원에서 동등하게 취급해야 할 필요성이 요청된다면, 로마 법률가들은 과감하게 시민법상의 소권을 인정하는 방향으로 나아가기도 했다(대표적인 예로 전가문소권에 관한 D.2.14.7.2 참조). 그런 과정을 통해 로마법은 경직되지 않고 끊임없이 권리보호를 확대하는 방향으로 나아갔다.

흥미로운 로마법 이야기(1): 동물과 관련한 책임

지금까지 설명한 소권법 개념의 이해를 위해, 요즘 우리 사

회에서도 많이 문제가 되고 있는 동물 가해 사고를 예시로
설명해 보자. 현행법상 동물 가해 책임은 민법 제750조의
특칙인 제759조 동물의 점유자 책임에서 규율하고 있다.

민법 제759조(동물의 점유자의 책임) ① 동물의 점유자는 그
동물이 타인에게 가한 손해를 배상할 책임이 있다. 그러나
동물의 종류와 성질에 따라 그 보관에 상당한 주의를 해태
하지 아니한 때에는 그러하지 아니하다.
② 점유자에 갈음하여 동물을 보관한 자도 전항의 책임이
있다.

민법 제759조에 따르면 동물로 인해 피해를 입은 자는
"동물의 점유자" 또는 "점유자에 갈음하여 동물을 보관(!)
한 자"에 대해 손해배상을 청구할 수 있는데, 동물의 점유
자가 "동물의 종류와 성질에 따라 그 보관에 상당한 주의
를 해태하지 아니한 때"에는 책임을 면하는 구조로 되어
있다. 우리 민법에 따르면 동물의 종류나 가해 양상을 불문
하고 이렇게 조문 하나로 모든 동물 가해 책임이 규율되는
것이다. 그러나 실제로 일어나는 동물 가해 사건은 그 양상

이 매우 다양한데, 고대 로마에서 사안별로 각각의 소권들이 마련되어 세밀한 규율이 이루어지고 있던 것과 매우 비교된다. 동물 가해 책임에 관한 로마 소권법상의 규율은 다음과 같다(상세는 최병조, 『법과 생활』, 367면 이하 참조).

우선 사람의 과실이 개입한 경우와 그렇지 않은 경우를 나눈다. 동물이 가해한 경우에도 사람의 과실이 개입한 경우에는 일반 불법행위 책임인 아퀼리우스법 소권이 문제가 된다. 이때 가해 위험이 있는 동물을 제대로 보관하지 않았거나 대중이 왕래하는 장소에 데리고 오는 자는 고등안찰관의 맹수에 관한 고시^{edictum de feris}에 따른 제재에 처한다.

동물 가해 책임은 결국 사람의 과실 없이 가해가 일어난 경우인데, 손해 양상에 따라 방목손해소권^{actio de pastu pecoris}과 사족동물가해소권^{actio de pauperie}이 고려된다. 전자는 동물이 본성에 따라 손해를 가한 경우로서 동물이 목초나 곡식을 먹었을 때에 한해 소유자를 상대로 인정되는 소권이고, 후자는 유순한 동물이 본성에 반해 충동적으로 가해한 경우(예를 들어 말이 발굽으로 걷어차거나 황소가 뿔로 들이받는 등) 주인을 상대로 인정되는 소권으로 무과실 책임이면서 가해동물위부^{noxae deditio}가 인정되는 소권이다. 이때 사족 동물이 아닌 경우에는 준소권이 부여되지만(D.9.1.4), 맹수이거나 가해자가 동물을 자극한 경우 이 소권은 적용되지 않는다.

이처럼 로마에서는 사안의 유형별로 소권이 마련되어 있고, 각 소권별로 요건과 효과가 상이하게 정해져 있으므로, 로마에서 동물로 피해를 입은 자는 어떤 소권으로 자신의 피해를 구제받을 수 있는지에 관해 잘 알아보고 법적인 대처에 나서야 했다.

흥미로운 로마법 이야기(2): 로마 시대에 예금계약은 어떻게 규율되었을까?

민법에는 곳곳에 알쏭달쏭한 조문들이 담겨 있는데, 그중 하나가 제702조 소비임치 규정이다.

민법 제702조(소비임치) 수치인이 계약에 의하여 임치물을 소비할 수 있는 경우에는 소비대차에 관한 규정을 준용한다. 그러나 반환 시기의 약정이 없는 때에는 임치인은 언제든지 그 반환을 청구할 수 있다.

임치(任置)란 물건의 보관을 맡은 자(수치인)가 그 물건을 그대로 임치인에게 반환하는 것을 내용으로 하는 계약인데 (민법 제693조), 제702조에서 규정하고 있는 '소비임치'는 수치인이 물건을 '소비'하고 동종·동질·동량의 물건을 반환하도록 하는 것을 내용으로 한다는 점에서 특이성이 있다. 동종·동질·동량의 물건을 반환하는 것은 소비대차(제598조)에 해당하며, 소비임치에서는 소비대차에 관한 규정을 준용하고 있는데, 그렇다면 양자의 차이는 무엇일까?

이에 관해 통설은 그 이익이 누구에게 있는지에 따라 소비대차는 소비차주의 이익을 위한 것이고 소비임치는 임치인의 이익을 위한 것으로 구분한다. 구체적인 예를 들어보면, 소비대차의 가장 대표적인 예는 은행에서 대출을 받는 것이고, 소비임치의 가장 대표적인 예는 예금계약이다. 소비대차는 소비차주인 대출채무자의 이익을 위한 것이지만, 예금계약은 임치인인 예금주의 이익을 위한 것이다. 그리하여 소비임치는 '가치'의 보관으로 이해되고 "이런 의미에서 그것은 임치의 일종으로 이해하는 것이 정당하다. 지금 우리나라에서는 소비임치를 임치의 일종으로 새기는 데 이설이 없다"(곽윤직, 채권각론(2003), 290면)라고 교과서상에 명쾌한 설명이 기술되어 있다.

다만 "반환 시기의 약정이 없는 때에는" 민법은 소비임치의 경우 임치인은 언제든지 그 반환을 청구할 수 있다(제702조 단서)고 규정해, 반환기한의 약정이 없는 소비대차의 경우 대주가 상당 기간을 정해 반환을 최고해야 하는 것(제603조 제2항)과 규율을 달리한다. 그렇다면 "수치인이 계약에 의하여 임치물을 소비할 수 있는 경우"를 특수한 종류의 소비대차로 규율할 수도 있었을 텐데, 민법에서는 왜 '임치'의 일종으로 규율했을까? "가치의 보관"은 임치계약의 한계를 명백히 넘는 것은 아닐까? 이것을 알기 위해서는 연혁상 로마법적 배경을 이해할 필요가 있다.

소비대차^{mutuum}나 임치^{depositum}는 로마법상 전형계약에 속하고, 그 내용은 성립에 있어서 요물계약이라는 점을 제외하면, 민법상의 규율과 유사하다. 그런데 제정기 로마에서 외방으로부터 오늘날 예금계약에 해당하는 새로운 관행^{Παρακαταϑήκη}이 들어오자, 로마 법률가들에게는 그것을 자신들의 소권법체계 내에서 어떤 계약으로 성질결정해야 할지의 문제가 제기됐다. 소권법체계를 택하고 있는 로마법상 이것은 매우 첨예한 문제였는데, 왜냐하면 그에 따라 어떤 소권이 부여될 것인지가 정해지기 때문이다. 즉, 로마법상 소비대차는 엄법소권에 속하지만, 임치는 성신소권에 속한다는 아주 큰 차이가 있었고, 그에 따라 무방식의 약정으로 이자를 정한 경우 이자 청구가 가능한지에 있어서 차이가 있었던 것이다(그 외에도 로마법상 소비대차와 임치는 마케도 원로원의결의 적용 여부, 상계항변의 적용 여부, 그리고 파렴치효의 부과 여부에 있어서도 차이가 있었다).

이에 대해 고전기 후기를 대표하는 법률가였던 파피니아누스는 "동일한 금액이 지급될 것으로 합의된 경우 이것은 임치의 극히 잘 알려진 한계를 넘는 것이다"라고 하면서도 "임치의 소가 적용된다"는 결론을 내리고, 그에 따라 성신소송의 규율대로 이자약정이 있는 경우 이자 청구를 인정했고(D.16.3.24), 그의 제자 파울루스 역시 스승인 파피니아누스의 견해를 따라 임치소권을 부여했다(D.16.3.26.1).

중세 시대에는 위에서 언급한 로마법상의 소권법체계를 전제로 하는 차이점들이 해소되었음에도 중세 법률가들은 로마 법률가들이 임치로 성질결정한 것에 좇아 '불규칙 임치depositum irregulare'라고 명명했다. 그리고 시간이 지나 근대 법진편친기에 이르러 법저 성질결정에 관한 논쟁이 재점화되었는데, 일본이 프랑스 학설의 영향을 받아 '소비임치^{Dépôt de consommation}'라고 명명한 것이 우리 민법에까지 이르고 있는 것이다.

소권법체계를 취하지 않는 민법에서는 명칭보다는 규율의 실제 내용이 더 중요하겠지만, 그 명칭만큼은 로마법을 따르고 있다는 것을 확인할 수 있고, 그런 점에서 제702조는 민법전에 담긴 로마법의 수많은 흔적 중 하나에 해당한다(상세는 이상훈, 민법 제702조(소비임치)의 연혁적 고찰, 서울대학교 법학석사학위 논문(2007) 참조).

고대 로마에서
노예의 삶

역사를 공부하면서 우리가 잊지 말아야 하는 것 중 하나는, 근대 전까지는 출생으로 인해 신분이 결정되던 신분제 사회였다는 점이다. 우리나라의 전통사회도 노비제는 물론이고, 반상班常의 구별이 엄격한 신분제 사회였고, 1894년 갑오개혁에 이르러서야 법적으로 노비제가 폐지됐다. 모두가 알고 있듯이 고대 로마는 노예제 사회였다. 고대 사회에서 노예는 전쟁에서 포로가 되거나, 형벌로 자유를 박탈당하거나, 채무를 갚지 못해 노예가 되었고, 노예로부터 태어난 자식 역시 노예의 삶을 살았다. 심지어 자유인임에도 스스로 노예로 팔리는 것을 용인하는 경우도 있었다(이른바 '자매自賣' 사안. 이에 대해서는 최병조, 비교법문화론(2018),

241면 이하 참조).

노예로서의 삶이 고단하고 때로는 처참했다는 것은 두 말할 필요도 없지만, 다른 한편으로 노예제는 로마 경제를 지탱하는 중요한 요소였다. 이것은 법사료에도 나타나는데, 법사료를 통해 전해지는 노예의 생활은 단편에 불과하지만, 학설휘찬의 상당수 사료가 노예가 등장하는 사안을 다루고 있을 만큼 노예는 로마 사회를 유지하는 데 빼놓을 수 없는 존재였다.

노예는 권리능력이 없었기에 법적으로는 '물건'에 해당했으며, 실제로도 중요한 재산에 해당했다. 평생을 농장에서 고된 농사일과 목축 일을 하며 지내는 경우도 있었지만, 주인의 측근에서 맡겨진 일을 수행하거나 주인의 수발을 들며 살아가는 노예들도 있었다. 대표적으로 편지를 낭독하거나 필사 또는 회계 업무를 맡은 노예도 있었고, 창고 관리나 집사 업무를 맡은 노예도 있었으며, 나아가 문지기, 수위, 전령, 가마꾼, 주인이 행차할 때 길라잡이를 하거나 수종하는 노예, 그밖에 요리나 식사할 때 보조를 전담하는 노예들도 있었다. 다음의 개소를 통해 로마 시대에 얼마나 다양한 노예가 존재했는지를 엿볼 수 있다.

D.50.16.203 알페누스〔BC 60~30〕, 『학설집』 제7권.

시킬리아의 항구 관세에 관한 호구총감법에 다음과 같이 규정되었다: "개인용도로 쓰려고 suo usu 집 domus 으로 데려가는 노예들에 대하여 관세를 내지 말라." 질문: 시킬리아로부터 로마로 토지를 경작하기 위하여 노예들을 보낸 자는, 이 노예들에 대하여 관세를 내야만 하는가 아니면 내지 않아도 되는가. 해답: 이 조문에는 두 가지 의문점이 있는데, 첫째는 "집으로 데려가다"가 무엇인지이고, 둘째는 "개인용도로 쓰려고 데리고 가다"가 무엇인지이다. 따라서 속주에 살든지 이탈리아에 살든지 현재 거주하는 곳에 집이 있다고 말하는 것이 타당한지 아니면 각자 자신의 고향에만 집이 있는 것이라고 말하는 것이 타당한지를 질의하곤 하였다. 그러나 그 사항에 관하여 결정된 것은, 우리 중 각자에게 집이 되어야 한다고 생각하는 곳이란 각자가 생활의 근거를 가지고 기장記帳을 하며 각자의 일에 대한 결정을 내리는 곳이라는 것이다. 그리고 '개인용도'가 무엇인지에 대하여서는 큰 의문점이 있었다. 더 타당한 견해는, 자신의 사생활을 위하여 장만한 노예만 포함된다는 것이다. 또 노예들에 관하여 동일한 이유로 질문되는 것은, 그들 중 어떤 노예가 개인용도로 쓰려고 장만된 노예인지이다. 회계담당 노예, 아파트 관리 노예, 농장관리 노예, 문지기 노예, 길쌈 노예, 그 수익으로 가부家父가 먹고사는 농지 경작용 농역農役 노예, 요컨대 자신이 소유하면서 어떤 목적을 위하여 부리려고 매수한 모든 노예는 해당되는가? 또 팔려고 산 노예는 해당이 안 되는가? 사견私見[=알페누스]으로는 다음의 노예들만이 개인용도로 쓰려고 가부가 가지고 있는 것으로 인정되는데, 즉 가부의 몸을 보호하고 가꾸기 위하여 일을 맡기고 할 일을 정하여준 노예만이다. 그런 부류에는 안마 노예, 침실 노예, 요리 노예, 급사 노예 및 이런 종류로 부리기 위하여 장만한 기타 노예가 포함된다.

이탈리아반도의 남서쪽에 시킬리아섬이 있는데, 그곳의 항구에서는 관세를 부과했다. 관련 법에 따르면 "개인용도로 쓰려고 집으로 데려가는 노예들"에 대한 관세를 면제해 주는 규정이 있었다. 로마 법률가들은 이 규정에 대해 면세 품목의 범위와 관련해 "집"과 "개인용도로"가 어떤 의미인지를 논하고 있는데, 이를 통해 공화정기 로마에서 노예들이 얼마나 다양한 일을 하고 있었는지를 알 수 있다.

노예에 대한 법적 책임

노예는 시장에서 거래되는 중요한 품목이었기 때문에 거래안전을 위해 고등안찰관이 일정한 하자의 경우 매도인이 매수인에게 알리도록 했다. 매도인에게 고지의무가 있는 하자에는 육체적 질병morbus뿐만 아니라 도주 성향fugitivus이나 방랑 성향erro, 기타 불법가해책임을 부담하는지 여부 등이 해당됐다. 그리고 이를 알고도 알리지 않았거나 심지어 몰랐던 경우에도 매도인은 이에 대한 책임을 졌는데, 그것이 바로 민법상 '하자담보책임'의 원형에 해당한다(D.21.1 참조).

이미 잘 알고 있듯이 로마법에는 직접대리가 인정되지 않았다(후술). 이것은 채권관계를 법의 사슬(법쇄iuris vinculum)로 생각하는 로마법적 사고방식에서 기인한 것이기도 하지만, 로마에서는 말 그대로 '수족처럼' 부리는 노예를 통해 그 효과가 직접 주인에게 귀속되므로, 직접대리를 인정할 필요성은 적었을 것이다. 아울러 노예는 계약을 체결함에 있어서는 주인의 의사를 전달하는 '사자使者'의 역할을 했고, 그래서 주인들은 현장에 나가지 않고서도 노예들을 통해 얼마는지 '분납계약'을 체결힐 수 있었다. 물론 노예가 체결한 문답계약은 주인에게 곧바로 그 효과가 귀속됐다.

로마에서 주인이 노예를 활용하는 방법 중에는 일정한 기술을 갖춘 노예에게 재산을 떼어주고 그것으로 영업을 하게 하는 방법이 있었다. 그 재산을 '특유재산特有財産, peculium' 이라고 부르고, 노예는 이 특유재산을 가지고 영업활동을 통해 재산을 증식하기도 했다. 이때 당연히 노예는 법적 주체가 아니었으므로 노예와 거래한다는 것이 법적으로는 불가능한 일이지만, 노예도 사람이고 특히 일정한 재산을 가지고 영업하는 경우 상대방은 그 재산을 믿고 거래하는 것이므로, 현실에서 대부분은 특별한 문제 없이 이루어졌을 것이다. 그런데 간혹 문제가 발생하는 경우 거래안전을 위해 주인을 상대로 직접 책임을 묻는 소권들이 안출됐다. 대표적으로 특유재산소권actio de peculio, (종래 전용물소권이라고 부르던) 전용이익소권actio de in rem verso 등이 그러하다.

주인 입장에서 기술이나 수완이 있는 노예를 활용하는 또 다른 방법으로는 노예를 '지배인instior'으로 선임하는 것이었다(D.14.3 참조). 이것은 우리 상법에도 규정된 제도인데(상법 제10조 이하도 참조), 매우 다양한 업종에 활용됐다. 노예를 지배인으로 선임한 경우 주인은 당연히 노예를 통

해 소권을 직접 취득할 수 있었을 뿐만 아니라, 거래 상대
방에게도 영업주를 상대로 하는 소권이 인정됐다.

노예가 등장하는 사안으로 노새몰이 노예[mulio]와 관련한
로마법 사료를 소개한다. 수컷 당나귀와 암컷 말의 교배로
태어나는 노새는 로마에서 매우 중요한 운송수단이었고, 노
새를 부리는 데는 기술이 필요했다. 다음 개소는 노새몰이
노예와 관련해 발생한 사고에 대한 책임귀속을 다루고 있
다. 사실관계를 정리해 보고, 무엇이 논점인지 생각해 보자.

D.19.2.60.7 『야볼레누스의 라베오유고집 발췌주해』 제5권.
너는 나의 노새몰이 노예를 임차하였다. 그의 부주의로 너의
노새가 멸실한다. [a] 노예 자신이 임대하였다면 특유재산
한도로만, 그리고 전용된 이익에 대하여 너에게 손해배상할
책임이 있을 것이다[→부가적 성질의 소권]. [b] 그런데 나 자
신이 그를 임대하였다면, 나는 나의 고의·과실 없음을 넘어
서 너에게 책임지지 않을 것이다. [b-1] 그러나 노예를 지정
함 없이 노새몰이 노예를 네가 나로부터 임차하였고 내가 그
노예를 너에게 공여하였는데, 그의 부주의로 역축[役畜]이 멸실
하였다면, 그 노예의 과실에 대하여서도 내가 너에게 책임을

질 것이라는 것이 사견私見인데, 왜냐하면 내가 그런 종류의 손해를 너에게 가한 노예를 선택하였기 때문이다.

D.9.2.27.34 울피아누스, 『고시주해』 제18권.

어떤 자가 임차한 노예에게 노새를 몰도록 맡겼고 그가 노새를 자신의 엄지손가락에 고삐로 묶었는데 갑자기 노새가 달려 나가는 바람에 엄지손가락이 노예로부터 떨어져 나가면서 노새가 곤두박질친 경우, 멜라[주 활동시기: AD 1세기]는 기술하기를, [a] 숙련된 노예 대신에 미숙련된 노예가 임대된 것이라면, 파손되거나 불구로 된 노새로 인하여 노예의 소유자를 상대로 임차소권으로 제소되어야만 한다. [b] 그러나 노새가 어떤 자로부터 맞거나 겁을 먹고서 동요된 경우, 그 소유자, 즉 노새의 소유자와 노예의 소유자는 난동을 일으킨 자를 상대로 아퀼리우스법 소권[=불법행위 소권]을 가질 것이라고 한다. ¶ 그런데 사견私見으로는 임차소권이 인정되는 사안[a]에서도 아퀼리우스법 소권도 성립하는 것으로 보인다.

노예는 권리능력이 없으므로 거래에 법적 주체로 인정

받지는 못했으나, 불법행위와 관련한 책임능력은 인정됐다. 물론 그 경우 책임은 주인이 부담하는 것이지만, 불법행위를 저지른 노예의 주인이 바뀌는 경우 그 책임은 계속 가해자 노예를 따라다녔으니, 그것을 "노예의 가해 책임은 두격頭格을 따라다닌다noxa caput sequitur"고 했다(여기서의 'caput'는 법인격을 의미하는 'persona'와는 구별되는 개념으로 원의를 살려 '두격'으로 번역한다).

그래서 앞서 말했듯이 가해책임이 있는 노예를 매매할 때 매도인은 매수인에게 이 사실을 알려야만 했다. 가해책임이 노예를 따라다니는 것은 가해 노예가 해방되는 경우에도 마찬가지고, 이 경우에는 노예 시절 저지른 불법행위에 대해 해방된 자신이 책임을 부담했다.

한편 노예가 불법행위를 저질렀을 때 선의의 주인의 책임을 제한하기 위한 제도로 가해자위부책임noxae deditio이 있었다. 이것은 주인이 손해배상을 하는 대신에 노예의 소유권을 피해자에게 넘기는 것으로, 이로써 노예가 저지른 잘못으로 인해 거액의 손해배상책임을 부담하는 일을 피할 수 있었다.

'자연법에 관한 한 모든 사람은 평등하다'는 사상

노예가 법적으로 '물건'이기는 하지만 실제로는 '사람'이었기에 현실에서는 여러 복잡한 문제가 발생했다. 특히 자유인인데도 모르고서 노예로 부리는 경우들이 빈번했던 것으로 보이고(그렇게 노예로 부림을 당하는 자를 '선의로 노예 노릇을 하는 자유인liber homo bona fide serviens'이라고 부르는데, 이때 노예 노릇을 하는 자의 선악 여부는 중요하지 않다), 그 법적 처리와 관련한 사료들이 로마법 사료로 많이 전해진다. 이것은 말하자면 실질과 법적 형식이 다른 사안을 어떻게 처리할 것인지의 문제 중 하나에 해당한다.

로마 법률가들은 평등사회를 위한 신분 해방 운동에 투신하지는 않았지만, 기본적으로는 자연 상태에서는 모두 자유롭게 태어난다는 사상을 전제로 하면서 당시의 노예제도 속에서 발생하는 다양한 법률문제들을 다루었다.

D.50.17.32 울피아누스 『사비누스 주해』 제43권.

시민법에 관한 한, 노예들은 사람이 아닌 것으로 여겨진다. 그렇지만 자연법적으로도 그런 것은 아닌데, 왜냐하면 자연법에 관한 한 모든 사람은 평등하기 때문이다.

그리하여 노예제도와 함께 자연 상태의 자유를 회복하는 노예해방manumissio을 인정하고(앞의 D.1.1.4 참조), 주인의 생전해방(대표적으로 권봉權棒에 의한 해방)과 함께 많은 유언해방 사안(이때 해방의 조건이 붙기도 했는데, 그것을 조건부 해방 노예statuliber라고 하고, 그들을 가리켜 "어제는 노예지만 오늘은 자유인heri servus, hodie liber"(D.47.10.7.2)이라고 부른다)이 사료에서 다루어진다.

전송되는 사료를 볼 때 고대 로마에서는 조선시대 면천제도보다는 훨씬 빈번하게 노예해방이 이루어졌던 것 같다. 특히 로마에서는 자유에 관해서는 우대해 해석하는 '자유우대의 법리favor libertatis'를 발전시켰다. 그런데 이런 발전은 "자연법에 관한 한 모든 사람은 평등"하다는 사상이 전제되었기에 가능했을 것이다. 다음의 법언法諺이 이것을 잘 보여준다(상세는 서을오, 로마법의 자유우대와 노예, 서울대학교 법학석사학위논문(1992) 참조).

D.50.17.179 파울루스, 『플라우티우스 주해』 제16권.
노예해방자의 의사가 불명료한 경우에는 자유가 우대되어야 한다.

D.50.17.122 가이우스, 『지방고시주해』 제5권.

자유는 어떤 것보다도 우대될 만한 것이다.

　마지막으로 해방된 노예를 '리베르투스^{libertus}'라고 불렀는데, 그 자신은 여전히 옛 주인에게 각종 의무를 부담했다. 그러나 그의 후손들에게는 자유와 시민권이 인정되었다는 점도 로마법의 기저에 흐르는 자연법적 평등 사상에서 비롯되었다고 볼 수 있을 것이다.

로마 시대 법률명을 부르는 방법은?

앞에서 로마 시대 제정된 민사 관련 주요 법률, 평
민회의결, 원로원의결의 명칭을 나열했다. 제정
형식에 있어서는 달랐지만, 평민회의결은 이미
공화정기인 기원전 286년에, 원로원의결은 제정
기가 되면서 민회가 제정한 '법률'과 동일한 효력
을 얻게 됐다. 법률 등이 제정되면 나름의 방법으
로 공표를 하긴 했으나 오늘날의 기준으로 보면 미
흡했다. 그리하여 직접 원문이 전해지기보다는
각종 비문碑文이나 법률 사료 등에 진해지는 내용

을 통해 제정법의 내용을 알 수 있다.

그런데 라틴어를 잘 모르는 독자들의 경우 라틴어 원문 표기와 한글 표기가 다른 점이 의아하게 여겨질 수 있다. 가령 'lex Faicidia'를 '팔키디아법'이 아닌 '팔키디우스법'으로, 'lex Aquilia'는, '아퀼리아법'이 아니라 '아퀼리우스법' 등으로 표기하는 것이 그러하다. 그 이유를 알기 위해서는 로마 시대 사람들의 이름 내지 이름에서 파생된 형용사의 곡용을 이해해야 한다.

보통 로마 시대 제정법의 경우, 반드시 그런 것은 아니지만 제안자(법률안 제안권을 가진 집정관 등) 또는 (언젠가부터 우리나라에서도 '아무개 법'이라고 부르는 경우가 생겼듯이) 제정의 계기가 된 사건 당사자의 이름을 따서 부르는 경우가 많다(후자의 대표적인 예로 앞에서 설명한 '마케도 원로원의결'이 있다. 이로써 마케도는 로마법을 공부하는 사람들에게 잊히지 않는 부친 살해를 저지른 패륜아로 각인됐다).

이와 관련해 로마 사람들의 이름은 크게 세 부분, 즉 개인명praenomen + 씨족명nomen gentile + 가문명

cognomen으로 이루어져 있는데(예를 들면 마르쿠스 툴리우스 키케로, 가이우스 율리우스 카이사르 등이다. 우리는 이들을 '키케로'나 '카이사르'라고 지칭하지만 이것은 가문명에 해당하는 성이고, 당시 사람들이 그들을 당연히 '마르쿠스'나 '가이우스'로 불렀다), 제정법에는 씨족명이 붙는다. 예를 들면 기원후 4년에 제정된 'lex Aelia Sentia'의 경우 당시 집정관이었던 섹스투스 아일리우스 카투스Sextus Aelius Catus와 가이우스 센티우스 사투르니누스Gaius Sentius Saturninus의 씨족명을 따라 부르는 것이다.

그런데 법률명의 라틴어를 'Aelia', 'Sentia'로 표기하는 이유는 'lex'가 여성명사이기 때문이다. 명사 Aelius와 Sentius를 피수식어인 여성명사 'lex'와 성을 일치시켜야 하기에, 형용사형 Aelia, Sentia로 변화하는 것이다. 이에 따라 Aelius와 Sentius는 같은 철자의 형용사 형태(아일리우스의, 센티우스의)로 앞의 여성명사 lex에 맞춰 변화한다. 따라서 음차해 '렉스 아일리아 센티아'라고 부르든지, 아니면 '아일리우스-센티우스법'이라고 불러야 일관적이고, '아일리아-센티아법'이라고 부르면 굉장히 어색해진다.

다른 대표적인 예로 불법행위로 인한 재산손해 배상에 관한 'lex Aquilia'(전술했듯이 제정 방식은 평민회의결이지만, lex로 부른다)의 경우 '렉스 아퀼리아' 또는 '아퀼리우스법'이 맞고, '아퀼리아법'이라고 부르는 것은 어색하다. 사해행위취소와 관련한 'actio Pauliana'도 소권을 의미하는 'actio'가 여성명사이므로 뒤에 나오는 사람의 이름 부분도 명사 'Paulus'에서 파생된 형용사 'Pauliaus'의 여성형인 'Pauliana'가 사용된 것이고, 따라서 '파울리아나 소권'이 아닌 '파울루스 소권'이라고 부르는 것이 더 정확하다.

원로원의결은 '의결'을 의미하는 'consultum'이 중성명사이므로 뒤에 붙는 형용사도 그에 맞춰 변화한다. 그리하여 바로 앞에서 소개한 푸블리우스 유벤티우스 켈수스Publius Iuventius Celsus의 이름을 딴 'SC Iuventianum'(후술)은 '유벤티아눔 원로원의결'보다는 '유벤티우스 원로원의결'이라고 부르는 것이 정확하다.

성문법 법원으로 '칙법'과 '정무관 고시'는 무엇인가?

전술했듯이 칙법은 황제가 제정한 일체의 입법을 뜻한다. 여기에는 대민적 고시告示, edicta, 행정 담당자에 대한 훈령訓令, mandata, 황제가 재판을 통해 결정하는 재결裁決, decreta, 황제에게 주문奏文한 법률문제에 대한 회신인 칙답勅答, rescripta, 나아가 황제가 보낸 서한epistulae까지 그 형식을 불문한다. 제정기에 황제의 칙법은 법률의 효력을 가졌다. 그런 면에서 다음의 고전기 후기 법률가인 울피아누스의 칙법에 대한 설명은 의미가 있다.

> **D.1.4.1.pr.-1 울피아누스, 『법학원론』 제1권.**
> 황제가 가납嘉納한 것Quod principi placuit은 법률의 효력을 갖는다. 곧, 그의 대권大權에 괸히여 제정된

왕권법王權法, lex regis으로써 인민이 황제에게 모든 자신의 통치권과 지배권을 위양委讓하기 때문이다. 1. 그러므로 황제가 서한 및 칙답을 통하여 결정하였든, 심리를 하여서 재결裁決하였든, 약식절차에서 중간판결로 선언하였든, 또는 고시告示로써 명하였든, 이 모든 것이 법률이라는 것이 정설이다. 이것들이 우리가 통칭 칙법이라 부르는 것들이다.[번역은 최병조·이상훈, 일반원리]

다음으로 로마 시민법상 성문의 법원法源으로 정무관 고시가 있다. 공화정기 로마 정무관은 선출직이면서, 임기제, 동료제이며, 명예직이었다. 그 중에서 집정관consul과 집정관의 하급동료로서 사법司法 담당 정무관인 법정관은 고급정무관magistratus maiores으로서, 직권potestas과 함께 고권imperium을 가지고 있었고, 그에 따라 고시를 제정할 권한도 있었다. 법정관은 자신의 임기(1년)가 개시되면 자신의 임기 내에 적용할 고시를 게시했는데, 고시를 통해 소권과 항변을 인정함으로써 당사자들의 권리구제에 기여했다. 처음에 법정관은 자신이 발령한 고시에는 기속되지 않았으나, 술라Cornellius Sulla(BC 138~78) 이후로는 자신의 고시에도 기속된다.

이렇게 공화정 말기가 되면 고시가 어느 정도 축적되면서 고정되는데, 그런 내용을 기반으로 1세기 초반의 하드리아누스 치세에는 황제의 명으로 영구고시록Edictum perpetuum이 편수된다(원문은 전해지지 않고 이 원문을 복원한 것이 'Otto Lenel, Das Edictum Perpetuum'(1974)이다). 법정관의 이런 고시는 전통적 시민법의 쇄신에 중요하게 기여했는데, 법정관은 임기 1년의 정무관직으로 비법률가도 선출될 수 있다는 점에서 고시법의 제정과 해석의 배후에 법률가가 큰 영향을 미쳤다는 점을 잊어서는 안 된다.

로마의 불문법에는 무엇이 있나?

로마 불문법ius non scriptum에는 조상의 관습으로 일컬어지는 '부조父祖로 부터 전래된 관습mos maiorum'

과 로마 법률가들의 학설법인 '법학자들의 해답 responsa prudentium'이 있다. 먼저 '부조의 관습'은 사회의 기강을 유지하는 일종의 이데올로기로서, 오늘날 공서양속(민법 제103조: "선량한 풍속 기타 사회질서")에 해당하는 개념이었다. 그리하여 고전기 후기 법률가였던 파울루스도 법이 선언되는 장소로서 법정法廷을 "법정관이 자신의 고권의 존엄을 지키고 부조의 관습을 준수하면서 법을 선언하기로 결정한 곳"이라고 설명할 정도로 로마 법률가들에게 중요하게 인식됐다(D.1.1.11). 따라서 오늘날 공서양속이 그렇듯이 부조의 관습은 그 위반contra bonos mores이 문제가 될 때 드러난다. 가령 로마의 전통적 가치로서 부모·자식으로서의 경친敬親, pietas이나 옛 주인에 대한 공경 위반에 관한 것이나, 계약의 조건에 관한 것이나, 특히 유언자유를 제한하는 행위, 나아가 위법한 행위 유형 등에서 문제가 된다(상세는 최병조, 『강의』, 360면).

흥미로운 점은 앞에서 설명한 부조의 관습 외에도 법사료에 'consuetudo'가 나온다는 것이다.

그런데 이것은 고전기 수도 로마에서는 잘 다루어지지 않았다. 오늘날 논의에 의하면 관습법이 법 세계에서 인정되려면 장기의 관행longa consuetudo과 함께 구성원들의 법적 확신opinio iuris이 뒷받침되어야 한다. 그런데 법(학)이 발전한 시기에는 장기에 걸쳐 자생적 관습이 형성되기 전에 이미 그것이 실정법질서 내로 흡수되어 버리거나, 또는 법적 확신의 존부 판단에 앞서 법질서 전체의 관점에서의 규범적 판단이 이루어지게 되면 관습법이 성립되거나 인정될 여지는 줄어들기 마련이다. 현대 사회에서 관습법의 형성 및 인정 여지가 적은 것과 마찬가지로, 고전기 로마법에서도 이런 점이 확인된다. 어쨌든 고전기 이후 전주정기에 이르면 관습법은 '인민의 동의consensus populi' 또는 '묵시의 협약tacita civium conventio으로서의 법원으로 승인됐다(D.1.3.35)(로마의 관습과 관습법에 대해서는 최병조, 『법과 생활』, 29면 이하 참조).

로마의 불문법으로서 학설법responsa prudentium이란 "법을 정립하는 것이 허용되는 법률가들의 결정과 견해"로서(Gai.1.7; Inst.1.8), 동서고금을 막론하고 법률가들의 학설을 법원으로 인정한 곳은 로마가 유일무이할 것이다. 그만큼 로마에서는 법학이 발전하고, 법률가들의 권위를 인정해 주었기에 가능한 법 현상이다. 그리고 이를 통해 로마에서는 '법률가법'이자 학식법의 모습을 띠게 된다. 전술했듯이 기원전 304년의 플라비우스에 의한 '법 지식 개방' 이후 법은 더 이상 소수의 신관단信官團에 의해 독점되는 비밀지식이 아닌 모두에게 공개된 공적 자산(오늘날의 용어로 하자면 '퍼블릭 도메인')으로 누구든 열심히 공부해 실력을 발휘할 수 있는 장이 마련됐다.

특히 12표법 제정 이후 법규정의 해석과 주석 작업이 필요해지고, 소송 당사자와 심판인은 물론이고, 나아가 정무관들에게 법률문제를 자문하며 해답을 주는 법률가 계층이 등장했다. 특히 그리스 사상이 유입되면서부터 로마에서는 법 지식이 '법학'으로 승화됐다. 이런 법률가 계층의 활동에 힘입어 법률의 해석 작업과 고시법의 제정이 이루어지며, 법이 사회와 시대의 변화에 발맞춰 발전하게 됐다. 아우구스투스 황제가 권력을 잡은 뒤 정권 안정의 일환으로 일부 법률가들에게 황제의 권위에 기한 공적해답권인 칙허해답권[ius respondendi]을 부여한 이래 학설법은 공식적으로 법적 효력이 인정됐다. 6세기 유스티니아누스 법학제요는 학설법에 대해 다음과 같이 실명한다.

> **Inst.1.2.8(유스티니아누스 황제의 법학제요, 533년 발효)**
>
> 법학자들의 해답은 법을 정립하는 것이 허용되는 법률가들의 견해와 소견이다. 즉, 칙허해답권이 부여된 법률가라 불린 사람들이 있었고, 이들이 법을 공적으로 해석하는 것이 오래전부터 정해져 있었다. 이들 전원의 결정과 견해는 칙법으로 정해진 바, 심판인이 그들의 해답으로부터 벗어나는 것이 불허되는 그런 권위를 가지고 있었다.

정리: 로마 시대 법원들

로마 시대 법원들에 관해 정리하는 의미에서 직접

원사료를 인용해 보자. 가이우스 『법학원론』 제
1권은 법원론으로 시작하는데, 지금까지 설명한
내용을 떠올리며 천천히 읽어 보자.

가이우스, 『법학원론』 제1권(161년 저술 추정)

1. 모든 민족은 법과 관습으로 규율되는데, 한편
으로 그 자신의 고유한 법을, 다른 한편으로 모
든 인류에 공통된 법을 사용한다. 그리고 각 민족
이 스스로 자신을 위하여 정립한 법은 그 고유한
것으로 '시민법'이라고 하는데, 그 국가[시민체]
의 고유한 법이기 때문이다. 반면에 자연의 이치
naturalis ratio가 모든 인류 사이에 정립한 법은 모든
민족에 온전히 같게 준수되고, '만민법'이라고 하
는데, 이 법은 모든 족속[=만민]이 사용하기 때문
이다. 따라서 로마 민족은 한편으로 자신의 고유
한 법을, 다른 한편으로 모든 인류에 공통된 법을
사용한다. 각각이 어떤 것인지는 해당하는 곳에
서 서술할 것이다.

2. 그런데 로마 국민의 법은 법률, 평민회의결, 원

서가명강

서울대 가지 않아도 들을 수 있는 명강의

30

건강하고 품격 있는 인생을 위한 안내서

뇌가 멈추기 전에

서울대병원 이승훈 신경과 교수 | 19,900원

"앞으로 당신의 인생에 뇌졸중은 없습니다"

'국민 뇌 건강 주치의' 이승훈 교수가 정확한
뇌졸중 예방법을 누구나 쉽게 이해할 수 있도록
풀어낸다.

치매 해방

묵인희 치매융합연구센터장 | 19,900원

"치매는 예방과 치료가 가능한 질병이다!"

치매의 발병 원인부터 조기 진단, 예방과 치료에
관한 가장 최신의 연구와 과학적 통찰, 실용적
해법을 담은 '치매 종합 안내서'

법의학자 유성호의 유언 노트

의과대학 법의학교실 유성호 교수 | 19,900원

"법의학자가 매년 유언을 쓰는 이유"

『나는 매주 시체를 보러 간다』 이후 6년만의 신작,
법의학자 유성호 교수가 일 년에 한 번 '유언'을
쓰며 발견한 후회 없는 삶을 위한 지침

처음이야

더 쉽게, 더 새롭게, 더 유익하게!
십 대와 성인이 함께 즐기는
내 인생의 첫 교양 시리즈를 만나보세요.

수학 서울대학교 수학교육과 최영기

공부법 서울대학교 교육학과 신종호

철학 서울대학교 철학과 박찬국

진로 서울대학교 첨단융합학부 이찬

* 처음이야 시리즈는 계속 출간됩니다.

로원의결, 황제의 칙법, 고시권자들의 고시, 법학자들의 해답으로 구성된다.

3. 법률이란, 국민이 명하고 제정한 것이다. 평민회의결이란, 평민이 명하고 제정한 것이다. 그런데 평민은 국민과는 구별되는데, '국민'이라고 할 때는 귀족도 포함하는 시민 총원을 뜻하지만, '평민'이라고 할 때는 귀족을 제외한 나머지 시민들을 뜻하기 때문이다. 그리하여 예전에는 귀족들이 평민회의결은 자신들을 구속하지 않는다고 주장하였는데, 그 이유는 그들의 승인 없이 만들어졌기 때문이라는 것이다. 그러나 그 후에 호르텐시우스법^{lex Hortensia}(BC 287)이 제정되었는데, 동법은 평민회의결이 국민 전체를 구속한다는 것을 규정하였다. 따라서 평민회의결은 그렇게 하여서 법률과 등등해졌다.

4. 원로원의결이란, 원로원이 명하고 정립한 것이다. 원로원의결은, 예전에는 다툼이 있었으나 법률의 효력을 가진다.

5. 황제의 칙법이란, 황제가 재결, 고시 또는 서한

으로 정립한 것이다. 그리고 칙법이 법률의 효력
을 가진다는 것은 한 번도 의문시된 적이 없는데,
왜냐하면 황제 자신이 법률에 의하여 대권을 가
지기 때문이다.

6. 고시권은 로마 인민의 정무관들이 가진다. 그
런데 광범위한 권한을 두 종류의 법정관, 즉 시민
담당법정관과 외인담당법정관이 고시에서 행사
한다. 속주에서는 법정관들의 관할권을 해당 속
주의 장관이 가진다. 또한 고등안찰관도 광범위
한 권한을 고시에서 행사하는데, 그들의 관할권
을 로마 국민 속주에서는 재정관들이 가진다. 즉,
황제 직할 속주에는 무릇 재정관들이 파견되지
않고, 그런 이유로 이런 속주들에서는 고등안찰
관 고시가 공포되지 않는다.

7. 법학자들의 해답이란, 법을 정립하는 것이 허
용되는 법률가들의 견해sententia와 소견opinio이다.
그들 전체의 견해가 하나로 일치하면 그런 견해
는 법률의 효력을 가지고, 반면에 불일치하면 심
판인은 그가 원하는 견해를 따르는 것이 허용된

다. 이는 신황神皇 하드리아누스[117~138]의 한 칙
답에서 천명된 바다.

비슷한 시기에 활동했던 법률가 폼포니우스
Sextus Pomponius의 로마 시민법의 법원에 관한 설명은
다음과 같다.

D.1.2.2.12 폼포니우스(주 활동시기: 130~180),
『편람』단권.
그리하여 우리나라에는 [성문]법, 즉 [민회의] 법
률로 제정되는 것이 있고, 불문不文으로 법학자들
의 해석으로만 이루어진 고유의 시민법이 있고,
소송의 법식法式을 포함하는 법률소송이 있고, 귀
족의 간여 없이 제정된 평민회의결이 있고, 명예
관법이 기원하는 정무관 고시가 있고, 또는 [민회
에서의] 법률 없이 단순히 원로원이 제정함으로써
도입된 원로원의결이 있고, 황제의 칙법, 즉 황제
가 직접 제정한 것이 법률로 준수되는 것이 있다.

3부

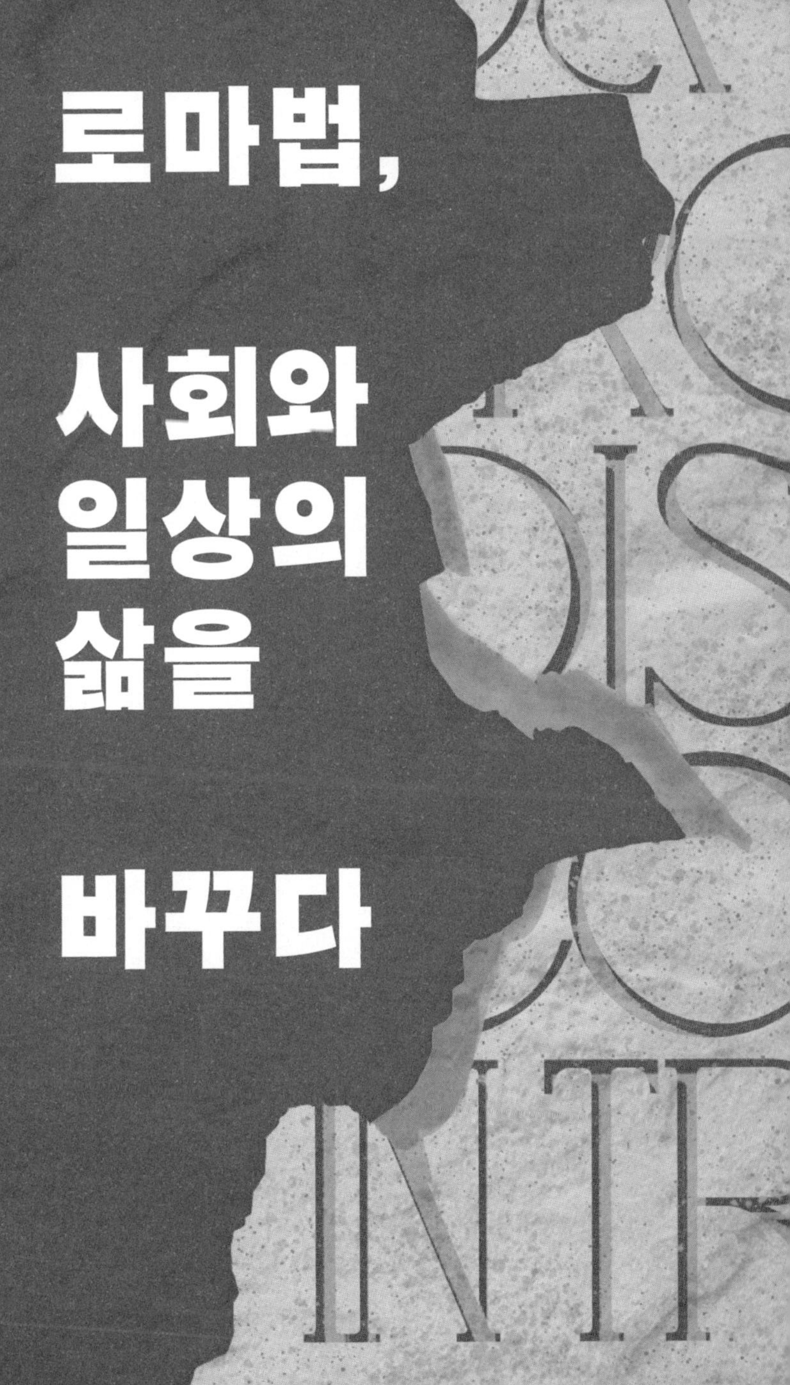
로마법,

사회와
일상의
삶을

바꾸다

로마 법률가들은 개인의 재능이나 명성에 기대기보다는, 선배 법률가들이 이룩한 토대 위에 이를 비판적으로 계승하고 사회 변화에 맞춰 끊임없이 발전시켜 나갔다. 그들의 이러한 숨은 노력이 로마법을 인류 역사의 찬란한 유산으로 남겨놓았다.

로마법의 위대함은
어디에 있을까

법의 발전은 어떻게 이루어질까? 법을 잘 만들거나 좋은 재판례가 쌓이다 보면 법이 발전할 수도 있다. 그러나 로마법의 위대함은 이런 입법이나 재판이 아닌 법학, 즉 법률가들에 의한 학문적 작업을 통해 이루어졌다. 로마에서는 기원전 304년의 플라비우스에 의한 '법 지식의 개방' 사건 이후 법 전문가로서 법에 종사하는 법률가 계층이 형성됐다. 이들은 실무와는 거리를 둔 '법학'에 전념하면서, 입법과 재판 등 시민들의 법 생활의 배후에서 활동했고, 그 성과가 세대를 거쳐 축적됨으로써 제정기에 이르러 법률가들의 학설이 법원法源으로 인정됐다. 6세기 유스티니아누스 황제는 고전기 법률가들의 학설을 모아 '학설휘찬'을 편찬하고 그것을 법으로 선언하기에 이른다.

로마 법률가들은 법리를 개발하는 데 있어서 사례를 중심으로 다루는 방법을 택했다. 이들이 다룬 사례 중에는 실제 문제가 되었던 것으로 보이는 사례들도 있지만(주로 황실 법정에서 다루어진 사건이나, 2세기 후반부에 제국 법률가로서 활동한 케르비디우스 스카이볼라Cervidius Scaevola가 다루고 있는 사안들이 이에 해당한다), 대체로는 추상화된(오늘날 우리가 민법 수업 시간에 다루는 갑, 을, 병 등이 등장하는 사례들에 상응하는) 사례들을 다루었다.

로마 법률가들은 법리를 다룰 때 기본 사례에서 출발해 때로는 사례를 변형해 유추하는 과정을 바탕으로 문제가 되는 법리의 의미와 한계를 부단히 테스트해 보았고, 이것이 바로 로마법을 학식법으로 발전시킨 중요한 방법이었다. 슐츠는 로마 법률가들의 법을 다루는 방식을 다음과 같이 평가했다.

한 가지는 확실하다. 법이 동적이며 투쟁적이라는 사실을 밝혀준 사례중심 접근법이 엄격한 이론 체계에서는 전혀 달성될 수 없는 생기와 신선함을 고전기 법 문헌에 제공하였다는 사실이 바로 그것이다. 이런 방법 덕분에 로마의 법학 저술은 그 특유한 자극력과 함께 지도 원리를 숨김으로써 생성되는 능동적 공조에 대한 촉진력을 얻게 되었는데, 바로 그것이 후대의 법학에 항상 매혹으로 가득 찬 경탄을 불러일으키는 속성이다.(이상훈 역)

로마 법률가들이 사례를 중심으로 다루긴 했으나 그때그때의 사례에서 구체적 타당성만을 추구하는 방식은 절대 아니었다. 오히려 로마 법률가들은 법리에 따른 합리적이면서도 일관적인 해결법을 지향했고, 그렇게 수 세기에 걸쳐 축적된 성과가 로마법을 위대하게 만들었다.

학설휘찬은 로마법의 정수로서 로마 법률가들이 법률문제를 다루는 모습을 잘 보여준다. 그리고 그런 성과는 중세이래 유럽에서 법학을 발전시키는 데 큰 영향을 끼치게 되고, 그것을 다듬어 법 명제화한 것이 근대 민법전으로 들어오면서 오늘날 우리에게 전해지게 된 것이다. 법학의 모태가 된, 학설휘찬에 담긴 고전기 로마 법률가들의 학문적 작업의 특징을 다시 한번 정리하면 다음과 같다(로마법 케이스 해석 방법론에 대해서는 최병조, 『연구』, 387면 이하를 참조하라).

① 로마 법률가들이 다루는 사례는 기본적으로 사실관계의 특수성이 배제된 추상화된 사례다. 사례에서는 주로 나^{ego} 또는 너^{tu}로 지칭되고, 당사자들의 이름(예컨대 루키우스, 티티우스, 세이우스 등)은 오늘날로 치면 갑, 을, 병에 해당한다(흥미롭게도 사례에 등장하는 노예들의 경우 스티쿠스, 팜필루스, 에로스 등은 그리스인들의 이름이다).

② 사실관계→논점제시→결론(+논거)의 패턴을 따르며 매우 압축되고 정제된 문체로 '법리문제'만 다룬다.

③ 당시의 법제도(시민법, 고시법, 원로원의결, 칙법 등)를 전제로 하므로, 관련 로마법 지식이 필요하다.

④ 결론이 나오는데, "어떤 소권이 부여되어야 한다" 또는 "어떤 항변을 원용할 수 있다"라는 식의 소권법적 귀결로 제시된다(→소권법체계를 전제로 함).

⑤ 결론에 대한 논거는 제시되지 않는 경우도 많고, 제시되더라도 매우 간결하게만 또는 암시적으로만 나온다. 따라서 많은 경우에 읽는 사람이 추론해야 하고, 이 과정에서 법적 사고력^{legal reasoning}이 길러진다.

예시를 들어 설명해 보자.

D.13.6.5.12 울피아누스, 『고시주해』 제28권.

내가 너에게 너의 채권자에게 담보를 잡히도록 물건을 주었다. 네가 담보로 주었다. 너는 나에게 반환하기 위하여 담보를 풀지 않았다. 라베오 가로되, 사용대차소권이 적용된다고 하였는데, 이 견해를 사견私見으로는 차임이 개재되지 않는 한 옳다고 생각한다. 차임을 지급한 때에는 혹은 사실소권으로 혹은 임약소권으로 소구하여야 할 것이다. 물론 내가 너를 위하여 물건을 너의 의사에 따라 담보로 제공한 때에는 위임소권이 인정될 것이다. (⋯) [번역은 최병조, 정의 논변, 501]

학설휘찬 제13권 제6장은 사용대차에 관한 장이다. 위 개소에서 다루는 사실관계는 "내가 너에게 너의 채권자에게 담보를 잡히도록 물건을 주었다. 네가 담보로 주었다. 너는 나에게 반환하기 위하여 담보를 풀지 않았다"로 매우 간결하게 제시된다. 즉, 이 사안에서는 담보를 제공하라고 물건을 준 자('나')가 채무자에게 돈을 받고 주었는지의 여부는 제시되어 있지 않다. 소권법체계에서 문제가 되는 것은 이때 나는 너를 상대로 어떤 소권이 인정되어야 하는지인데, 이 개소에서는 생략되어 있다.

이 문제에 대해 고전기 후기 법률가인 울피아누스는 공화정 말기부터 제정 초기에 활동한, 다시 말해 자신보다 200년이나 선배 법률가인 라베오의 견해를 소개하는데, 라베오는 이 문제에 대해 "사용대차소권이 적용된다"는 답을 먼저 제시한다. 그리고 라베오의 견해에 대해 울피아누스는 이것은 차임이 개재되지 않는 한, 즉 무상인 경우에만 타당하다고 평가한 뒤, 만약 차임이 지급되었다면 사용대차소권은 사용될 수 없고, 사실소권actio in factum 또는 임약(여기서는 임차)소권으로 소구해야 할 것이라고 덧붙인다. 그러면서 사실관계를 변형해 만약 내가 너의 부탁으로 너를 위해 채권자에게 직접 담보물을 제공한 경우라면, 위임소권이 인정될 것이라고 위임소권의 인정 여부까지 검토한다. 그리고 각 소권이 요건을 충족해야 함은 물론이고, 각 소권별 효과 역시 상이함은 전술한 바와 같다. 같은 개소의 후반부는 다음과 같다.

D.13.6.5.12 울피아누스, 『고시주해』 제28권.

(⋯) 같은 라베오는 정당하게 가로되, 나에게 담보 해소에

과실이 없지만 채권자가 담보물을 반환하기를 원하지 않는 경우라면 단지 내가 너에게 그를 상대로 한 소권들을 양도할 목적으로 너에게 사용대차 소권이 인정된다고 하였다. 그런데 나에게 과실이 없다고 인정되는 것은 혹은 내가 이미 채무금을 변제하였거나 혹은 내가 변제할 준비가 되어 있는 경우다. 물론 소송비용과 기타 비용은 사용대차를 받은 자가 부담하는 것이 공정하다.[번역은 최병조, "정의 논변", 501면]

후반부에서는 채권자('그')까지 개입된 좀 더 복잡한 사안이 다루어진다. 전반부에서 쓰인 주어 '나'와 '너'가 바뀌었지만(이와 같이 주어가 바뀌는 경우는 비교적 흔한데, 맨 앞에서 라베오가 다룬 사안을 염두에 두면 '나'는 '채무자'임이 분명하다), 채무자에게는 과실이 없는데 채권자가 담보물을 돌려주지 않는 경우, 담보물을 제공한 자는 채무자('나')를 상대로 여전히 사용대차소권을 행사할 수 있는지가 문제가 된다.

라베오는 이에 대해 인정하면서 "단지 내가 너에게 그를 상대로 한 소권들을 양도할 목적"인 경우라는 제한을 둔다. 즉, 채무자가 채권자를 상대로 담보물을 반환받기 위

해 가지는 소권을 양도하고, 이제 담보제공자가 직접 채권
자를 상대로 담보물의 반환을 청구하게 되는 것이다. 이는
법률관계를 간명하게 처리하기 위함으로, 이 견해를 울피
아누스는 정당하다고 평가하고("라베오는 정당하게 가로되"),
이어서 '채무자에게 과실이 없는 경우'가 어떤 경우인지에
대한 부연 설명과 함께 추가적으로 비용 분담의 문제까지
언급한다(이 개소에 대해서는 최병조, "정의 논변", 502면 참조).

위의 개소처럼 현행 민법의 지식만 있으면 충분히 이해
할 수 있는 것들도 있지만, 로마 법률가들의 경우 자신들의
현행법 제도를 전제로 하는 법률문제를 다루고 있기 때문
에 로마법 개소를 정확하게 이해하기 위해서는 관련 로마
법상의 제도와 규정을 알아둘 필요가 있다. 다음 개소의 밑
줄 친 부분들이 이에 해당하는데, 이를 읽어보고 사실관계
와 논점, 관련 법리가 무엇인지 살펴보자.

D.21.2.71 파울루스,『질의록』제16권.

부父가 딸의 명의로 토지를 혼인지참재산嫁資, dos으로 공여하
였다. 그 토지가 추탈당하였다면 부父가 손해를 입었으므로
매수소권에 기하여 또는 2배액의 담보문답계약이 발효하

는지가 부당하지 않게 문제된다. 즉, 혼인지참재산은 부녀 婦女의 것이어서 그것이 부의 것이라고 말할 수 없고 또한 혼인이 존속하는 동안에는 자신으로부터 나온 혼인지참재산을 형제들에게 반입하도록 강제되지 않기 때문이다. 그런데 이 경우에도 문답계약이 발효된다고 말하는 것이 매우 개연적인 것이 아닌지 살펴보자. 즉, 부는 혼인지참재산을 가진 딸을 가지는 것과 그녀가 가부장권하에 있다면 언젠가 혼인지참재산을 돌려받으리라는 희망을 가지는 것이 그의 이익이기 때문이다. 그러나 딸이 부권면제되었다면, 문답계약이 즉시 발효된다는 것은 방어될 수 없는데, 한 가지 경우에만 혼인지참재산이 그에게 돌아올 수 있기 때문이다. 그러므로 딸이 혼인 중에 사망하고 토지가 추탈당하지 않아서 혼인지참재산을 반환청구할 수 있었던 그 경우에만 소구할 수 있다는 말인가? 아니면 그 경우에도 혼인지참재산을 가진 딸을 가지는 것이 아버지에게 이익이므로, 문답요약자를 즉시 제소할 수 있는가? 부성애가 후자의 견해 쪽에 더 기운다.

D.16.1.6 울피아누스, 『고시주해』 제29권.

부재하는 아들의 방어자를 위하여 그의 어머니의 위임에 따라 보증인들이 <u>채무가담</u>한 경우 이들에게도 원로원의결*의 도움이 주어지는지가 문제된다. 그리고 폼포니우스가 『질의록』 제9권에서 가로되, 그들은 항변을 사용할 수 있고, 그들이 어머니의 위임을 고려하여 채무가담하였으므로 그들이 방어자를 위하여 [원고를 위해] 보증한 것은 큰 의미가 없다고 하였다. 물론 그는 가로되, 그들을 보증인으로 받아들인 자가 어머니가 그들에게 위임하였음을 모른 경우는 <u>원로원의결의 항변</u>이 악의 재항변으로써 배척되어야 한다고 하였다.[번역은 최병조, "정의 논변", 523면]

D.16.1.7 파피니아누스, 『질의록』 제9권.

그러므로 비록 보증인이 악의 재항변이 제기되어 (벨레이우스 원로원의결의) 항변에 의한 방어를 상실하더라도 그는 [위임을 한] 부인을 상대로 재항변을 갖지 못할 것이니, 왜냐하면 그는 [원고와는 달리] 사실의 부지不知를 원용할 수 없기 때문이다. 그러나 방어자를 상대로 사무관리소권을 부여하는 것은 불공정하지 않을 것인데, 왜냐하면 위임의 소訴는 이 원

로원의결에 의하여 실효되지만 그는 보증인의 금전으로 해방되기 때문이다. [번역은 최병조, "정의 논변", 523면]

로마법에 대한 오해들

로마법에 대한 대표적인 오해 세 가지를 들어보면 다음과 같다. 첫째, 로마법은 오늘날과 같은 성문법전으로 이루어져 있다. 둘째, 로마법은 사례법case law이다. 셋째, 로마 시대 대표적인 법률가는 키케로다. 로마법에 대한 이 세 가지 오해를 정확하게 짚어보자.

첫째, 흔히 옛날의 법도 현행과 같은 성문법전으로 구성되어 있었을 거라고 생각하는 분들이 많은데, 우리가 가지고 있는 성문법전은 근대 법전편찬기 이후에 만들어진 것이다. 로마법의 역사에서 포괄 성문법전은 기원전 450년경의 12표법과 기원후 6세기 초반의 유스티니아누스 황제의 입법작품으로서 로마법대전이 있다. 그밖에 특정 사항에 관한 단행법들이 있지만, 로마의 천 년 역사를 놓고 보면 그렇게 많지 않은 편이다. 이는 법률이 넘쳐나고 입법 만능주의 시대에 살고 있는 우리로서는 다소 이해하기 어려운 일이다. 그러나 로마의 경우 꼭 필요할 때는 입법을 하기는 했지만, 매우 신중하게 절제했고, ‘법학’을 통해 법을 발전시켰다. 그 점에서 로마인들은 "법률의 민족"이 아니라 "법의 민족"이다(프리츠 슐츠).

둘째, 이는 로마법 사료, 특히 학설휘찬의 사료 전승 형태로 인한 오해에서 비롯됐다. 로마법은 사례 해결을 위한 실무법학적 성격이 강하지만 사례법은 아니고, 로마 법률가들은 사례 해결에 있어서 그때그때의 사안별 해결(이른바 case by case)에 몰두하지 않고, 법리에 기초한 일관적이고 합리적인 해결법을 모색했다. 그 점에서 로마법률가들은 ‘사례’를 중심으로 다루었으나, 로마법이 ‘사례법’인 것은 결코 아니다.

셋째, 로마사를 통틀어 가장 유명한 사람 중 카이사르Gaius Julius Caesar(BC 100~44) 다음으로 손꼽히는 키케로Marcus Tullius Cicero(BC 106~43)는 로마의 정치인이자 문필가이자 사상가로 유명했다. 그는 『법률론』(한글 번역이 2종이나 있다. 기존 성염 역의 개정판(한길사, 2021) 외에 최근의 번역으로 성중모 역(아카넷, 2025) 참조)을 집필할 만큼 법에도 많은 관심이 있었고, 공화정기 로마를 대표하는 유명한 ‘변론가orator’였으나, ‘법률가iuris periti 또는 iuris contulti’는 아니었다. 그리고 키케로

스스로도 법률가보다 변론가로서의 자부심이 더 컸다(변론가로서의 키케로의 진면목을 알고자 한다면, 우선 키케로 변론선집으로 김남우 외, 설득의 정치, 민음사(2015)에 수록된 7편의 연설을 읽어보라). 이를 이해하려면 로마 시대에 변론가와 법률가의 역할이 달랐다는 점을 알아야 한다. 로마 시대 변론가가 법정에서의 사실입증을 포함하는 변론을 담당했다면, 법률가는 배후에서 자문과 집필활동을 했다.

이를 잘 보여주는 유명한 두 가지 일화가 있다. 첫 번째 일화는, 키케로의 친구 세르비우스는 원래 키케로 못지않은 변론가였으나, 어느 날 당대 최고 법률가인 퀸투스 무키우스에게 법에 관해 자문하기 위해 찾아갔다가 무키우스가 해답한 내용을 잘 이해하지 못해 호된 질책을 받고는 마음을 고쳐먹고 법률가로서의 길을 걷게 되었다는 것이다 (D.1.2.2.43).

두 번째 일화는, 어떤 사람이 아퀼리우스 갈루스^{Aquilius Gallus}라는 당대 유명한 법률가에게 사실문제를 문의하자, 갈루스가 "이 문제는 법리에 관한 것이 아니므로, 키케로에게 가보라^{Nihil hoc ad ius, ad Ciceronem}"고 답했다는 것인데, 이 이야기를 다름 아닌 키케로가 자랑삼아 전하고 있다(키케로,

『토피카』, 12.51).

결론적으로 키케로는 로마를 대표하는 변론가이기는 하나 법률가는 아니었고, 만약 어떤 사람이 그렇게 말한다면 로마 제일의 변론가로서 자부심이 있었던 키케로는 큰 서운함을 느낄지도 모르겠다.

로마 법률가들은 개성이 없고 완벽하다?

위에서 예시로 학설휘찬에 수록된 로마법 개소를 몇 개 살펴보았는데, 독자들은 대단히 놀랐을 것이다. 사실관계, 논점, 결론, 논거 등이 매우 압축되고 정제된 문체로 서술되어 있고, 무엇보다 논점 제시 후에 곧바로 결론이 도출되어 있어서 로마 법률가들은 아무런 개성 없이 마치 사안을 접하자마자 일말의 주저함도 없이 답을 제시하는 것 같다는 인상을 주기 때문이다.

이것은 후대 로마법 연구자들에게 경탄을 자아내며 '로마법은 완벽하다'라는 인상을 주게 된다. 역사법학파의 수장이었던 사비니Friedrich Carl von Savigny(1779~1861)조차도 로마 법률가들은 개성이 없는 "대체가능한 인격들fungible Personen"이라고 볼 정도로 하나의 유기적 전체로서 집단지성으로 연결된 로마 법률가들의 사례 해결에 매료됐다. 그리고 현대 로마법의 대가인 막스 카저^{Max Kaser}(1906~1997) 역시 로마 법률가들은 직관에 의해 법률문제를 해결하고 있다는 입장이다.

이것을 로마 법률가들에 대한 존경심의 발로라고 본다면 별문제가 없겠지만, 정말 그렇다고 보는 것은 곤란하다. 오늘날에도 법원의 판결(특히 법정 의견)을 읽어보면 문체에서 개성이 드러나지 않듯이, 법률가의 원조 격이라 할 수 있는 로마 법률가들 역시 문체에서 개성이 드러나지 않는 것이 사실이다. 그렇지만 로마 법률가들도 세심하게 따지고 보면 나름의 개성이 있고(대표적인 인물이 라베오와 파피니아누스다. 그리고 고전기 후기 법률가인 파울루스에게서도 나름의 개성이 드러난다), 로마 법률가들의 직관은 타고난 것이라기보다 법률가로서 오랜 기간을 통해 '훈련된 직관'으로 이해해야 한다. 그렇다면 우리가 주목해야 하는 점은 결론의 타당성과 함께 합리적 논변에 의한 일관된 법률문제의 해결에 있는데 이것은 오랜 시대를 거치며 쌓아온 로마 법률가들의 의식적이고 부단한 노력의 성과물이라는 점이 중요하다. 로마법의 특성에 관한 아래의 최병조 교수의 평가는 핵심을 짚은 것으로 보인다.

로마법이 2000년을 넘어서도 수긍이 가는 법적 규율을 발전시켰다면, 그것은 법이념을 살피고, 그 이념을 삶 속에 구현시키기 위해 합리적인 공준(dogma)을 마련하고 이를 이성적인 논변으로 전개시키고, 무엇보다도 그 실현을 뒷받침할 수 있는 사회적 권위를 향유한 로마 법률가들의 의식적인 학문적 노력 덕분이었다(최병조, 『로마법강의』(1999/2004), 227면 이하. 아울러 롤프 크뉘텔/신유철 역, "로마 시대 법학자들의 법발견 방법", 법사학연구 29(2004)도 참조하라).

사회 발전의 주역은 그 사회의 구성원인 사람을 전제로 한다. 그리고 그 사회가 무엇을 중시하며 어떤 가치를 지향하는지는 그 사회의 구성원이 어떤 일을 하며 살아가야 할지를 결정하는 데도 지대한 영향을 미친다. 그런 맥락에서 법이 발전하기 위해서는 그 사회에서 '법'을 중시할 뿐만 아니라 법 전문가로서의 '법률가'에 대한 존중이 전제되어야 한다.

법을 중시하지 않는 사회가 어디 있느냐고 반문할 수도 있지만, 역사를 통해 보면 (어쩌면 오늘날에도) 분쟁을 '법' 이외의 수단에 의지해 해결하는 경우가 많았다. 특히 예주법종禮主法從과 무송無訟 사회를 지향한 전통사회에서는 법 발전과 법률가의 활발한 활동을 기대하기가 어려웠다.

이와 대비적으로 로마에서는 사회를 규율하는 규범으로서 법을 중시했고, 법 전문가jurisperiti로서의 법률가의 권위를 존중했다. 법률가들은 자신들이야말로 "정의正義를 실천하고 선善과 형평에 관한 지식을 가르치는" "사제sacerdotes"라는 책임감을 가지고, "참된 철리哲理, vera philosophia"를 추구하는 법학에 전념했다(D.1.1.1.1). 그리고 황제는 "법의 권위가 더 커지도록ut maior iuris auctoritas haberetur" 법률가들에게 황제의 권위에 기한 해답권을 부여함으로써 법질서의 안정과 통치의 정당성을 추구했다(D.1.2.2.49).

물론 로마의 모든 법률가가 사회적 존경을 받을 만큼 실력이 출중했던 것은 아니다. 오늘날에도 일부 법률가들을 상대로 비난이 가해지듯이, 로마 시대에도 키케로가 "기교적 법률 기술자leguleius"(최병조 교수는 이 단어의 뜻을 "'철학적 수사학'의 소양과 능력 없이 법률 문언을 까탈스럽게 고집하고 소송의 기교에 매달리며 모든 것에 의심의 눈초리를 보내면서 용의주도하고 영악한 법률가"로 풀이한다. "로마법을 위한 변론", 301면 및 주 44번 참조)라고 비난했던 법률가들도 있었지만(De oratore, 1.236), 전반적으로 보았을 때 로마 법률가들은 사회적 지도충으로서, 그들의 활동에 있어서 존중받았고 이것이 로마법의 발전에 긍정적인 요인 중 하나였다.

그리고 로마 법률가들은 입법이나 재판의 전면에서 활동하기보다는, 법리 문제가 발생했을 때 당사자, 심판인, 나아가 법정관에 대한 자문에 응해 성실히 해답했고(그리하여 로마에서는 법률가를 '법자문가'를 뜻하는 'iuris consultus'라고 부른다), 나아가 법정관 고시의 제정과 이에 대한 주석 작업을 했으며, 제정기에는 칙법의 제정과 황실법정consilium principis의 고문으로 활동하며 법치法治 실현에 기여했다.

그런 이유로 로마법의 역사에는 사람들이 흔히 기대하듯이 고대 그리스의 드라콘이나 솔론과 같은 위대한 입법가나 솔로몬과 같은 명판결을 내린 재판관이 등장하지 않는다. 오히려 법 실무와는 거리를 두고 묵묵히 법률문제에 대한 해답과 저술 활동을 한 법률가 계층이 로마법 발전의 주역이었다고 볼 수 있다. 그리고 개인의 재능이나 명성에 기대기보다는, 선배 법률가들이 이룩한 토대 위에 이를 비판적으로 계승하고 사회 변화에 맞춰 끊임없이 발전시켜 나간 이들의 숨은 노력이 로마법을 인류 역사의 찬란한 유산으로 남겨놓았다.

로마 법률가들의 역할과 자부심

키케로의 『연설가론』(BC 55)에 의하면, 로마에서는 법률가를 "사인들이 공동체에서 그에 따라 살아가는 법률과 관습(법)을 지실知悉하는 전문가"로서, "법률문제 해답respondere, 송무 담당agere, 예방법학수행cavere의 활동을 하는 자"(최병조 역)로 정의한다(1.48.212). 이 중에서 분쟁의 사후적 해결과 함께 다양한 방식으로 예방책을 강구하는 로마 법률가들의 모습은 우리가 더 많이 배우고 본받을 필요가 있다(라틴어 'cavere'에서 파생된 cautio는 '담보'를 뜻한다. 이에 대해 최병조, "로마법을 위한 변론", 296면 참조. 그곳에서는 "법의 주된 과업 중 국민 생활의 미래지향적 형성"을 강조하고 있다).

특히 로마 법률가들은 시민들이 법에 대해 문의하면 언제든지 해답할 준비가 되어 있었고, 이것은 '법률의 무지ignorantia 또는 착오error iuris는 해가 된다'는 말로 귀결된다. 다음 개소는 상속문제와 관련해 법에서 정한 기간을 놓쳐 불이익을 받은 자에 대한 것이다. 오늘날에도 상속문제는 복잡하고 어려운데, 잘 모를 때는 법 전문가에게 문의해야 한다는 것과 함께 주변에 "문의할 수 있는 전문가들이 많이 있다"는 부분이 눈여겨볼 지점이다.

D.37.1.10 파울루스, 『사비누스 주해』 제2권.

유산권에 있어서 법의 무지iuris ignorantia는 기간이 개시하지 않도록 하는 데는 도움이 되지 않는다. 그리하여 유언서의 개봉 전이라도 지정 상속인에게 기간은 개시한다. 즉, 유언자가 사망하였고 자신이 최근혈족最近血族이었다는 것을 아는 것과 문의할 수 있는 전문가들이 많이 있었다는 것으로 충분하기 때문이다. 여기에서 법 지식은 법 전문가가 갖고 있는 지식으로 이해되어서는 안 되고, 누구든 스스로 알고 있거나 전문가에게 문의함으로써 얻을 수 있는 지식으로 이해되어야 한다.

로마 법률가들의 이런 활동이 가능했던 이유는 실무와는 구별되는 '법학'의 영역이 존재했기 때문이다. 그리고 이런 법학이 탄생할 수 있었던 계기는 앞서 이야기했듯이 로마가 팽창하는 과정에서 그리스의 사상이 로마로 유입되었다는 점에 있다. 그리고 로마 법률가들은 그리스 사상을 열심히 배워 자신들의 '법'에 접목함으로써 '법학'을 탄생시키는 작업을 했다. 이런 작업 과정은 우선 기원전 2세기부터 1세기 초까지는 스토아 사상의 영향으로, 그리고 이어서 공화정 말기에는 회의주의 아카데미아를 통해 이루어졌다.

전자의 대표자는 퀸투스 무키우스 스카이볼라Quintus Mucius Scaevola(BC 140~82)였고, 후자의 대표자는 세르비우스 술피키우스 루푸스Servius Sulpicius Rufus(BC 105~43)였다. 그리고 제정기가 되면서 이들의 영향을 받은 법률가들이 사비누스Sabiniani 학파와 프로쿨루스 학파Proculiani를 이루게 되는데, 고전기에 이르면 양대 학파 간의 대립이 융합되어 프로쿨루스 학파가 주류로 자리 잡고 사비누스 학파가 이를 보완하는 형태의 완성된 로마법학의 모습으로 발전하게 된다.

다음은 기원후 2세기에 활동한 폼포니우스라는 로마 법률가가 자신의 책에 서술한 내용이다. 이는 고전기 로마 법률가가 자기들의 학문의 계보를 추적하면서 집필한 '로마 법학사'라는 점에서 대단히 중요한 사료에 해당한다. 이곳에서는 공화정기에 양대 학파의 태두로부터 조₽고전기 양대 학파의 형성 과정이 서술되어 있는데, 이것을 6세기 학설휘찬 편찬자들이 '법학자들의 계보'에 관한 부분에 발췌해 수록했다(번역은 최병조·이상훈, 일반원리).

D.1.2 법의 기원과 모든 정무관직의 기원에 관하여, 법학자들의 계보에 관하여

D.1.2.2 폼포니우스(주 활동시기: 130~180), 『편람』 단권.

35. 시민법학을 여러 중요한 사람들이 가르쳤다. 그러나 이들 중 로마 인민들에게 큰 명성이 있었던 인물들이 지금 언급되어야 하는데, 이는 누구에 의하여 그리고 어떠한 사람들에 의하여 이 법학이 창출되고 전승되었는지 분명하게 드러내기 위해서다. (…)

47. 투베로Tubero(주 활동시기: BC 50~10) 이후 가장 큰 권위자로 아테이우스 카피토Ateius Capito(BC 20~AD 22)와 안티스티우스 라베오Antistius Labeo(BC 25~AD 10)가 있었는데, 카피토는 오필리우스Ofilius의 제자였고, 라베오는 이들 모두에게 수학하였지만 트레바티우스에 의하여 입문하였다. (…) 이 두 명은 최초로 말하자면 대립하는 학파diversa secta를 이루었다. 아테이우스 카피토는 그에게 전수된 것을 고수하였지만, 라베오는 타고난 자질과 탄탄한 학식으로 여타의 학문 분야에도 힘썼던 사람으로 많은 것을 쇄신하기 시작하였다.

48. 그리고 아테이우스 카피토를 마수리우스 사비누스Masurius Sabinus(20~60)가 계승하였고, 라베오를 네르바Nerva

pater(10~33)가 계승하였는데, 이들은 학파 대립을 더욱 심화 시켰다.

52. (…) 프로쿨루스Proculus(30~70)의 권위가 더 컸고 대단한 영향력도 가지고 있었다. 그래서 일방은 카시우스 학파로 타방은 프로쿨루스 학파Proculiani로 불렸는데, 이것의 기원은 카피토와 라베오로부터 시작되었다.

이들 학파는 그 배경으로 삼고 있는 사상에서부터, 법에 대한 관념, 지도 이념, 법 해석 방법, 중심 소재 등에서 큰 차이를 보였고, 그 결과 구체적인 법률문제를 다룰 때 어떤 소권을 부여할 것인지에 대한 결론에서도 첨예한 차이를 보였다. 퀸투스 무키우스로 소급되는 사비누스 학파는 스토아의 자연법사상을 기반으로 성신誠信. bona fides이라는 원리를 중시하고, 법의 이념적 원리의 지도하에 사태를 평가적으로 판단하는 방법론을 취했다(이른바 '원리법학').

반면 세르비우스로 소급되는 프로쿨루스 학파는 회의주의 아카데미아의 영향을 받아 인간의 자유를 중시하는 입장에서 실정법에 기반한 문명법 이론으로(이른바 '회의주의 신법학'), 엄밀한 논리와 법조문의 의미 규명을 중시하는 해석론을 발전시켰다(이에 관해서는 최병조, 『로마법강의』, 253면 이하 참조).

로마 법률가들의 학파 대립은 '법률가답게' 추상적인 이론적 차원이 아니라 사례 해결을 위한 법리 제시 또는 결론 도출 과정에서 드러나는데, 그 양상은 결론은 동일하나 논거가 다르게 나타나기도 하고, 심지어는 결론에서 차이를 보이는 경우로도 나타난다. 이는 마치 오늘날 대법원 전원합의체 판결에서 다수의견과 반대의견, 나아가 별개의견, 보충의견 등의 대립을 연상시킨다.

고전기에 이르면 율리아누스^{Salvius Iulianus}와 켈수스^{Iuventius Celsus}가 양대 학파의 수장으로서 학파 대립을 심화시킴과 동시에 융합하는 과정을 통해 로마법학이 만개했다. 고전기 후기에 이르면 파울루스^{Iulius Paulus}와 울피아누스^{Domitius Ulpianus}가 이런 입장을 이어받아 고전기 로마법학이 종합 완성된다(로마법학사는 최병조, 『로마법강의』, 233면 이하 참조).

정리하면 로마가 하루아침에 만들어지지 않았듯이, 로마법 역시 수 세기에 걸친 법률가 계층의 집단지성으로 만들어졌다. 키케로가 스키피오의 입을 통해 전하는 노^老 카토^{Marcus Porcius Cato}(BC 234~149)의 다음과 같은 발언은 이런 로마의 위대함을 잘 표현하고 있다.

그분[=노 카토]은 다음과 같은 이유에서 우리나라의 정체가 다른 나라의 정체보다 뛰어나다고 말씀하곤 하셨네. 왜냐하면 자기만의 법률과 제도로 자기만의 정체를 수립한 개인들이 보통 다른 나라에 있었는데, 예컨대 크레타에 미노스가, 라케다이몬에 뤼쿠르고스가, 정체가 여러 번 바뀐 아테네에 테세우스, 그런 다음 드라콘, 그런 다음 솔론, 그런 다음 클레이스테네스, 그런 다음 다른 많은 사람이 있었고, 마지막으로 아테네가 핏기 없고 수척하였을 때 팔레론의 박식한 사람 데메트리오스가 아테네를 되살린 반면, 우리나라는 일인이 아니라 다수의 재능에 힘입어 세워졌고, 일인의 생애 동안이 아니라 여러 세대와 시대에 걸쳐서 세워졌기 때문이네. 그분께서는 모르는 것이 하나도 없을 만큼 재능이 뛰어난 사람은 아무도 없었고, 모든 재능이 일인 안에 통합되어 있어도 실제로 경험이 없고 오랜 시간이 흐르지 않으면 단번에 예견하여서 모든 것을 파악할 수 없었다고 말씀하셨네.(키케로,『국가론』, 2.1.2 임성진 역(2025) 참조. 일부 수정).

고전기 법률가들이 선배로서 "옛 법률가들veteres"이라고 칭했던 공화정기 법률가들로부터 고전기 후기인 3세기 초까지, 그들은 세대를 거듭하며 선배 법률가들의 업적을 이어받아 그들의 저술에 주석을 남기면서 비판적 계승을 통해 로마법을 발전시켰다. 2세기 법률가 폼포니우스는 이 과정에 대해 "법 전문가를 통해 법이 날마다 개선될 수 없다면 법은 지속될 수 없다"(D.1.2.2.13)라고 표현하고 있는데, 이 말이야말로 법률가가 사회에서 담당해야 하는 일의 속성과 중요성을 정확하게 지적하고 있다고 볼 수 있다.

로마법을 공부하다 보면 '-우스'로 끝나는 로마 법률가들이 많이 등장한다. 앞에서 살펴보았던 학설휘찬 개소만 보더라도 많은 법률가들의 이름이 나온다. 학설휘찬에 인용된 저작의 법률가는 총 39명이고, 레넬의 『원문복원Palingenesia Iuris Civilis』 저자 색인에 나열된 법률가는 기원전 2세기 법학의 요람cunabula iuria 시대에 활동한 『3부법서Tripertita』(D.1.2.2.38)의 저자인 섹스투스 아일리우스Sextus Aelius부터 기원후 4세기의 법률가 헤르모게니아누스Hermogenianus까지 총 92명이다. 로마법학사를 이해하는 데 각 시기를 대표하는 로마 법률가 열 명만을 손꼽아 기억해야 한다면 다음과 같다. 우리가 야구나 축구 같은 팀 경기를 볼 때 개별 선수들의 특성과 이력을 알면 훨씬 더 재미있게 경기를 즐길 수 있듯이, 로마법을 공부하면서도 개별 법률가들이 대략 어느 시기에 활동했고, 어느 학파의 성향인지를 알면 로마법을 훨씬 더 재미있게 공부할 수 있다. 아래 나온 열 명의 법률가만큼은 시기별로 학파별 대표 법률가들을 쌍으로 기억해 두면 학설휘찬 개소를 읽을 때 많은 도움이 된다(그밖에 최병조·이상훈, 일반원리, 120면 [표 2]도 참조).

		스카이볼라 (원리 법학)	세르비우스 (회의주의 신법학)
		라베오	
1~2세기 초	고전기 양대 학파	사비누스	프로쿨루스
2세기	고전성기 (학파 융합)	율리아누스	켈수스
		파피니아누스	
2세기 말~ 3세기 초	고전기 후기 (종합)	파울루스	울피아누스

로마 법률가들의
치열한 법리 논쟁

앞서도 말했듯이 로마법은 합리적 논변을 토대로 한 치열한 법리 논쟁을 통해 법학이 발전되었다. 그리고 이런 논쟁은 학파대립을 배경으로 하는 경우가 많은데, 그 예를 들면 성숙기pubertas의 결정, 권리능력의 시기(최병조, 『향연』, 242면 참조), 첨부 관련 소유권귀속 및 이익조정의 문제(성중모, "로마법상 소유물반환청구소권", 재산법연구, 29-4(2013) 참조), 매매-물물교환 논쟁(이상훈, "로마법상 매매-물물교환 논쟁", 서울대 법학, 64-1(2023) 참조), 원시무효 매매 사안의 소권법적 처리, 이른바 신용위임mandatum pecuniae credendae, mandatum qualificatum의 인정 여부, 수임인이 위임받는 범위를 넘어 위임사무를 처리한 경우의 법적 처리 문제, 절도 개념의 이해 등 다양한 사례들이 전해진다(그밖에 최병조, 『로마법강의』 253면 이하 및 오코 베렌츠/정병호 역, 『로마법』도 참조할 것). 물론 이런 사례들은 법률문제로서 학설대립의 실익이 있었고, 특히 소권법체계 내에서 어떤 소권을 부여할 것인지와 관련해 대단히 실천적인 논쟁이 이루어졌다.

참고로 이런 학설대립은 모순 없는 규범 텍스트를 정립하고자 하는 로마법대전 편찬자들의 노력에도 불구하고 다양한 사례를 통해 학설휘찬에 전승되고 있는데, 그때까지 해소되지 않았던 견해대립은 유스티니아누스 황제가 직접 결판을 내기도 했다. 위에서 열거한 사안들에 우리 민법은 어떤 입장을 택하고 있는지 비교해 보자.

계약의 구속력: 계약과 단순한 약정의 차이

계약이란 법적 구속력이 있는 당사자 간의 합의를 말한다. 법적 구속력이 있다는 말은 상대방이 불이행하는 경우 그 강제이행을 법적으로 청구할 수 있고(민법 제389조 참조), 불이행에 관한 법적 책임도 물을 수 있음을 의미한다(제390조 참조). 오늘날 민법에 따르면 그 방식이나 내용을 불문하고 원칙적으로 당사자 간의 합의는 구속력을 가지며, 이것을 사적자치私的自治 또는 계약자유의 원칙이라고 부른다(예외로 방식을 요구하는 계약이 일부 있고, 내용 면에서는 불법적이거나 공서양속 위반이 아니어야 한다). 그 점에서 민법에서는 '계약'과 '약정'은 그 형식과 효력 면에서 차이가 없다.

그러나 로마에서는 계약과 단순한 약정 간에 매우 큰 차이가 있었다. 로마법에서는 당사자 간의 합약合約, conventio(어원은 '만나다' 또는 '모이다'라는 뜻의 'convenire'. D.2.14.1.3) 중에서도 (시민)법에서 정한 유형의 합의만을 '계약contractum'이라고 부르고(이른바 전형계약 내지 유명계약), 그 이외의 당사자 간의 합의는 '(무방식의) 약정'이라고 해서 양자를 엄밀하게 구별했다. 이 둘의 차이는 계약의 경우에는 법적 소구력이 인정되어 소송을 통해 추급할 수 있었지만, 단순한 약정의 경우에는 그렇지 못했다는 데 있다. 그 점에서 로마 계약법은 민법에서와 같은 계약자유 원칙이 아니라 계약 유형 법정주의numerus clausus의 적용을 받았다.

로마에서 계약법은 채권의 취득 방식의 맥락에서 논의되었는데, 이에 따라 계약의 체결 방식으로 네 가지가 인정됐다(Gai.3.89 이하 참조).

1. 요물방식^{re}에 의한 취득: 소비대차, 사용대차, 임치, 질권 설정(입질계약)
2. 언성방식^{verbis}에 의한 취득: 문답계약
3. 문기방식^{litteris}에 의한 취득: 장부기재
4. 낙성방식^{consensu}에 의한 취득

소비대차, 사용대차, 임치가 요물방식으로 성립한다는 것은 계약의 내용과 체결되는 과정을 생각해 보면 쉽게 이해할 수 있는데, 우리 민법에서는 놀랍게도 이들 계약 역시 낙성계약으로 이루어져 있다(제598조, 제609조: "~ 약정하고 ~ 약정함으로써 그 효력이 생긴다", 제693조: "~ 위탁하고 ~ 승낙함으로써 효력이 생긴다". 입질계약만큼은 민법에서도 요물계약(제330조)으로 되어 있다).

문답계약이 당사자 간의 질문과 대답으로 성립되는 언성방식의 계약이라는 점은 이미 설명한 바 있다. 그리고 로마에서는 예로부터 가장家長에게는 장부기재^{expensilatio}가 중요한 일 중 하나였고(앞에서 살펴본 시킬리아 항구 면세품목 관련한 규정에서의 '집'의 해석에서 '집'이란 "우리 중 각자에게 집이 되어야 한다고 생각되는 곳이란 각자가 생활의 근거를 가지고 기장記帳을 하며 각자의

일에 대한 결정을 내리는 곳이라는 것" 참조. D.50.16.203), 그리하여 채무자의 동의를 얻어 장부에 채무액을 기입하면 채무가 발생하는 방식이 로마에서 인정됐다(상세는 Gai.3.128 이하).

오히려 흥미로운 점은 형식을 중시하는 로마법에서도 낙성방식에 의한 채권취득, 즉 낙성계약의 인정에 있다. 당사자 의사의 합치만으로 성립되는 낙성계약은, 요물방식과 비교해 보면 일방의 이행 없이도 장래를 향한 법적 구속력이 인정된다는 점에서 계약법의 진일보한 성과라고 볼 수 있다. 그런데 주목해야 할 점은 로마법상 낙성계약은 로마법 기준 4종, 현행 민법 기준 6종에 국한되었다는 것이다. 로마법상 낙성계약은 매매emptio et venditio, 임약locatio et conductio, 조합societas, 위임mandatum이고, 임약은 현행 민법상의 임대차, 고용, 도급을 총칭하는 계약이다. 그 한도에서 로마법상 낙성계약은 여전히 계약유형 법정주의 내에서만 인정된 '전형계약'이었다.

그런데 현실에서는 이런 전형계약에 해당하지 않는 수많은 약정이 존재하고, 이런 전형계약에 해당하지 않는 약정을 한 경우 당사자가 임의이행을 했다면 문제가 없겠지만, 약정하고 나서 일방이 불이행하면 로마법상으로는 법적 구속력, 즉 소권이 부여되지 않았다. 이는 민법상으로는 계약자유 원칙에 따라 이런 무방식의 약정이라 하더라도 법적 구속력이 인정되고, 따라서 불이행 시 법원에 소를 제기하고 강제집행까지도 가능하다는 것과 대비된다.

계약자유로 나아가기 위한 노력

그렇다면 로마인들이 낙성계약까지 인정했음에도 계약자유로 나아가지 않았던 이유는 무엇일까? 이는 계약의 구속력을 발생시키는 근거에 대한 관념이 달랐다는 점에서 비롯한 것 같다. 오늘날에는 '의사의 합치'에서 계약의 구속력이 발생한다고 보지만, 고대 로마에서는 그보다는 '형식'에 더 중점을 두었다. 그리하여 로마 법률가들은 4종의 계약에는 계약 성립에 있어서 (사실상 형식을 요구하지 않고 신의에 기초해 성립하는) 낙성계약의 인정에 이르렀지만, 이를 일반화시키지는 않았다.

우리가 보기에는 계약유형 법정주의가 매우 불편했을 것 같지만, 정작 로마 사람들은 전혀 불편함이 없었을 것이다. 왜냐하면 전형계약에 해당하지 않는 무방식의 약정을 하는 경우는 같은 내용에 대해 별도의 문답계약을 체결하면 되었기 때문이다. 즉, 문답계약이라는 형식을 통해 법적 구속력을 부여하는 경우 상대방이 불이행하면 문답계약소권actio ex stipulatu에 따른 소구가 가능했다. 아마도 그런 점에서 로마 사람들은 전형계약이 아닌 경우는 무방식의 합의를 한 뒤 법적으로 확실하게 해두기 위해 문답계약 체결을 요구했을 것이고(우리로 치면 계약서 쓰고 도장 찍고 공증까지 받아 두는 것과 비견된다), 이는 당사자 사이에서 진지한 법적 구속 의사를 확인하게 해주는 방법이었을 것이다.

또한 당사자들이 문답계약을 체결하지 않았더라도 다음의 경우에는 전형계약이 아닌 무방식의 약정에도 법적 효력을 인정해 주었다.

첫째, 전형계약을 체결하는 과정에서 각종 부수약정을 함께하는 경우가 있다. 대표적으로 전형계약인 매매계약을 체결하면서 환매약정을 한다든지, 해제권유보약정을 한다든지, 다른 사람이 일정 기간 내에 더 높은 가격으로 청약하는 경우 매매계약이 실효한다는 내용의 약정(로마에서는 이것을 '고가청약유보약정'이라고 불렀다)을 체결한다든지 하는 경우가 있다. 이와 같이 전형계약인 매매계약 체결 시에 이루어지는 부수약정의 경우에는 본 소권인 매매소권으로 그 소구력이 인정되었는데, 그 이유는 매매소권이 성신소권이었기 때문이다.

둘째, 그 밖에도 일정한 약정의 경우에는 그것을 지키는 것이 신의에 부합한다는 점에서, 법정관은 권리보호약속 고시를 만들었는데(D.2.14) 그에 해당하는 약정의 경우에는 법정관의 고시에 근거해 소권이 부여됐다.

셋째, 나아가 일정한 거래유형에 대한 규율에서도 많은 논의 끝에 소구력이 인정된 예들이 있다. 쌍무적 견련관계synallagma가 있는 거래가 그러한데, 대표적인 예가 '네가 주도록 내가 준다do ut des'에 해당하는 물물교환permutatio이다. 로마법상 물물교환은 논쟁 끝에 매매가 아니라는 결론이 났고, 그렇기에 전형계약에 포함될 수 없었다. 그리하여 일방이 먼저 이행했는데도 상대방이 불이행하는 경우 선이행한 당사자는 소구할 수 없었고, 다만 자신이 이행한 것의 반환청구만 인정됐다(이른바 목적 부달성을 원인으로 한 이득반환청구condictio causa data causa non secuta D.12.4). 주목해야 하는 것은 기존에 전형계약으로 인정되지 않았던 이런 유형의 거래에 대하여, 단순한 약정만 있는 사안과는 달리 쌍무적 견련관계에 착안해 이를 시민법상 법률관계로 승격시키려는 시도가 있었고, 고전기가 지나면서 학설을 통해 이것이 인정되었다는 것이다. 그 결과 소권법체계에서 점차 시민법상의 소권으로서 전가문소권actio praescriptis verbis을 부여하게 됐다(D.2.14.7.pr.-2). 거슬러 올라가 보면 물물교환이 민법상 전형계약에 들어가게 된 것(제596조 참조)은 그런 연유에서 기인한다. 이런 전가문소권의 인정이야말로 로마법의 학식법적 면모와 함께, 로마법이 가지는 소권법적 배경하에서 계약자유로 진일보해 나가는 과정으로 평가할 수 있다(상세는 이상훈, "로마법상 전가문소권", 서울대학교 법학, 65-3(2024), 37면 이하).

그럼에도 불구하고 로마는 계약자유로 나아가지는 않았다. 민법에서 계약자유가 확립된 것은 16세기에 이르러 근세 자연법론에 기초한 그로티우스Hugo Grotius(1583~1645)의 약속 이론이 받아들여진 이후였다(이에 대해서는 최병조, 『논고』, 359면 이하 참조). 오늘날 법학도에게는 너무나도 유명한 말이 된 '약속은 지켜져야 한다Pacta sunt servanda'(로마법적 맥락을 살려 강조해 번역하자면 '무방식의 약정이라 할지라도 지켜져야 한다')에는 로마법 이래 계약자유로 나아가고자 하는 많은 이들의 노력이 담겨 있다.

매매계약에서
물건의 성상이 다르거나
물건에 하자가 있는 경우

민법은 계약 총칙에서 계약의 해제를 규정하고 있다(제3편 채권 제2장 계약 제1절 총칙 제3관 이하). 계약자유를 인정하는 만큼 계약의 해제 역시 총칙에서 규율하는 것이다. 아울러 민법상 계약은 법률행위라는 점에서 의사표시를 취소하는 방식으로 계약을 무를 수도 있으며, 이것은 민법 총칙에 규정되어 있다(제107조 내지 제110조 참조). 물론 해제는 채무불이행을 요건으로 하고, 의사표시의 취소는 의사표시의 하자를 요건으로 한다는 점에서 엄밀하게 구별되며, 효과 면에서도 차이가 있다.

그렇지만 실제 사안들은 그렇게 명쾌하지 않다. 가령 당사자가 어떤 물건을 사고팔기로 했는데 제대로 된 물건이 아니었을 때, 계약을 무를 수 있는 방법으로 다양한 구제수단을 모색할 수 있다. 당사자 간에 합의해제를 하거나 일방이 상대방에게 사기를 친 사안을 별론으로 하면, 우선 그 물건의 하자를 이유로 하는 담보책임을 묻는 것('제대로 된 물건이 아니었다')과 일방(주로 매수인)의 착오를 이유로 취소하는 것(착오 취소, '계약 당시에 물건의 품질 또는 성상에 대한 착오가 있었다'), 그리고 상대방이 제대로 된 물건을 급부하지 못한 것에 대해 채무불이행 책임을 묻는 것(불완전이행을 이유로 하는 법정해제. '상대방이 제대로 된 물건을 급부하지 않았다') 이 현실세계에서는 법조문에서처럼 명확하게 구별되는 것은 아니다.

민법과 달리 로마에서는 일반적 해제법이 발전하지 않았다. 다만 계약의 해소는 계약이 체결된 방식과 반대의 행위actus contrarius로 이루어진다는 관념이 있었다(D.50.17.35). 그에 따라 요물방식의 경우는 요물방식, 즉 받은 물건을 되돌려줌으로써 언성채무인 문답계약은 언성방식으로(문답계약의 방식으로 이루어지는 요식채무면제를 통해), 합의 방식의 낙성계약은 반대합의로써 해소된다(D.46.3.80). 이런 점에서 낙성계약의 경우 일단 합의해제가 인정됐다(일부 이행 상태에서도 합의해제를 인정한 예로는 D.2.14.58 참조).

낙성계약에서 합의해제 외에 다른 방식으로 계약을 무를 수 있는 방법은 무엇일까? 우리 민법에서 계약은 의사표시론에 따라 두 개의 대립하는 의사표시의 합치로 성립하는 것으로 구성하고 있지만, 로마법은 합의consensus 모델에 기반하고 있다. 따라서 로마법에서는 당사자 간에 '합의'가 있었는지가 중요했고, 합의가 없었다면 계약은 불성립된 것으로 처리됐다.

민법에서도 마찬가지지만, 거래계에서는 당사자들이 이런 불합의를 의식하지 못하는 경우 문제가 되고, '무의식적 불합의' 사안은, 계약은 성립되었으나 일방이 착오한 사안과는 구별된다고 설명한다. 이론적으로 전자는 계약이 불성립했으므로 불합의만 주장·증명하면 되지만, 후자는 계약이 (이른바 '규범적 해석'에 따라) 성립했으나 착오를 이유로 취소할 수 있는 상태다. 따라서 계약을 무르고자 하는 자는 착오 취소(제109조)의 요건을 주장·증명해야 한다.

매매에서 성상의 착오 사안들

매매 사안에 대해 살펴보면, 합의 모델에 기반한 로마에서도 여러 유형의 착오error 사안이 전해진다. 이와 관련해 객체에 관한 합의는 존재하지만 성상性狀, substantia 또는 성질qualitas에 대한 착오가 있는 사안이 주로 문제가 된다. 즉, 당사자가 '어떤' 물건(특정물)을 사고팔기로 합의했는데, 나중에 봤더니 그 물건의 성질 또는 상태가 다른 경우다. 그러한 예로는 금제품인 줄 알고 샀는데 동제품이거나(D.18.1.14: 쌍방 착오 사안), 새 옷인 줄 알고 샀는데 수선된 중고 옷이었거나 하는 사안들(D.18.1.45)이 있다.

이런 사안의 유형에서 중요한 것은 당사자들 사이에 '객체에 대한 합의'가 있었는가의 여부이고, 그런 합의가 인정되는 경우는 계약의 성립을 전제로 손해배상의 문제로 귀결된다.

그와 관련해 동제품이거나 중고 옷이라는 사실을 매도인이 알았던 경우와 매도인도 몰랐던 경우가 있을 것이고, 이에 따른 손해배상액의 차등이 문제된다(D.18.1.45). 그리하여 로마법에서는 착오와 관련해 '객체에 관한 합의'가 있다면 매매는 성립하지만, 매도인은 선악을 불문하고 "매수인의 속지 않음에 대한 이익 상당액quanti interest non esse deceptum"의 책임을 부과하는 방향으로 정리된다.

이는 민법상 목적물에 대한 착오를 이유로 계약을 취소해 부당이득반환청구하는 것과는 다르며, 불완전이행을 이유로 법정해제한 후 원상회복 및 손해배상하는 것과도 다르다. 굳이 비교하자면 물건의 하자를 이유로 하는 담보책임과 관련해 계약목적 달성 여부를 기준으로 그것이 불가능하지 않다면 계약은 유지하면서 손해배상만을 인정하는 것에 비견된다(제580조, 제575조 제1항). 물론 민법의 경우 이때 매수인은 선의이며 과실이 없어야 한다(제580조 제1항 제2문).

구체적인 사례를 살펴보자. 파울루스는 다음 개소에서 당사자들이 고급 원목탁자를 사고팔기로 했는데 실제로는 물건이 그렇지 않았던 사안을 들고 있다.

D.19.1.21.2 파울루스, 『고시주해』 제33권.

전술하기를, 우리가 객체에 있어서는 합의하였지만 성질에 있어서 불합의한 경우 매수가 성립한다고 하였지만, 그럼에도 불구하고 매도인은, 비록 매도인이 알지 못하더라도, [매수인의] 속지 않음에 대한 이익상당액을 책임져야만 한다. 가령 실제로는 그렇지 않은 탁자들을 사이프러스 원목 탁자

들로 사는 경우가 그러하다.[최병조 역을 기초로 수정]

앞에서도 잠깐 살펴본, 다음의 울피아누스 개소에서는 객체에 관한 착오가 없으나 성상에 관한 착오가 있는 사안에 대해 매매가 성립한다고 보는 마르켈루스의 견해를 비판한다. 그러면서 포도주 매매 사안을 제외하고, 재료에 대한 착오가 있다면 매매를 무효로 보는 입장을 개진한다.

D.18.1.9.2 울피아누스, 『사비누스 주해』 제28권.

그러므로 객체corpus 자체에 관하여서는 착오가 없으나, 성상에 관하여 착오가 있는 경우, 예컨대 식초가 포도주로 매도되거나, 은이 금으로 또는 납이 은이나 은과 유사한 어떠한 다른 것으로 매도되는 경우 매매가 성립하는지 문제된다. 마르켈루스는 『학설집』 제6권에서, 매매가 성립하는데 왜냐하면 비록 재료materia에 있어서 착오가 있었지만 객체에 있어서는 합의가 되었기 때문이라고 기술하고 있다. 사견私見(울피아누스)으로는 포도주의 경우에는 동의하는데, 왜냐하면 포도주가 시어진 것이라면 거의 같은 본질οὐσία, susbstantia이기 때문이다. 그러나 포도주가 시어진 것이 아니라 처음부터 식초 같은 산액酸液이었다면, 서로 다른 물건이 매도된 것으로 생각된다. 그러나 그 밖의 경우에는 재료에 있어서 착오가 있을 때는 매도는 무효라는 것이 사견(울피아누스)이다.[최병조 역을 기초로 수정]

마르켈루스와 울피아누스 사이의 어느 지점에서 견해 대립이 존재하는지에 대해서는 면밀한 검토가 필요하다. 위의 개소는 '객체에 관해 착오가 없다면 (성상에 관한 착오가 있더라도) 매매계약은 성립한다'라는 법리를 전제로 한다. 그리고 이 법리에 관해 울피아누스가 반대하는 것으로 보이지는 않는다. 다만 울피아누스는 예시로 든 사안들에서 과연 '객체에 관한 합의'가 존재했는지에 대해 다른 입장을 취한 것으로 보인다.

즉, 울피아누스는 매수인이 물건의 재료에 대해 착오한 사안, 즉 "은이 금으로, 납이 은 또는 은 유사한 물건으로 매도되는 경우"에는 객체에 관한 합의가 있다고 보기 어렵다는 입장인 듯하다(이런 울피아누스의 견해는 쌍방이 착오해 동을 금으로 매수한 사안에서 매매를 무효로 보는 개소에서 확인된다. 다음의 D.18.1.14 참조). 그 점에서 울피아누스가 예로 든 사례들은 앞서 파울루스 개소에서 예시로 언급되고 있는 원목탁자 매매사안(D.19.1.21.2)과는 그 성격을 달리한다(여기서 유의해 볼 지점은 파울루스는 "착오"라는 표현을 사용하지 않고 "객체에 있어서는 합의했지만 성질에 있어서 불합의한" 예로 이 사안을 들고 있다는 점이다).

울피아누스는 포도주 매매를 했으나 포도주가 시어진 경우에만 객체에 대한 합의를 인정해 매매계약의 성립을 인정하고, 처음부터 식초 같은 산액인 경우에는 전혀 다른 물건이므로 매매 성립을 부정한다. 이런 점에 비춰보면, 울피아누스에게 재료착오 사안은 재료가 완전히 상이한 사안을 상정하고 있고, 이 경우에는 객체에 대한 합의를 부정하는 것으로 볼 수 있다. 다음의 울피아누스 개소에서, 대부분 동제이지만 금이 일부 들어간 팔찌 매매 사안에서는 합의를 인정해 매매 성립을 인정하고 있다는 점도 이런 맥락에서 이해할 수 있다.

D.18.1.14 울피아누스, 『사비누스 주해』 제28권.

그러면 재료와 성질에 있어서 쌍방이 착오한 경우에 우리는 무엇이라고 말할 것인가? 예컨대 나는 내가, 동銅인데도 불구하고 금을 매도한다고 생각하고, 너는 매수한다고 생각한 경우는? 예컨대 공동상속인들이 금제金製라고 하는 팔찌를 고가로 상속인 1인에게 팔았고 그것이 대부분 동제銅製로 판명된 경우는? [후자의 경우] 매도가 성립한다는 것이 정설인바, 왜냐하면 금을 일부 포함하였기 때문이다. 왜냐하면 어떤 것이 도금된 경우는 비록 내가 순금이라고 생각할지라도 매도가 유효하기 때문이다. 그러나 동이 금으로 팔린 경우 매도는 유효하지 않다.[최병조 역을 기초로 수정]

한편 물건의 하자에 대해서는 고등안찰관 고시edictum aedilium curulium에 의한 하자담보책임이 적용되었고, 그 이후 하자담보책임의 법리가 매매 일반으로 확대 적용된 것에 주목할 필요가 있다. 전술했듯이 시장에 대한 관할권이 있는 고등안찰관은 고시를 제정해, 공개시장에서 거래되는 노예와 역축에 대해 매도인에게 하자고지의무와 함께 하자가 있을 경우 매수인에게 매매해제actio redhibitoria 또는 대금 감액actio quanti minoris을 인정해 주었다.

이런 하자담보책임의 법리가 제정기 초기에 일반 매매법으로 들어오게 되는데(D.19.1.11.3), 이를 통해 매매계약 당시 별도의 보장이나 약정 없이도 '하자 없는 물건integrum ac sanum의 급부의무'가 인정되었고(D.19.1.6.4), 소권법적으로는 매매계약의 등가성 보장이 성신소송 내에서 고려된 것으로 보인다. 우리 민법상 규정된 매매에서의 하자담보책임도 이런 발전 과정의 산물로 이해될 수 있고, 하자담보책임의 법적 성질을 둘러싼 기존의 논의들도 이런 역사적 관점을 통해 재조명될 수 있을 것이다.

사기와 강박을 대하는
로마법의 태도

우리 민법은 사기와 강박을 표의자의 의사결정 자유의 보장 측면에서 같은 조문에서 같이 규율하고 있다(제110조). 사기나 강박을 당해 의사표시를 한 자에게 취소권을 부여하고 있는데, 다만 의사표시의 취소는 거래안전을 위해 선의의 제3자에게는 대항할 수 없다(제110조 제3항). 그리고 제3자가 사기·강박을 한 경우 "상대방이 그 사실을 알았거나 알 수 있었을 경우에 한해" 취소할 수 있다(제110조 제2항).

이런 의사표시 취소로 인한 원상회복은 로마법상 법정관법상의 원상회복in integrum restitutio 제도에서 비롯한 것이다. 사기나 강박을 당해 이미 이행한 경우, 법정관은 피해자를 보호하기 위해 피해자의 신청으로 원상회복, 즉 취소 소송

iudicium rescissorium을 부여했다. 이 소권은 의제방식서를 사용해 피해자로 하여금 물건의 반환청구를 인정하는 것이 특징이다. 그리고 미이행 상태에서 상대방이 먼저 소구하면 피해자에게 항변을 부여해 상대방의 청구를 물리칠 수 있었다.

그밖에 로마에는 사기와 강박에 대해 불법행위 소권으로서 징벌금을 내용으로 하는 고유의 소권이 존재했고, 소권법체계를 취했던 로마에서 양자는 그 규율 내용이 달랐다.

사기와 강박의 규율상의 차이

거래에서의 사기dolus malus는 성신(민법상으로는 신의성실) 위반으로, 사기자에 대해서는 불법행위소권으로 사기소권actio de dolo을 부여했다. 이 소권의 특징은 보충적 소권actio subsidiaria으로서, 다른 소권이 적용될 수 없는 경우에만 인정됐다. 나아가 사기소권은 파렴치효소권으로서 패소자에게 파렴치효를 부과했다. 무엇보다 신의를 중시한 로마에서는 사기자에게 사회적인 낙인을 찍어 불이익을 가함으로써 이런 불법행위를 근절하려는 의지가 반영된 것으로 보인다.

이에 비해 강박metus은 "임박한 또는 장래의 위해를 위한 심리적 동요"(D.4.2.1)다. 그러나 로마에서는 매우 강건한 의지를 가진 표준인vir constantissimsus을 기준으로 하기 때문에 그 인정에 있어서는 매우 엄격했지만(D.4.2.5: "사소한 두려움이 아니라 중대한 해악에 대한 두려움" 그리하여 "강박 당했으나 원했다coactus volui"라는 표현이 나온다. D.4.2.21.5), 일단 강박 당한 것으로 인정되면 강박 당한 자를 법적으로 강하게 보호했다.

강박 사안에서는 불법행위소권으로 강박소권actio quod metus causa이 있는데, 이 소권은 1년 내에 소구하는 경우는 무려 4배액, 1년 이후에 소구하는 경우는 1배액을 대상으로 했다. 아울러 이 소권의 특징은 '대물적 기재소권actio in rem scripta'으로서, 강박자 이외에도 강박 원인으로 취득한 모든 사람을 상대로 선악 불문이 인정되는, 즉 대세적 효력이 인정되는 소권이다.

따라서 제3자 강박의 경우 우리 민법에 의하면 "상대방이 그 사실을 알았거나 알 수 있었을 경우에 한해" 취소가 인정되는 것과 대비된다. 그리고 심판인의 재정에 의한 반환명령이 가능했는데actio arbitraria 심판인은 원상회복의 중간

판결^{pronuntiatio}을 내린 후, 피고가 이에 따르면 면소판결을, 불응한 경우는 4배액의 유책판결을 내렸다(제3자 강박 사안에서 상대자가 선의인 경우는 예외). 하지만 강박의 경우에는 사기와 다르게 패소자에 대한 파렴치효는 인정되지 않았다. 사기자와는 달리 강박자는 신의를 위반한 자는 아니기 때문이다.

물론 민법에서도 사기·강박은 불법행위(제750조)에 해당하고, 따라서 요건을 갖추면 손해배상책임을 물을 수 있다. 그러나 이것 역시 일반조항에 따른 규율이라는 점에서 규율상 차이를 두지 않는다. 로마법과 민법 중 어느 쪽이 더 생활관계에 부합하는 규율이라고 생각되는가?

'법의 사슬'로서의
채권채무와 그 예외들

로마 사람들은 채권채무관계^{obligatio}('묶다'라는 뜻의 obligare 에서 파생. 이는 관계적인 개념이므로 일방적인 '채무'로 번역해서 는 안 된다)를 '법의 사슬^{iuris vinculum}', 즉 '법쇄'로 관념했기에 (Inst.3.13.pr.) 법률행위자와 법률효과가 별개로 귀속되는 것을 대단히 어색하게 보았다. 그런데 민법에서는 법률행 위의 효과가 다른 사람에게 귀속되는 경우가 있는데 직접 대리, 채권양도 또는 채무인수, 그리고 제3자를 위한 계약 이 그것이다. 이는 로마법과는 다른 태도를 취하는 셈인데, 로마법은 앞서 이야기한 '법쇄 관념'에 따라 이 세 가지 제 도를 원칙적으로는 인정하지 않았다고 알려진다. 그러나 여기까지만 알고 있다면 절반만 아는 것이다. 실용성을 중시하는 로마 법률가들이 거래 필요성이 요청되는 상황에서 어떤 요건하에 예외적으로 이들 제도를 인정했는지 구체적으로 살펴볼 필요가 있다.

직접대리

직접대리란 대리인의 대리행위의 효과가 본인에게 직접 귀속되는 것을 말한다(민법 제114조 제1항). 대리인이 효과의사를 정한다는 점에서 단순히 본인의 의사표시를 전달하는 사자使者와는 다르다. 로마법상 '대리'는 '간접대리'를 의미하는데, 이는 다른 사람의 일을 대신 처리해 주는 자, 즉 대무인代務人, procurator에게 먼저 그 효과가 귀속된 후 본인과는 사후적으로 내부 관계에 따라 정산하는 방식이다(부탁이 있었으면 위임법, 없었다면 사무관리법 등).

'로마에서는 왜 직접대리제도를 발전시키지 않았을까?'라는 의문이 든다. 그렇지만 관점을 바꿔 로마인들 입장에서 생각해 보면, 오히려 로마인들은 직접대리를 발전시킬 필요성이 없었을 것이다. 전술했듯이 로마에서는 노예나 가자家子를 활용할 수 있었고, 이들 행위의 효과는 대리보다 훨씬 더 강력하고 직접적이었으며, 말하자면 주인 또는 가부家父에게 곧바로 귀속됐다.

그렇지만 직접대리가 필요한 국면에서 로마인들은 '예외'를 인정했는데, 법정대리의 경우(가령 후견인과 피후견인, D.26.7.9.pr.)가 그랬고, 나아가 상거래와 관련한 영업적 대리인도 그랬다. 후자의 경우에는 거래상대방 보호를 위해 거래상대방에게 직접 선박업자나 영업주를 상대로 하는 소권을 부여했고(예: 대선박업자소권actio exercitoria, 지배인소권actio institoria 등), 나아가 영업주에게도 제한적 범위에서 소권을 인정했다.

이런 제도적 배경하에 고전기 후기에 이르면 영업적 상거래관계가 아닌 일반적인 대무인이 개입된 사안에서도 파피니아누스에 의해 이른바 "지배인소권의 본을 따른 준소권utilis actio ad exemplum institoriae actionis"이 인정되는데, 사실상 제한된 범위이기는 하나 직접대리의 효과가 인정되는 단계에 이르렀다고 보아도 무방하다.

D.14.3.19 파피니아누스, 『해답집』 제3권.

차금을 위하여 대무인을 선임한 자를 상대로는 지배인소권의 본을 따른 준소권이 부여될 것이다. 이것은 문답계약 채

권자에게 금전상환을 약속한 재산관리인이 유자력인 경우에도 마찬가지일 것이다. [번역은 최병조, 논고]

D.19.1.13.25 울피아누스, 『고시주해』 제32권.

대무인이 매도하고 매수인에게 담보문답계약을 한 경우에 소유자에게 또는 소유자를 상대로 소권이 부여되어야만 하는지가 문제된다. 파피니아누스는 『해답집』 제3권에서 [매수인은] 소유자를 상대로 그[=소유자]가 물건을 매도할 것을 위임하기만 하였다면 매수에 기하여 '지배인소권의 본을 따른 준소권'으로 소구가능하다는 견해다. 그러므로 또한 반대로 '매수에 기하는 준소권'이 소유자에게 인정된다고 하여야만 한다. [번역은 최병조, 논고]

채권양도

채권양도란 양도인과 양수인 사이에서 계약으로 채권을 양도하는 것을 말한다(민법 제450조 참조). 채권양도 역시 로마법상 채권관계는 '법쇄'이므로 당사자 변경이 불가능하다는 이유로 불허됐다(채무인수도 마찬가지). 로마법상 채권관계 당사자의 변경이 허용되는 방법이 있었는데, 그것은 경개novatio를 통해서다. 이 경개는 문답계약을 통해 이루어졌는데, 우리 민법에도 규정되어 있다(제500조 이하. 특히 제502조의 "채권자 변경으로 인한 경개"). 그렇다면 로마인들로서는 문답계약만으로 채권관계 당사자의 변경이 가능하다는 점에서, 그리고 문답계약이 형식행위이기는 하나 그렇게 번거롭진 않다는 점에서 채권관계 당사자의 변경이 아예 불가능한 것은 아니었다. 그 방식은 채무부담의 지시delegatio promittendi를 통한 것인데, 다만 채무자의 협력으로 문답계약이 낙약될 것이 요구되고, 구 채권관계상의 보증이나 담보, 항변 등이 소멸한다는 점에서 민법상 채권양도와는 구별된다.

다음의 방법으로는 자익대송의 위임mandatum ad agendum in rem suam이 있다. 이것은 양수인을 소송대리인으로 하여 채권추심과 소구를 위임하고 추심한 것을 보유하게 하는 방식으로, 채무자의 협력이 필요 없다는 장점이 있었다. 그러나 이것은 어디까지나 '양도인'의 이름으로 권리행사가 된다는 점에서 양수인의 지위가 취약하다는 단점이 있었다.

이런 난점들은 결국 황제의 칙법에 의해 돌파될 수 있었다. 제정기에 피우스 황제는 채권양수인(상속재산 매수인)에게 준소권을 부여함으로써(D.2.14.16.pr.), 양수인의 독자적인 소권이 인정됐다. 그런데 이 경우에도 양도인의 권리가 존속한다는 단점은 여전히 있었다. 그리하여 양수인 보호를 위해 채권양도 사실의 통지denuntiatio를 통해 쟁점 결정의 효과를 인정함으로써 일종의 처분금지효가 인정되도록 하는 조치가 칙법에 의해 취해진다(C.8.16.4 (225년), C.8.41.3 (239년 참조)). 즉, 로마법은 거래계의 요청에 따라 필요한 경우 '법쇄' 관념을 점차 극복하면서 일련의 입법적 조치를 통해 채권양도의 인정으로 한 걸음씩 나아가고 있었다.

제3자를 위한 계약

마지막으로 제3자를 위한 계약(제539조)도 로마법에서는 원칙적으로 인정되지 않았다. 그것은 "아무도 타인을 위해 문답요약할 수 없다Alteri stipulari nemo potest"라는 법언으로 천명됐다(D.50.17.73.4). 그 이유는 로마 법률가들이 생각하는 계약관, 즉 "[문답계약을 통한] 채권채무관계는 각자가 자기에게 이득이 되는 것을 취득하기 위해 창안된 것"(D.45.1.38.17)이었기 때문이다. 이런 계약관에 의하면 계약을 통해 제3자에게 권리를 취득시키는 것은 대단히 이상하게 여겨졌을 것이다. 물론 로마에서는 노예나 가자家子가 주인이나 가부家父를 위해 문답요약하는 것은 당연히 인정됐다. 그런 경우가 아니라면 이것을 하기 위해서는 우회적인 방법이 동원되어야 했는데, 그것은 채권자인 요약자와 채무자인 낙약자 사이의 위약벌의 문답계약stipulatio poenae을 통하는 것이었고, 이런 우회로를 로마인들은 잘 알고 있었다.

다만 로마에서도 제한적으로 제3자를 위한 계약이 인정되었는데, 요약자가 특별한 이익을 가지는 경우가 그랬다. 그 예로는 임치인 또는 사용대주가 소유자(=수익자)에게 물건을 반환하기로 약정하는 경우, 질권자가 질물매각 시 채무자(=수익자)를 위해 환매권을 유보하는 경우, 아버지pater familias가 딸의 혼인 시에 혼인지참재산dos(영어로는 dowry)을 설정하면서 (딸의 사망으로 인한 혼인해소 시) 남편(=사위)으로부터 혼인지참재산의 반환을 손자(=수익자)에게 하도록 문답요약한 경우 등이 전해진다.

이와 관련해 다음의 개소들에서는 제3자를 위한 계약은 무효라는 법리를 전제로 관련된 법률문제를 해결할 때의 학파별 접근법의 차이를 잘 보여준다.

Gai.3.103(가이우스『법학원론』제3권 제103절)

그밖에 문답계약은 그의 솔가권에 우리가 복속하지 않는 자[=타인]를 위하여 공여될 것을 우리가 문답요약하는 경우에는 무효다. 그래서 어떤 자(A)가 자신(A) 및 그의 권력에 그가 복속하지 않는 자(C)를 위하여 공여될 것을 문답요약하는 경우에는 문답계약의 효력 범위가 문제되었다. 우리 학파[=사비누스 학파]의 법학자들의 견해는 전체적으로 유효하고, 그래서 마치 계약외부자(C)의 이름은 부가되지 않은 것처럼si extranei nomen non adiecisset 문답계약을 요약한 자(A)에게만 전액이 채무부담된다는 것이다. 그러나 다른 학파[=프로쿨루스 학파]의 법학자들은 절반이 그(A)에게 채무부담되는 것이고, 다른 절반에 관하여서는 문답계약이 무효라는 견해다.

D.45.1.110.pr. 폼포니우스, 『무키우스 주해』 제4권.

내가 나와, 그의 솔가권에 내가 복속하지 않는 티티우스를 위하여 10금을 요약한 경우 전체 10금이 아니라 오직 5금만이 나에게 채무부담된다. 왜냐하면 다른 부분은 공제되기 때문인데, 내가 계약외부자를 위하여 무효하게 요약한 것은 나의 몫을 증가시키지 않기 때문이다.[번역은 최병조, 강의]

사비누스 학파는 과감한 원리법학적 방법으로 무효인 부분은 기재하지 않는 것으로 간주하는 방법을 동원했고, 다른 학파인 프로쿨루스 학파는 무효는 어쩔 수 없이 무효이고 따라서 절반만 유효하다는 해석을 취했다. 어떤 방법이 더 타당하다고 생각하는가? 그리고 그 이유는 무엇인가? 참고로 유스티니아누스는 이에 관해 후자의 견해를 취했다.

Inst.3.19.4 (유스티니아누스 황제 법학제요)

그런데 어떤 자가, 자신과 자신이 가부장권하에 복속하지 않는 타인에게 10금이 공여될 것을 문답요약한 경우, 실로 문답계약은 효력이 있을 것이다. 그러나 문답계약의 목적이 된 것 전체가 채무로 되는지, 아니면 절반만이 채무로 되는지가 문제였다. 정설은 절반 이상은 그에게 취득되지 않는다는 것이다. [번역은 최병조, 강의]

로마 시대 단체법은
왜 발전하지 못했을까?

민법은 근대 개인주의를 기초로 하지만 사람은 사회를 이루며 살아가고, 알게 모르게 많은 단체에 속해 살아간다. 태어나면서부터 가족에 속하고, 사회생활을 하면서는 각종 모임과 회사 등의 단체에 속해 살아가게 된다. 나아가 단체의 결사는 헌법상 기본권에 속하기도 할 만큼(헌법 제17조 제1항) 중요한 권리라는 점에서 단체에 관한 법현상은 매우 근본적이며 중요하다.

로마는 가부장제 사회였지만 자유를 중시하는 사회였고, 따라서 단체로서의 인적 구속을 극도로 꺼렸다. 그리하여 사법상 법률관계에 있어서 조합은 단체가 아닌 계약관계로서(이것이 민법상 조합이 단체가 아닌 계약인 이유다) 조합원 1인의 탈퇴는 조합 전체의 해산을 초래했고, 공동상속인들의 관계는 우성공유偶成共有, communio incidens로 관념해 상속재산분할소권actio familiae erciscundae으로 언제든 분할할 수 있도록 했다. 심지어 혼인관계도 파탄주의가 지배해 당사자들이 원하지 않으면 언제든지 해소할 수 있었다.

로마인들의 이런 태도는 로마법상 단체법이 발전하지 않은 것과도 연결된다. 처음에는 단체 설립에 관해 방임에 가까운 허용의 태도를 보이다가(12표법 제8표 제27조 참조) 공화정 말기의 정치적 혼란기를 지나면서 나타난 단체에 대한 금압 태도가 제정기 내내 지배하게 된다. 기본적으로 결성이 금지된 불법단체collegium illicitum는 해산 및 형사처벌의 대상이 되었고(D.47.22 참조), 매우 제한된 범위 내에서만 단체가 허용되었는데, 주로 상부 상조를 위한 장례단체나 일정한 직업단체가 여기에 속했다. 현실의 상황이 이렇다 보니 로마 법률가들에게도 단체는 중요한 문제로 다루어지지 않았다. 이는 공법상 단체들, 즉 로마국이나 지방자치단체civitas, municipium의 경우 단체성을 인정함으로써 관련 법률관계에 대한 통일적인 처리가 이루어진 것과는 매우 대조적이다.

다만 시대가 지나면서 사적 단체의 규율을 위해 법정관 고시나 황제의 칙법과 같은 실정법적 조치들이 취해지고, 로마 법률가들은 이런 조치를 토대로 필요한 한도에서, 특히 소권법적 맥락에서 단체에 관한 법률관계를 다루었다(D.3.4 참조. 이 점에서 로마법상 사적 단체들은 현행 민법상의 '권리능력 없는 사단'에 비견된다). 그러나 오늘날 우리가 알고 있는 법인격 개념에는 이르지 못했고, 이것은 로마법의 '약점' 중 하나로 지적된다(이에 관해서는 이상훈, "로마법상 사적私的 단체에 관한 법적 규율", 서울대 법학 66-2(2025) 참조).

4부

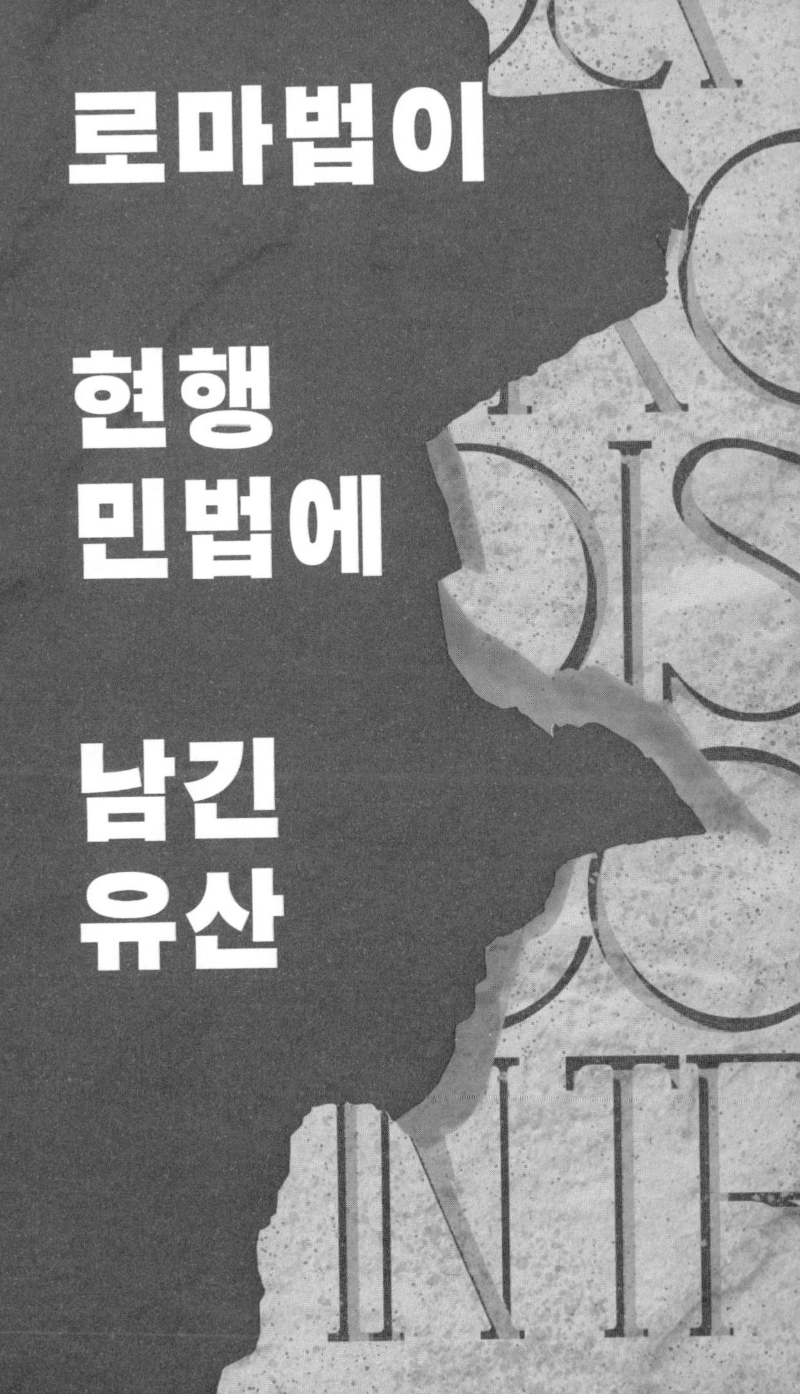
로마법이

현행
민법에

남긴
유산

로마법상 유류분제도의 역사적 발전 과정을 살펴보면, 유류분 제도의 운영이 쉽지 않은 것은 당연하다. 다른 제도들과 마찬가지로, 유류분제도는 하루아침에 규정을 도입해 만들어진 것이 아니라 유언제도가 보장된 법제에서 유언의 '남용'이 이루어지는 것에 대한 여러 가지 법적 대처의 시행 끝에, 유언자유와 근친상속권 보장의 절충으로 이루어진 역사적 제도이기 때문이다.

소유와 점유의
다른 점은 무엇인가

'소유권'은 사회를 유지하는 가장 기본적인 제도 중 하나다. 우리나라 헌법도 재산권 보장 조항을 두고 있고(제23조), 민법 역시 물권법은 소유권을 중심으로 편제되어 있다(제2편 제3장). 그런데 민법에는 이런 소유와 별개로 (소유권보다도 앞서서) 점유(권)이 규정되어 있는데(제2편 제2장), 소유와 점유는 무엇이 다르며, 나아가 양자를 구별하는 이유는 무엇일까?

사회에서는 소유와 점유의 구별이 의식적으로 이루어지고 있지 않기에(축구 경기 중계에서 해설자가 '볼을 점유한다'라는 표현보다는 '소유한다'라는 표현을 자주 쓰는 것도 그 예다), 이 문제는 민법을 본격적으로 공부할 때 처음 접했을 것이고,

그렇기에 점유법은 민법을 처음 배울 때 가장 어려운 분야 중 하나다(그런 점에서 초학도들에게 가장 난해한 조문 중 하나가 점유의 소와 본권의 소의 관계를 규정하는 제208조다). 달리 말해 점유와 소유를 구별하고 그것을 법적으로 잘 설명할 수 있다면, 법률가가 되어가는 과정에 있다고도 할 수 있다.

소유와 점유의 구별은 로마법에서 유래했다. 울피아누스의 표현에 따르면 로마법상 "소유는 점유와 아무런 공통점을 가지지 않는다"(Ulp.D.41.2.12.1). 그렇다면 로마에서는 왜 점유와 소유를 구별했을까?

이 질문에 답하기 전에 우선 법의 세계에서 점유의 기능에 주목할 필요가 있다. 점유는 우선 권리취득의 요건으로 기능한다. 무주물 선점(제252조)이나 매장물 발견(제254조)과 같은 원시취득뿐만 아니라 인도를 통한 승계취득(제188조 등)에서도 점유의 취득이 필요하다(물론 후자의 경우 각종 점유대용제도를 통한 취득도 인정된다). 더 근본적으로 점유법은 법적 평화보장의 기능을 담당한다. 이것은 오늘날과 같이 법체계가 발전하고 안정적이면 그 중요성이 별로 의식되지 않지만, '평화보장'은 법이 담당해야 하는 1차적 기능이고, 국가권력이 강하지 않았던 전근대사회에서 이것은 법의 본연의 임무 중 하나였다. 그리고 이것을 위한 제도가 바로 '점유보호청구권'인데, 민법 제204조 내지 제207조에서 이를 규정하고 있다.

다음으로 점유자가 된다는 것은 무슨 의미인가? 전술했듯이 점유자가 되면 '권리취득'이나 '점유보호'를 받는 것도 있지만, 다른 한편으로는 소유물반환청구(제213조)의 피고가 되거나 각종 책임을 지는 지위(제758조, 제759)에 놓인다는 의미이기도 하다.

로마에서 점유의 개념은 자연적 점유^{naturalis possessio}와 법적 점유^{possidere}로 구별된다. '자연적 점유'는 그야말로 물건의 유체적 지배 상태를 의미하는데 로마 법률가들은 이것을 '집지^{執持, detentio}'(종래에는 '소지'라는 역어를 사용해 왔으나, 유체적 지배의 의미가 약해 '집지'로 변경한다)라고 불렀다. 반면에 '법적 점유'는 기본적으로 소유의 의사가 전제되는 '자주점유'만을 의미했다. 그렇기 때문에 로마에서는 점유보조자(제195조)는 물론이고, 그밖에 타주점유자들(대표적으로 임차인)은 '점유자^{possessor}'가 아니었다.

이에 따라 고전기 로마법상에서 점유는 두 가지 맥락으로 나누어 이해해야 한다. 하나는 시민법상 점유^{civilis possessio}

인데, 이것은 권리취득 맥락에서의 점유로서 자주점유만을 포함한다. 다른 하나는 법정관법상 보호받는 점유possessio ad interdicta인데, 이것은 점유보호 맥락에서의 점유로서 자주점유자 외에 법 정책적으로 점유보호가 필요한 타주점유자에까지 확대된다. 무엇보다 점유보호가 필요한 후자에게는 당사자의 신청에 의해 법정관이 점유보호 특시명령interdicta possessoria을 부여했는데, 이것은 본권소송에 앞서 피고 지위를 확정한다는 점에서 매우 중요한 기능을 했다. 즉, 소유물반환청구에서는 공격하는 원고보다는 방어하는 피고의 지위에 서는 것이 더 유리한데, 소유권 입증이 쉬운 일이 아니기 때문이다. 로마 법률가들은 이것을 "점유자의 지위가 더 유리하다melior est causa possidentis"(D.50.17.126.2)는 말로 표현했다.

우리나라 민법은 "물건을 사실상 지배하는 자는 점유권이 있다"라고 통일적 점유 개념을 규정하고 있지만(제192조 제1항. 따라서 로마법과 달리 타주점유자도 점유자다), 이와 같이 점유의 문제 맥락을 고려하지 않은 규정으로 인해 점유법을 이해하는 데 많은 어려움을 초래하게 됐다. 무엇보다 사실상의 지배를 점유'권'으로 명명함으로 인해 그 혼란이 더욱 가중됐다. 그런데 우리 점유법도 로마법에서 다루어진 문제 맥락을 구별해 살펴보면 각 제도를 이해하는 데 큰 도움이 된다(이에 관해서는 김형석, "법에서의 사실적 지배: 우리 점유법의 특성과 문제점", 민사법학 36(2007) 참조). 그런 맥락에서 권리취득의 요건으로 점유와 점유보호청구권으로서의 점유의 구별은 중요하다.

로마법에서 도둑의 점유는 어떤 의미였나

민법에서 점유법을 공부하다 보면, '자주점유自主占有'라는 개념을 배운다. 자주점유란 소유의 의사로 하는 점유를 말하는데, 그 예 중 하나가 '도둑의 점유도 자주점유다'라는 말이다. 아마도 점유가 본권과는 무관한 것을 강조하기 위함으로 보인다. 한편 민법에서는 점유를 "사실상의 지배"로 정의한 후(제192조 제1항), 자주점유를 '추정'해 준다(제197조 제1항). 그에 따라 민법상 부동산 점유시효취득 요건으로서의 자주점유(제245조 제1항)에 '도둑의 점유'까지 포함해 해석해 오다가, 놀랍게도 그것이 판례에서 깨지게 된 것이 1997년 대법원 전원합의체 판결을 통해서다(대법원 1997. 8. 21. 선고 95다28625 전원합의체 판결). 이것이야말로 점유의 두 가지 문제 맥락, 즉 권리취득과 점유보호를 혼동한 데서 온 것으로, 초등학생한테 물어보더라도 남의 물건을 내 것이라고 여기며 몇 년 동안 점유하면 그것이 자기 것이 된다는 것에 대해서는 꽤나 의아함을 느낄 것이다. 그럼에도 그런 해석론이 법조문에 의한 논리적 해석으로 오랫동안 인정되었다는 사실이 놀라울 따름이다.

로마에서 도둑의 점유는 자주점유이지만, 소유자와의 관계에서는 하자 있는 점유(은비 점유)에 해당한다. 물론 도둑의 점유라 하더라도 소유자 이외의 자로부터는 점유보호를 받을 수는 있지만(즉, 도둑이라 하더라도 점유보호 특시명령을 신청할 수 있다), 권리취득에 있어서는 인정받지 못하는 점유다. 그리하여 절도범은 물건의 소유권을 취득할 수 없을 뿐만 아니라 시효취득도 불가능한데, 이는 도품 자체는 점용시효취득으로부터 배제되어 있을 뿐만 아니라, 그 자신은 악의의 점유자이므로 시효취득 자체를 원용할 지위에 있지도 않다.

물론 도둑 스스로 갑자기 점유의 권원을 바꾸는 것도 불가능했다Nemo sibi ipse causam possessionis mutare potest(D.41.2.3.19). 오히려 도둑은 소유자로부터 물物추급 목적으로 소유물반환소권, 징벌금소권으로서 절도소권, 나아가 대인소권으로 절도원인반환청구소권condictio furtiva의 책임을 지는 지위에 있었고, 도둑이 소유자로부터 적반하장격으로 권리를 주장하는 것은 '법의 제국'이었던 로마법에서는 상상할 수 없는 일이었다.

로마법상 상린관계 규율

민법에는 '상린관계' 규정들이 있다(제215조 내지 제244조). 조문을 하나하나 읽어보면 흥미로운 내용들이 많지만, 최근 문제가 되는 생활방해(제217조)나 주위토지통행권(제219조) 정도를 제외하면 실제 쓰이는 조문은 그리 많지 않다. 그래서 민법 수업 시간에서 그냥 넘어가는 경우가 많다.

로마법은 다양한 생활 관계를 반영한 역권役權, servitutes이 매우 발달해 있었고, 로마 시대 상린관계는 많은 부분 역권에 의해 규율됐다. 우리 민법에도 지역권(제2편 제5장)이 있지만 실무상 거의 활용되지 않는 것과는 대비된다.

로마법상 제한물권으로서 역권(로마법에는 인역권도 있으므로, 그중에서도 물物역권)은 토지역권(향촌부동산 역권servitutes praediorum rusticorum. D.8.3)뿐만 아니라 건물역권(도회부동산 역권

servitutes praediorum urbanorum. D.8.2)도 있었다.

구체적인 예를 들면 지역권 중에서 통행역권의 경우 그 내용에 따라 사람이 도보로 통행하는 역권iter, 가축을 몰고 통행할 수 있는 역권actus, 그리고 가축에 수레까지 달고 통행할 수 있는 역권via으로 세분화되어 있었고, 부동산을 매매할 때는 요역지를 위한 역권도 같이 매수하거나 역권의 부담이 없을 것을 보장하는 식의 거래(이른바 "최적 및 최상의 상태로uti optimus maximusque est" 조항의 삽입)가 이루어졌다.

건물역권으로는 건축 관련해 건축고도제한역권ius altius non tollendi(승역지가 일정 고도 이상으로 건축하지 않을 부담을 지우는 지역권), 고도역권ius altius tollendi(요역지가 높게 건축하는 것을 승역지가 수인할 것을 내용으로 하는 지역권), 그리고 최근 우리 경우에도 문제가 되고 있는 일조권과 조망권을 보장하는 역권까지 있었다. 역권을 통한 상린관계 규율이 의미하는 바는, 법에서 정한 대로의 획일적 규율이 아니라, 당사자들이 합의를 통해 필요한 범위 내에서 권리를 설정했다는 데 있고, 이는 분쟁 방지 측면에서 유리한 점이 있었다.

역권 외에도 로마법상 상린관계와 관련해서는 다음 세 가지 제도가 중요했다. 이런 제도들은 분쟁을 사전에 방지하는 '예방법학'적 관점에서도 우리에게 시사하는 바가 크다.

- **미발생손해 담보문답계약**cautio damni infecti: 이웃한 건물 기타 공작물의 붕괴 위험에 대비하기 위한 것으로 그런 위험이 발생하면 신청 자격이 있는 자가 관할관(법정관 또는 관할 정무관)에게 신청하면, 관할관은 사정심리 후에 피신청인에게 일정한 법적 조치를 취하도록 해서 건물 붕괴를 미연에 방지했다(상세는 최병조, 『논고』, 70면 이하).

- **신축공사 유지통고**operis novi nuntiatio: 신축공사로 인해 자기 재산에 대한 재산 이용의 방해를 받거나, 신축공사로 인해 초래될 손해를 방지하기 위해, 그리고 공공장소나 공도公道의 사용을 위태롭게 할 경우 신축자에게 통고하고, 통고받은 자는 건축을 중지하거나, 담보를 제공할 의무가 있었다. 담보 미제공시 통고자는 법정관에게 "신축공사 금지통고에 기한 철거 특시명령 interdictum ex operis novi nuntiatione"을 신청할 수 있었고, 법정관의 특시명령에도 불응하면 본안 소송이 진행됐다.

한편 신축자는 일정한 사유를 입증해 법정관에게 신
축공사 통고 취소를 신청할 수 있었다.

· **우수방제소권**雨水防除訴權, actio aquae pluviae arcendae: 자기 토지에
서 인위적 공사를 마친 후에 자연적인 빗물의 흐름에
변경이 가해져 아래쪽에 있는 토지가 손해를 입을 우
려가 있는 경우, 피해의 우려가 있는 토지의 소유자에
게 공사가 이루어지는 토지의 소유자를 상대로 방해
제거와 원상회복을 청구하는 소권이다.

필요한 재화를 얻는 방법: 매매와 임약

로마는 물권만이 아니라 계약유형도 법정주의였다. 이 말의 의미는 소권법체계를 취하는 로마법에서는 법에서 정한 유형의 계약에만 본래 소권을 부여했다는 것이다. 로마 법률가들은 각 계약관계를 엄밀하게 분석해 계약관계의 본성natura contractus에 합당한 규율의 결과를 바로 전형계약으로 반영했다.

우리 나라의 민법이 계약자유라고 하면서도 '전형계약'으로 14종(2015년에 도입된 여행계약을 포함하면 15종)이 계약각칙에 규정되어 있는 것은, 거슬러 올라가면 로마법에서 비롯한 것이다(물론 증여, 교환, 현상광고, 종신정기금, 그리고 여행계약은 고전기 로마법상 전형계약이 아니었다). 그 대표적인 계약인 매매와 임약에 대해 민법과의 비교를 중심으로 간단히 살펴보자.

물건을 사고파는 거래: 매매

로마법상 매매는 물건을 사고파는 계약이다emptio et venditio(민법상 매매賣買는 '팔고 사는 것'이다). 매매의 목적물은 물건이 대부분이지만, 권리도 사고팔 수 있다(앞에서 지역권을 사고팔 수 있음을 설명한 바 있다). 로마법상 매매는 낙성계약이라는 점에서 우리의 민법과 동일하다. 그러나 우리 민법상 매도인은 재산권의 이전의무가 있지만(제563조 "…매매는 당사자 일방이 재산권을 상대방에 이전할 것을 약정하고…", 제568조 "매도인은 매수인에 대해 매매의 목적이 된 권리를 이전하여야 하며…"), 로마법에는 매도인에게 재산권이전의무가 없다는 점이 다르다. 오히려 로마법상으로는 매도인과 달리 매수인은 대금으로 지급하는 주화의 소유권이전의무가 인정되는데, 우리 민법에서는 '금전은 점유하는 자가 소유한다'는 확고한 법리로 인해 이 점은 크게 문제되지 않는다.

　로마에서 매도인은 물건의 인도 의무와 함께 물건에 대한 온전한 점유vacua possessio를 이전하고, 일정 기간 평온한 보유^{habere licere}만을 보장해 주면 된다(그것을 로마 사람들은 "uti frui habere possidereque licere"라고 했는데, 그 의미는 '사용·수익·보유 및 점유의 허용'으로, 줄여서 'habere licere'라고 한다). 그 기간은 부동산 2년, 동산 1년으로 이 기간 동안 매수인이 점유하면 매수인은 그 물건을 '점용시효취득'를 통해 원시취득한다(물론 도품과 강탈물은 점용시효취득이 불가능하다). 결과적으로 매도인 입장에서는 매수인에게 2년 또는 1년간 평온하게 보유할 수 있도록만 해주면 되는데, 만약 그 기간 내에 어떤 자가 와서 물건에 대한 소유권을 주장하면 매도인은 매수인을 도우러 와야 한다. 만약 패소하는 경우, 즉 '추탈^{追奪, evictio}'당하게 되면 매수인은 매도인을 상대로 추탈담보책임을 물을 수 있었다.

거래 현실에서 이루어지는 매매의 대부분은 매매계약의 체결과 쌍방의 이행이 한꺼번에 이루어지는 '현실매매'다. 그런데 부동산 매매이거나 고가의 물건을 매매할 경우 매매계약의 체결과 이행(물건의 인도와 대금지급) 사이에 시간적 간격이 있는 '기한매매'가 이루어진다. 매매가 낙성계약이라는 점은 현실매매에서보다는 기한매매에서 그 의미가 있다.

그런데 로마에서는 매매를 낙성계약으로 발전시켰으나 (최병조 교수의 표현에 따르면 "로마적 신의의 승리"), 법리에 있어서는 현실매매의 흔적을 남겨두었다. 그 대표적인 예가 매매계약 성립(로마 법률가들은 이것을 "매매계약의 완성emptio perfecta"이라고 불렀다) 이후 매도인은 매매목적물에 대해 매우 엄격한 보관책임custodia을 부담하면서(매도인은 불가항력에 의한 멸실임을 입증해야 면책된다), 이후 그 물건에 발생한 이익 또는 불이익은 매수인에게 귀속된다는 것이었다.

그 결과 로마법에서는 이것이 매수인위험부담주의periculum emptoris est가 되었는데, 우리 민법이 채무자위험부담주의(제537조), 즉 매도인위험부담주의를 취하고 있는 것과는 대비된다. 우리로서는 다소 의아하게 보이지만, 로마법상 매수인위험부담주의는 다름 아닌 매매완성시를 기준으로 양당사자 간의 이익조정의 방식이라는 점에서 이해할 수 있다(서을오, 『서양 사법사 강의』, 250면 이하 참조). 그리하여 양당사자의 귀책사유 없는 멸실과 같은 불이익뿐만 아니라 덤으로 얻은 이익까지도 매수인에게 귀속하게 된다. 유스티니아누스 황제의 법학제요에는 이 내용이 간명하게 설명되어 있다.

Inst.3.23.3(법학제요, 제3권 제23장 제3절)

그런데 매매가 체결되는 경우(서면 없이 일이 행하여져도 대금에 관하여 합의되는 즉시 매매가 이루어졌다고 짐이 기술하였다), 매도 된 물건의 위험은, 그 물건이 매수인에게 아직 인도되지 않았더라도, 즉시 매수인에게 속한다. 따라서 노예가 사망하거나 신체 일부에 상해를 입은 경우, 건물의 전체 또는 일부가 화재로 소실燒失된 경우, 토지가 하천의 수세水勢로 전부 또는 일부가 떨어져 나가거나 물의 범람 또는 소용돌이로 뽑힌 나무들에 의하여 매우 축소되거나 악화된 경우 손해는 매수인의 것이고, 그리하여 물건은 얻지 못하더라도 대금은 지급하여야만 한다. 즉, 매도인의 악의와 과실 없이 발생하는 것은 무엇이든 그에 있어서 매도인은 안전하다. 그런데 매매 후에 토지에 무엇인가가 충적沖積, alluvio을 통하여 부합되는 경우, 매수인의 이익에 속한다. 즉, 위험을 부담하는 자에게 이익도 속하여야 하기 때문이다.[번역은 성중모 초역을 기초로 수정함]

빌려주고 빌리는 삶: 임대차, 고용, 도급

살다 보면 필요한 것을 다른 사람에게 빌릴 경우들이 생긴다. 어떤 물건을 무상으로 빌릴 수도 있지만(그 경우는 사용대차), 유상으로 빌려야 하는 경우는 임대차 관계가 된다. 물건뿐만 아니라 다른 사람의 노무(일손)를 빌릴 때도 있다. 그 경우 그 대가를 지급하면 고용관계가 된다. 한편 어떤 일 자체를 다른 사람에게 맡길 때도 있는데, 이런 경우 그 대가로 보수를 지급한다면 도급이 된다. 이와 같이 민법은 임대차(제618조 이하), 고용(제655조 이하), 도급(제664조 이하)을 구분해 별개의 전형계약으로 규율하고 있지만, 로마인들은 이 세 가지 계약을 통칭해 '임약'이라고 불렀다.(D.19.2)

이 세 가지 계약의 공통점이 무엇인지 우리로서는 선뜻 이해가 가지 않지만, 로마인들에게 이 세 가지는 우선 매매와 마찬가지로 대가(차임, 보수)로 금전merces이 지급된다는 점이 중요했다. 핵심은 라틴어 'locare' 동사에 있는데, 영어로 'put', 'place'라는 뜻으로 그 대상이 물건res이면 임대차locatio conductio rei, 노무opera면 고용locatio conductio operarum, 일opus이면 도급locatio conductio operis이다. 따라서 주는 쪽을 'locator'라고 불렀는데 임대인, 노무자, 도급인이 이에 해당하고, 받는 쪽을 'conductor'라고 불렀는데 임차인, 사용자, 수급인이 이에 해당한다.

우리는 임대인-사용자-도급인을 한 쌍으로, 임차인-노무자-수급인을 다른 한 쌍으로 묶어서 생각하기 쉬운데(아마도 계약관계에서 갑에 해당하는 지위라서?), 로마에서는 고용계약의 경우 노무를 주는 쪽이 노무자이고 빌리는 쪽이 사용자이므로 노무자가 'locator'에 해당한다('conductor'를 돈을 주는 쪽으로 보아도 안 된다. 임대차와 고용의 경우에는 'conductor'가 차임 또는 보수를 지급하지만, 도급의 경우 보수를 지급하는 쪽은 'locator'인 도급인이다).

관련 사료를 보면 임대차 관련해서는 다양한 사료가 전승되는데, 주로 농지, 건물(주택), 동산, 특히 노예 임대차 사안이 다루어진다. 도급의 경우에는 건축, 운송, 세탁/수선 등의 사안이 전해진다. 이에 비해 고용은 로마법 사료에서는 잘 다루어지지 않고 있다. 여기에는 '임노동^{賃勞動}'이라는 말에 담겨 있듯이 돈을 받고 노무를 제공한다는 것에 대한 로마 자유인들의 거부감이 자리 잡고 있다. 로마에서 자유인의 전문적인 고급노무(가령 교사, 의사, 변호사, 중개인, 토지측량사 등)는 대체로 우의^{友誼, amicitia}에 기반해 부탁하는 관계, 즉 위임을 통해 제공됐다.

그리고 이와 같은 자유인에 걸맞은 노무^{artes liberales}를 자유인 사이에서 돈을 받고 거래한다는 것은 로마인들의 관념으로는 받아들이기 힘들었고, 그 결과 로마법상 위임은 무상이었다(민법의 경우에는 유상위임도 가능하지만, 무상위임이 기본값이다. 제686조 제1항 참조). 다음 키케로의 변호 연설에는 로마인들의 이 같은 관념이 잘 나타나 있다.

키케로, 로스키우스 변호 연설(BC 80)

[111] 소홀히 하거나 제 이득을 챙기려면, 왜 수임합니까? 왜 돕고 의무를 다하는 척하며 남의 이익을 방해하고 가로막습니까? 물러나십시오. 다른 사람에게 일을 맡길 것입니다. 당신은 감당할 수 있다고 생각해서 떠맡습니다. 하지만 사람들은 신중하게 임무를 맡기에, 감당치 못하는 법이 없습니다.[번역은 김남우 외 역, 설득의 정치, 65면을 약간 손질함]

이에 따라 실제로 고용에 의해 제공되는 노무는 주로 저급한 노무들^{operae illiberales}에 해당되었고(그 예로는 키케로 의무론 1.42.150 이하 참조. 번역은 최병조, 『연구』, 434면 이하), 이런 사안들은 로마 사회에서는 대체로 노예를 통해 이루어졌거나, 노예 자체를 임차해 이루어졌다. 고용계약이 민법상 전형계약에 들어와 있음에도 민법보다는 근로기준법 등의 특별법에 의해 규율되는 오늘날 우리 법의 모습도 이런 로마법의 영향을 반영하는 것은 아닐까?(로마법상 고용계약에 관해서는 최병조,『법과 생활』247면 이하 참조)

로마 시대 변호사의 수임료 규율

앞에서 자유인의 전문적인 고급노무에는 변호사의 사건 수임이 있고, 그 경우 위임법이 적용되어 무상이라고 설명했다. 그러나 현실에서 변호사의 사건 수임이 무상으로만 이루어지지는 않았다. 실제로 변호사의 수임료에 대한 약정이 이루어졌고, 그에 따라 금전이 수수됐다(기원전 204년의 킨키우스법에는 타인을 위해 법정 변론한 자가 증여받는 것을 금지하고 있는데, 이런 내용이 법으로 만들어진 것 자체가 위임이 무상이므로 우회해 돈을 받는 일이 사회적으로 빈번하게 이루어지고 있었다는 반증으로 보인다).

그런데 흥미로운 것은 로마 법률가들은 이것을 '보수'라고 부르지 않고(그렇다면 '임약'이 되어버린다) '사례금honorarium' 이라고 불렀으며, 그러면서 위임은 무상이기에 정규의 소

송절차로는 약정한 사례금을 소구할 수 없기에, 비상심리
절차를 통해 변호사 수임료 청구가 이루어졌다는 점이다.
제정기에 이르면 변호사의 수임료에 대한 법정한도가 정
해진다(이에 관해서는 최병조, "로마법상 법률가의 윤리", 『법률가
의 윤리와 책임』, 박영사(2003) 참조. 특히 "법조윤리장전"에 해당하
는 발렌티니아누스/발렌스 황제의 칙법 C.2.6.6.pr.-6 (368년)은 일
독을 권한다).

D.50.13.1.12 울피아누스, 『재판기관론』 제8권.

사례금이 담보문답계약으로 약속되었거나 소송에 관하여
무방식으로 약정한 경우 청구할 수 있는지 살펴보자. 그런
데 참으로 무방식 약정에 관하여서는 우리의 황제[= 세베루스
알렉산데르] 및 신황神皇인 그의 부황[=엘라가발루스]에 의하여
다음과 같이 칙답되었다: "소송을 원인으로 악습에 따라서
금원이 그대에게 약속되었음은 그대 자신도 시인한다. 그런
데 이것은 소송 계속 중에 장래의 이익의 분여를 담보문답
계약이 약속하는 경우에 법이 그러한 것이다. 그러나 소송
종료 후에 사례금이 약속된 때에는 비록 성공보수금의 명목
으로 약속되었을지라도 적정한 금액까지 청구할 수 있을 것

이다. 다만 주어진 금액이 채무금과 합산되고 합계금이 법정 허용금액을 초과하지 않아야 한다.” 그런데 법정 허용금액은 사건당 100금까지인 것으로 이해된다.[번역은 최병조, “로마법상 법률가의 윤리” 참조]

D.50.13.1.10 울피아누스, 『재판기관론』 제8권.

변호사들의 사례금에 관하여 재판관은 다음과 같이 처결하여야만 한다. 즉, 소송의 형태, 변호사의 언변 및 그가 활동할 것이었던 법원과 소송의 관행에 따라서 산정한다. 다만 법정 허용 사례금액을 그 산정액이 초과하여서는 안 된다. 왜냐하면 이와 같은 내용이 우리의 황제 및 그의 부황의 칙답에 포함되었기 때문이다. 그 칙답의 문언은 다음과 같다. “그대가 그대의 송사의 변호인patronus이기를 원하였던, 율리우스 마테르누스가 인수한 신의를 제공할 용의가 있다면, 그대는 오직 법정의 한도를 초과한 금액만을 반환청구하여야만 한다.”[번역은 최병조, “로마법상 법률가의 윤리” 참조]

부당한 이득은 반환되어야 한다: 로마 부당이득법

"부당한 이득은 반환되어야 한다"는 말은 일반인에게는 지극히 상식적으로 들리지만, 그것이 법에서 일반화된 법리로 인정된 것은 비교적 근래의 일이다(민법 제741조 참조). 로마법에도 "아무도 타인의 손실로 부당하게 이득하지 않는 것이 자연법상의 정의다Iure naturae aequum est neminem cum alterius detrimento et iniuria fieri locupletiorem"(Pomp.D.50.17.206)라는 폼포니우스의 유명한 법언이 전해지지만, 이것은 어디까지나 선언적인 의미였고, 로마 법률가들에게 중요한 것은 소권법적 규율이었다.

오늘날 부당이득반환청구에 해당하는 사안에서 사용된 소권은 이득반환청구소권condictio이 있다. 이것은 확정물certa res 또는 확정금^{certa pecunia}의 반환청구를 내용으로 하는 소권으로, 대여금반환청구도 이 소권으로 했다.

흥미로운 것은 고전기 로마 법률가였던 가이우스는, 착오 비채변제 사안에서의 수령자는 "마치 소비대차금을 받았던 것과 같이^{ac si mutuum accepisset}" 확정금에 대한 반환의무가 있다고 보아 비채변제 사안을 소비대차 다음에서 요물방식으로 성립하는 채무의 일종으로 설명하고 있다는 것이다(Gai.3.91). 그런데 이것이 유스티니아누스 황제의 법학제요에서도 반복되면서 비채변제가 '준계약'으로 분류된다(Inst.3.27.6).

우리가 보기에는 다소 어색하지만, 소권법체계를 취하고 있는 로마에서는 두 경우 모두 이득반환청구소권을 사용한다는 점에서 양자가 자연스럽게 연결되었던 것으로 보인다(D.12.1). 그리고 이런 준계약적 구성은 후대에 부당이득법이 독자적 법의 영역으로 발전해 나가는 과정에서 오랜 기간 걸림돌이 되고 만다.

이득반환청구소권이 활용된 또 다른 중요한 사안은 앞에서 다룬 목적급부^{datio ob rem} 사안이다. 즉, 일방이 먼저 선이행했는데(역시 요물방식이 전제됨) 상대방이 이행하지 않는 경우는 전형계약이 아니어서 상대방에게 소구할 수 없었다. 따라서 선이행 당사자는 자기가 이행한 것의 반환청구만을 할 수 있었는데, 이때 이득반환청구소권이 사용됐다. 그리고 이 사안을 로마 법률가들은 '목적이 주어졌으나 목적이 불달성된 경우'의 이득반환청구소권condictio causa data causa non secuta이라고 불렀다(D.12.4). 로마법상 부당이득법은 바로 이 두 사안 유형을 중심으로 발전하게 된다.

고전기에 주류로 자리 잡은 프로쿨루스 학파는 이런 배경하에서 이득반환청구소권의 요건을 '재산공여datio + 원인 없음sine causa'으로 정식화했는데, 이것은 오늘날의 개념으로 하면 급부부당이득 사안을 중심으로 부당이득법이 발전하는 계기가 된다. 여기에 사비누스 학파에서는 재산이동의 정당성iniusta causa 측면에서 요건·효과를 확장시키는데, 가령 요건 면에 있어서는 급부datio가 없는 가치이전 사안에서도 소권을 인정하고, 효과 면에서는 원물반환 불능 시 가액반환을 인정함으로써(D.12.1.33; D.39.6.37.1) 더욱 발전시켜 나간다.

그러나 중세 이후에는 비채변제 사안을 중심으로 계속 준계약 이론을 답습했고, 일부 과감한 일반화의 시도가 있었으나 실패했다. 로마법의 관련 사료들을 천착한 사비니에 이르러서 "우리의 재산으로부터의 타인의 원인 없는 이득grundlose Bereicherung des Andern aus unsrem Vermögen"이라는 공통 원리에 기초해 일반부당이득론이 정초되었고, 그 후의 성과가 독일민법전에 일반조항으로 규정되는데(독일민법전 제812조), 그것이 우리나라 민법 제741조로 이어진다.

그 후에 이 일반조항을 근거로 통일설이 자리 잡게 되었으나, 다종다기한 부당이득 사안을 하나의 규정으로 처리하는 것의 어려움으로 인해 유형설이 받아들여졌고, 우리나라에서도 유형설이 유력설로 주장되다가 2000년대 들어서는 판례에서도 받아들여지고 있는 추세다.

로마법 이후의 부당이득법의 역사적 발전 과정은 로마법상 소권법적 규율에서 비롯된 우연적 요소가 후대인들에게 강하게 각인되었고, 이후 그것을 극복하기 위한 노력의 결과 신승辛勝을 거둔 과정으로 요약할 수 있다. 그리고 어쩌면 우리 앞에는 구체적 사안의 유형들을 사상捨象시킨 무리한 일반화가 초래한 부작용을 극복해야 하는 또 다른 과제가 놓여 있는 것은 아닌가 하는 생각이 든다.

타인의 생활영역에 대한 개입:
금지된 개입 사안에서의 이익 조정 문제

당사자의 부탁이 있거나 부득이한 경우 타인의 이익을 위해 타인의 생활영역에 개입하는 경우가 있다. 우리는 전자를 '위임'이라고 하고(민법 제680조 이하), 후자를 '사무관리'라고 한다(민법 제734조 이하). 그런데 이런 경우에 해당하지 않는데도 타인의 생활영역에 개입하는 경우가 있다. 영어로는 'officious intermeddling'이라고 하고, 우리말로 하자면 '오지랖이 넓은' 경우를 뜻한다. 그 과정에서 손해를 끼쳤다면 당연히 문제가 되겠지만, 결과적으로 잘 처리되어 본인에게 이익이 되더라도 법적으로 문제를 남긴다. 즉, 개입자가 그 이익을 반환하라고 하는 경우 법에서 이것을 인정해야 하는지, 그 근거와 범위는 무엇인지를 판단하는 일이 쉽지 않기 때문이다. 그리고 상황에 따라 그 이익이라는 것이 수익자에게는 이익이 전혀 아닌 경우도 있다(수익자의 입장에서는 전혀 지출하지 않았을 비용을 개입자가 지출한 경우).

다음 칙법은 이른바 '금지된 사무에 대한 개입' 사안을 다루고 있는데, 이 사안에 관여하는 로마 법률가들 사이에서도 첨예한 학설대립이 있었고, 종국에는 6세기 유스티니아누스 황제의 칙법에 의해 결판이 났다. 다음의 칙법을 읽어보고 이런 학설대립의 배경이 무엇이며, 황제가 내린 해결법이 타당한지 생각해 보자(상세는 이상훈, "타인 생활영역의 권한 없는 개입과 이득반환: 법사학적 고찰", 법사학연구, 60(2019) 참조).

C.2.18.24 유스티니아누스 황제(530년)

어떤 자가 사무본인이 원하지 않고 특별히 금지함에도 함부로 그 재산관리에 개입하였다면, 그가 행한 것에 관한 비용상환을 위하여 이런 사무관리자가 사무본인을 상대로 어떤 소권을 가지는지에 대하여 위대한 권위자들 사이에서 의문이 있어 왔다. 1. 소권을 본래소권이나 준소권으로 인정하는 법학자들이 있고, 살비우스 율리아누스도 가담하였던 이를 부정하는 다른 법학자들이 있기에, 짐이 이 문제를 결판하여 다음과 같이 결정한다. 사무본인이 반대하고, 또 그가 자신의 재산을 관리하는 것을 금지한 경우, 율리아누스의 견해에 좇아 어떤 반대소권도 그[= 사무본인]를 상대로 인정하지 않는데, 다만 이는 사무본인이 그에게 자신의 재산에 손대는 것을 불허하면서 그 내용을 그에게 알린 통지가 도달

후에 그러하며, 그에 의하여 재산이 잘 관리되었더라도 그러하다. 2. 즉, 사무본인이 사무처리자에 의하여 많은 비용이 유익하게 지출되었음을 주시하고는, 악의적으로 모르는 척하면서 이미 지출한 것을 상환하지 않기 위하여 그에게 금지시킨다면 어찌할 것인가? 짐은 결코 이를 용인하지 않는 것이다. 그런데 서면으로 통지하든, 서면으로가 아니면 복수의 제3자의 증인 참여하에 통지된 날로부터는 개량을 위하여 지출한 비용에 대하여 그에게 어떤 소권도 인정되지 않는다. 이전의 것에 대하여서는 그것이 유익하게 지출된 것인 한에서 그가 사무본인을 상대로 그 본성상 시효에 걸리는 소권을 가지는 것을 짐은 인정한다.

손해배상을 해야 하는 경우: 로마 불법행위법

살다 보면 의도치 않게 타인에게 피해를 주는 경우가 있다. 이때 손해가 발생했다는 결과만으로 모든 손해를 배상해야 한다면 가혹할 뿐만 아니라 사회활동을 위축시킨다. 그래서 손해배상을 하기 위해 '손해발생'이라는 결과만이 아니라, 책임을 지울 근거로서 고의 또는 과실(주의의무 위반)이 요구되는데, 그것이 바로 '과실책임원칙'이다. 우리 민법은 이런 과실책임원칙을 기반으로 한다(제750조 참조).

근대 민법의 3대 원칙 중 하나로 일컬어지는 과실책임원칙은 근대 민법만의 소산은 아니고, 고대 로마법 역시 이에 기반한다. 로마법상 불법행위는 크게 절도furtum(D.47.2), 강도vi bona rapta, ripina(D.47.8), 불법재물손괴damnum iniuria datum(D.9.2), 그리고 침욕侵辱, iniuria(D.47.10) 등으로 구성된다. 이 중에서 일반적인 불법행위로 인한 재산상 손해에 대한 배상책임에 관해서는 기원전 286년경 평민회의결로 제정된 아퀼리우스법이 적용됐다(D.9.2).

재산손해에 대한 아퀼리우스법

아퀼리우스법은 크게 세 개의 규정으로 되어 있는데, 그중 제1규정은 노예와 사족동물의 살해를, 제3규정은 노예, 사족동물의 상해 및 기타 유체물에 대한 손괴를 규정하고 있다. 해당 규정은 다음과 같다(번역은 최병조, 연구).

제1규정 [노예와 사족동물의 살해]
타인의 남자노예나 여자노예, 또는 사족四足의 군축群畜을 위법하게 살해한 경우는, 그것이 그해 최고가였던 만큼의 금원을 주인에게 배상하라.
제3규정 [노예, 사족동물의 상해 및 기타 모든 유체물의 손괴]
타인에게 위법하게 소각, 파손, 파괴함으로써 손해를 가한 경우는 그 물건이 최근 30일 내의 최고가였던 만큼의 금원을 주인에게 배상하라.

아퀼리우스법은 현대법과 유사하면서도, 차이점도 있다. 먼저 규정 형식에 있어서 객체를 "남자노예나 여자노예, 또는 사족의 군축"이라고 열거하거나 행위 태양을 제1규정에서는 "살해occidere", 제3규정에서는 "소각urere, 파손frangere, 파괴rumpere"로 나열하고 있는 점, 그리고 그 효과로서 "그것이 그해 최고가였던 만큼" 또는 "그 물건이 최근 30일 내의 최고가였던 만큼"을 배상하도록 하는 것이 눈길을 끈다.

전술했듯이 노예는 물건이고 따라서 노예에 대한 살해 또는 상해는 해당 노예의 주인에 대한 재산적 손해라는 점, 그리고 노예와 가축(그중에서도 농사를 짓거나 짐을 나르는 데 쓰는 역축)이 고대 사회에서 중요한 재산이었다는 점을 떠올려 보면, 아퀼리우스법은 로마 시대에 재산손해의 배상에 대한 일반적 규정으로 기능했다. 이렇게 넓은 적용 범위 덕분에 동법은 서양에서는 18세기까지도 법률가들의 저서에서 언급될 정도로 후대에 큰 영향을 미쳤다. 어쨌든 아퀼리우스법에 따라 손해배상의 요건으로 손해발생damnum, 위법성iniuria이 규정되었고, 여기에 더해 법률가들은 과책 요건으로 고의dolus, 과실culpa을 논했다. 관련 사료들을 살펴보자.

D.9.2.8.1 가이우스, 『지방고시주해』 제7권.

미숙련으로 인하여 노새들의 충동을 제어할 수 없었던 경우 마부 역시도 노새들이 타인의 노예를 짓밟는 경우 항용 과실 명목으로 책임진다고 말한다. 체력 부족으로 노새들의 충동을 억제하지 못한 경우도 동일하게 말한다. 그리고 체력 부족이 과실로 치부되는 경우 불공정한 것으로 여겨지지 않는데, 왜냐하면 각인은 자신의 체력 부족이 타인에게 위험할 것을 인식하거나 인식하여야만 하는 일을 맡으려고 하여서는 안 되기 때문이다. 짐을 운반하였던 말의 충동을 미숙련이나 체력 부족으로 인하여 제어할 수 없는 자의 경우도 마찬가지 법리다.[번역은 최병조, 연구]

D.9.2.9.4 울피아누스, 『고시주해』 제18권.

창던지기(투창) 놀이를 하던 자들에 의하여 노예가 살해된 경우, 아퀼리우스법이 적용된다. 그러나 투창연습장에서 창던지기를 하고 있는데 노예가 그곳을 가로질러 간 경우에는 아퀼리우스법이 적용되지 않는데, 왜냐하면 부적절한 때 투창연습장을 통행하여서는 안 되었기 때문이다. 그러나 고의로 노예에게 창을 던진 자는 아퀼리우스법상 책임질 것이

다.[번역은 최병조 대표, 비교민법총서]

D.9.2.11.pr. 울피아누스, 『고시주해』 제18권.

또 멜라가 기술하기를, 사람들이 공놀이를 하던 중에 어떤 자가 매우 세게 공을 쳐서 이발사의 손에 떨어지고 그리하여 이발사가 면도 중이었던 노예의 목이 [접촉하고 있던 면도칼에 의해] 절단된 경우, 그들 중에 과실 있는 자는 누구든지 아퀼리우스법상 책임진다. 프로쿨루스는 이발사에게 과실이 있다고 한다. 물론 관습상 공놀이를 하던 장소이거나 통행이 빈번하였던 장소에서 이발하였다면, 이발사에게 귀책사유가 있다. 비록 위험한 장소에 의자를 놓는 이발사에게 피해노예가 자신을 맡긴 경우, 그는 자신을 탓하여야만 한다는 주장이 부당하지 않더라도 그렇다.[번역은 최병조 대표, 비교민법총서]

"카피톨리움 언덕에서In clivo Capitolino"로 시작하는 다음의 다소 긴 개소는 기원전 1세기에 활동한 법률가 알페누스의 책에서 발췌되었으며, 사안 유형에 따른 정교한 소권법적 논의를 담고 있다. 개소를 잘 읽어본 후 사안유형에 따라 사실관계를 정리해 보고, 부상당한 소년노예의 주인이 누구를 상대로 손해배상청구를 할 수 있는지에 관해 검토해 보자.

D.9.2.52.2 알페누스, 『학설집』 제2권

카피톨리움 언덕에서 노새들이 두 대의 짐수레를 끌고 있었다. 앞선 수레의 몰이꾼들이 노새들이 [짐수레를] 쉽게 끌 수 있도록 뒤로 기운 수레를 밑에서 지탱하였다. 그동안에 위의 수레가 뒤로 밀리기 시작하였고, 두 수레 사이에 있던 몰이꾼들이 중간 틈새에서 빠져나왔을 때 뒤의 수레가 앞의 수레에 떠밀려 뒤로 되굴러 가서 어떤 자의 소년노예를 치었다. 그 소년노예의 주인이 누구를 상대로 자신이 소구^{訴求} 하여야 하는지를 문의하였다.

해답: 사실관계에 법적 처리가 달려 있다.

【사안유형 1】즉, 위에 있던 수레를 지탱하였던 몰이꾼들이 그들 스스로 피하였고, 그래서 노새들이 수레를 버티지 못하고 짐으로 인하여 뒤로 밀리는 일이 발생한 경우라면 그 노새들의 주인을 상대로는 아무런 소권도 없지만, 뒤로 기운 수레를 지탱하였던 사람들을 상대로는 아퀼리우스법 소권으로 소구할 수 있다. 왜냐하면 어떤 것을 지탱하였다가 스

스로 놓아버림으로써 그것이 어떤 자를 타격하게 한 자도 역시 손해를 가하는 것이기 때문이다. 가령 어떤 자가 새끼 당나귀를 몰 때 버티지 못한 경우나, 어떤 자가 손에서 무기 또는 다른 어떤 것을 내던진 경우는 손해를 불법적으로 가하는 것과 마찬가지다.

【사안유형 2】 그러나 노새들이 어떤 것을 두려워하였기 때문에 [수레가 뒤로 밀리고] 몰이꾼들이 공포에 질려서 깔리지 않으려고 수레를 놓아버린 경우 그 사람들을 상대로는 아무런 소권도 없지만, 노새들의 주인을 상대로는 소권[=사족동물가해소권]이 있다.

【사안유형 3】 그러나 노새들도 몰이꾼들도 그런 상황에 있지 않으면서 노새들이 짐을 버틸 수 없었거나 또는 애를 쓰다가 미끄러져 넘어지고 그래서 수레가 뒤로 되굴러 가고 몰이꾼들이 수레가 기울어져 있었으므로 짐을 지탱할 수 없었다면, 노새의 주인을 상대로도, 또 몰이꾼들을 상대로도 소권은 없다.

【보론】 실로 다음은 확실한데, 즉 어떻게 일이 발생하였든 뒤에 있던 노새들의 주인을 상대로는 소구할 수 없으니, 왜냐하면 그 스스로 그런 것이 아니라 떠밀려서 뒤로 되굴러 갔

던 것이기 때문이다.

비재산적 손해에 대한 침욕 불법행위

로마에는 침욕이라는 불법행위가 있었다(D.47.10). 12표법에서는 지체불구화와 골절 다음에 기타의 침욕을 정하고 있는데(제8표 제2조 내지 제4조), 여기에는 다른 사람을 주먹으로 치거나 몽둥이로 때리는 등의 물리적 침해와 언어적 침해가 포함됐다. 그러다가 이후 법정관 고시법을 통해 그 적용 범위가 확대되었는데, 남의 집 앞에 무리를 지어 몰려가서 큰 고함을 지르는 고성비방convicium을 비롯해 강제추행, 스토킹, 기타 재산권행사 방해, 나아가 신용훼손 및 일반적 행동의 자유를 침해하는 사안까지 다양한 행위유형을 포괄한다.

그에 따른 효과로 12표법에는 25아스의 정액배상으로 징벌금poena이 규정되어 있었는데, 가이우스에 따르면 “그 당시에는 매우 가난했기 때문에 이 금전배상액이 충분히 적절한 것으로 인정”되었으나(Gai.3.223), 경제가 발전하면서 계속 그 액수를 적용하는 것이 현실성이 떨어지게 됐다(겔리우스의 『아티카 야화』에는 루키우스 베라티우스Lucius Veratius라는 자의 일화가 전해지는데, 그자는 길을 가다가 이유 없이 지나가는 사람의 따귀를 때린 후에 25아스를 주고 다녔다고 한다. Gell. 20.1.13). 법정관은 이처럼 더 이상 시대에 맞지 않게 된 정액배상제를 폐지하고, 개별 침욕행위의 양태와 결과를 고려해 침욕평가소권actio iniuriarum aestimatoria을 부여했으며, 이에 따라 심판인은 제반 사정을 고려해 가해자에게 징벌금을 부과했다.

자유인을 대상으로 하는 침욕은 정신적 피해뿐만 아니라 신체를 직접 대상으로 하는 상해까지도 포함하는데, 여기서 손해배상은 '비재산적 손해배상'이었다는 것이 중요하다. 원래 침욕이라는 것이 자유인이 당한 '모욕'에 대한 배상이기도 하거니와, 단순한 모욕을 넘어 신체손상을 입고 그로 인한 후유장애가 남았다고 하더라도 이때 자유인이 당한 손해를 '재산적 손해'로 평가하는 것은 고대 로마에서는 물건인 노예에게나 가능한 것이지 자유인에게는 상상할 수 없는 일이었기 때문이다. 이것을 로마인들은 "자유인의 신체는 가액산정 대상이 아니다liberum corpus nullam recipit aestimationem" 또는 "자유는 값을 매길 수 없는 것이다Libertas inaestimabilis res est"(Paul. D.50.17.106)라고 표현했다.

그런데 아퀼리우스법 소권이 후대 불법행위법의 발전

에 있어서 큰 영향을 미쳤던 것과 달리, 침욕소권은 후대에 전승되는 과정에서 두 가지 한계가 있었다.

첫 번째 어려움은, 침욕은 고의를 전제로 하므로 고의가 없는 자유인에 대한 신체손상은 규율 대상에서 벗어난다. 그래서 고의가 인정되지 않는 신체손상은 피해자가 노예인 경우는 그 주인에게 아퀼리우스법상의 손해배상이 인정되지만, 자유인인 경우는 오히려 배상을 받지 못하는 문제에 봉착하게 되었다. 다음의 유명한 '구두수습공 사안'에는 이 문제에 대한 로마 법률가들의 고심이 담겨 있는데, 그로 인해 피해자가 자유인임에도 아퀼리우스법 소권의 인정을 감행하는 결론으로 이어졌다.

D.9.2.5.3 울피아누스,『고시주해』제18권.

선생이 교육과정에서 노예에게 부상을 입히거나 살해한 경우, 아퀼리우스법 소권으로 마치 불법하게 손해가 가하여진 것처럼 책임지는가? 율리아누스도 기술하기를, 교육과정에서 견습공의 눈을 다치게 한 자는 아퀼리우스법상 책임진다고 한다. 따라서 살해된 경우는 훨씬 더 동일한 법리를 말하여야 할 것이다. ¶ 율리아누스의 저서[=『학설집』제86권]에

서 다음과 같은 종류의 사례가 제시된다. 가로되 구두수선
공이 출생자유인 신분인 가자家子 소년에게 그가 가르친 것을
잘하지 못하자, 구두제작용 구두골로 뒷목을 가격하였고 그
결과 소년의 한쪽 안구가 튀어나오게 하였다. 율리아누스
(주 활동시기: 125~170) 가로되, 침욕소권은 성립하지 않는데,
왜냐하면 침욕을 가하기 위하여 가격한 것이 아니고 훈계
하고 가르치기 위하여 가격한 것이기 때문이다. 임약[=도급]
소권에 기하여 책임지는지에 관하여 문제제기를 하는바, 왜
냐하면 가벼운 징계만이 가르치는 자에게 허용되기 때문이
다. ¶ 그런데 사견私見(울피아누스, 190~223)으로는 아퀼리우
스법에 기하여 제소될 수 있음을 의심하지 않는다.

D.9.2.6 파울루스, 『고시주해』 제22권.

왜냐하면 과도한 잔혹함은 선생에게 과실로 여겨지기 때문
이다.

D.9.2.7.pr. 울피아누스, 『고시주해』 제18권.

가로되, 이 소권[=아퀼리우스법 소권]으로 아버지는 눈의 부
상으로 인하여 자기 아들이 노동력 상실로 입을 손해[=일실

손해]와 눈의 치료를 위하여 지출한 비용[=치료비]을 얻을 수 있을 것이다.

두 번째 어려움은 침욕소권이 징벌금소권actio poenalis 중에서도 일신전속성이 대단히 강하게 인정된다는 점이다. 전술했듯이 일반적인 징벌금소권은 가해자 측 책임이 상속되지 않지만, 피해자 측은 상속되어 피해자의 상속인은 소권행사가 가능하다. 그런데 침욕소권은 가해자 측뿐만 아니라 피해자 측의 경우에도 상속이 되지 않는다는 점에서 다른 징벌금소권보다 더 일신전속성이 훨씬 더 강했다(이른바 actio vindictam spirans). 즉, 침욕은 직접 당한 자가 소구해야 하는 것이고, 가령 아버지가 돌아가신 뒤 아버지가 당한 모욕을 아들이 대신 소구할 수는 없다. 물론 아버지가 소를 제기해서 쟁점이 결정된 상태라면 이 경우에도 상속은 인정된다(D.47.10.13.pr.). 어쨌든 이런 강한 일신전속성은 근대로 오면서 권리행사의 제한이라는 한계로 지적된다. 결국 로마에서와는 달리 자유인이 입은 신체손상에 대한 손해배상으로서 침욕소권은 사용되지 않게 된다.

그렇다면 침욕소권은 이제 역사 속 유물에 불과할까?

가령 신체손상을 당한 뒤 치료를 다 받았음에도 몸에 흉터(추흔醜痕 또는 추상醜相이라고 함)가 남았다면 어떠한가? 우리 판례는 "그 추상이 장래의 취직, 직종 선택, 승진, 전직에의 가능성 등에 영향을 미칠 정도로 현저한 경우에는 추상장애로 인해 노동능력의 상실이 있다고 보는 것이 상당하다"라고 보아 이를 재산적 손해로 처리하고 있다(대법원 1993. 11. 23. 선고 93다35421 판결).

현대 사회에서 이런 논리는 크게 어색하지 않게 느껴질 수도 있겠으나, 로마에서는 "자유인의 신체는 가액산정을 받지 않는다"는 법리로 인해 추상장애cicatrix, deformitas는 비재산적 손해로 고려되었을 것이다(관련 사료로는 D.9.1.3(사족동물가해 사안); D.9.3.7(투하물, 유출물 사안) 참조). 더군다나 민법 제751조에서 명문으로 '신체' 손상으로 인한 비재산적 손해배상을 규정하고 있다면, 오늘날에도 이러한 발상을 시대착오적으로 볼 수만은 없을지도 모른다(상세는 이상훈, "로마법상 침욕侵辱 불법행위에 관한 소고", 법사학연구, 61(2020) 참조).

죽음 이후의 법률관계:
유언상속과 무유언상속

민법은 사람이 태어나면서부터 사망할 때까지의 전 생애
뿐만 아니라 사망 이후의 상속 문제까지도 규율한다. 상속
제도는 부富의 세습을 낳는다는 점에서 많은 비판이 제기
되고는 있지만, 오랫동안 인류 사회에 지속되어 온 제도 중
하나다. 특히 유언제도는 피상속인의 사후 재산 처분의 자
유를 부여한다는 점에서 사적자치私的自治의 최종적 실현이
라고 볼 수 있다. 로마는 일찌감치 유언 자유를 확립했고,
로마인들은 유언을 대단히 중시했다(플루타르코스에 의하면
(Cato maior, 9.6), 노老 카토가 자신의 인생에서 후회하는 세 가지
중 하나가 '하루 동안 유언하지 않은 것'이라는 말이 전해질 만큼, 제
대로 된 로마인들에게 유언은 매우 중요한 의미가 있었다). 유언이

없거나 방식 위반으로 효력이 없으면, 무유언상속, 즉 법정 상속이 이루어진다. 유언상속과 무유언 상속에 대해 좀 더 살펴보자.

유언상속

유언은 죽기 전에 남기는 말로, 주로 자필의 문서로 남긴다. 그런데 일반인들이 아는 것과는 달리 법의 세계에서 유언은 법적으로 엄격한 방식을 갖춰야 하고 유언 사항도 법으로 정해져 있다. 그 점에서 유언은 '유서遺書'와는 다르다.

로마법과 민법은 모두 유언제도를 인정하고 있다. 그런데 로마법과 민법에는 중요한 차이가 있다. 로마에서 유언의 핵심은 상속인지정heredis institutio에 있었고, 이것이 유언의 "머리이자 기초caput et fundamentum"에 해당해 모든 유언에는 상속인지정이 반드시 맨 앞에 나와야 했다. 상속인지정을 통해 유언자는 자신의 상속인을 정할 수 있었는데(예: 티티우스는 상속인이 되어라Titius heres esto), 이 점에서 법정상속인(민법 제1000조)만을 인정하는 민법과 비교할 때 로마에서는 사적지치의 인정범위가 더 넓었다고도 볼 수 있다.

물론 로마에서도 대체로 법정상속인에 해당하는 자식

들을 상속인으로 지정했을 테지만, 로마에서의 법정상속
인은 가家 중심의 종족주의agnatio를 기반으로 했기에, 혈연
임에도 법정상속인에 속하지 않는 자들이 있었다. 어쨌든
로마에서는 일면부지一面不知의 피 한 방울 섞이지 않은 사람
도 상속인으로 지정할 수 있었던 만큼, 로마에서 유언자유
는 대단히 광범위하고 중요했다. 그리하여 유언자유를 제
한하는 것은 공서양속 위반에 해당할 정도였다.

그러나 로마에서 처음부터 유언제도가 인정된 것은 아
니었다. 원래는 전시에 군인들이 전투태세를 갖춘 상태에
서 하는 유언 외에 소집된 민회(여기서의 민회는 '쿠리아민회'
를 말한다)에서의 유언testamentum calatis comitiis만 인정되었는데,
이것은 자식 없는 사람들에게 입양 유사의 방식으로 상속
인을 정하고 이를 마을공동체에서 승인해 주는 제도였을
것으로 추측된다. 그런데 이후 신관단의 기여로 동형행위
를 통한 유언testamentum per aes et libram이 인정됐다.

'동형행위'는 전술한 바와 같이 로마의 대표적인 격식행
위로 곳곳에서 활용되었는데, 신탁과 결합해 대단히 창의
적으로 재산의 사후처분을 위해서도 쓰이게 된다. 어떤 자
가 동형행위를 이용해 재산을 가산매득자familiae emptor에게

신탁방식으로 양도하면서 사후 재산의 분배(특정 유증)를 언명nuncupatio한다. 이때 가산매득자는 실제로 재산을 매수하는 자가 아니고, 가산家産을 신탁방식으로 맡아 두는 자인데(그런 의미에서 '가산수탁인家産受託人'에 해당한다), 나중에 자신에게 재산을 맡겼던 자가 사망하면 일단 재산은 가산매득자에게 이전된 뒤 그가 언명에 언급된 자들에게 재산을 분배해 주는, 일종의 간접승계 방식이었다(Gai.2.103-104 참조). 어쨌든 이런 방식으로 생전에 사망 이후의 재산 귀속을 원하는 대로 정할 수 있었고, 처음에는 특정승계였던 것이 점차 포괄승계로 발전하게 된다.

그러다가 공화정 말기에 이르면 동형행위라는 형식과 가산수탁인의 역할은 약화되고, 구체적인 재산분배에 관한 언명nuncupatio의 비중이 늘어나면서 직접승계로 바뀌게 된다. 원래의 구술로 이루어지던 언명을 서면으로 작성학게 되면서 이제 법정관법이 개입해 7인의 증인 입회하에 유언서가 봉인되면 유언의 효력을 인정해 주는 모습으로 발전하게 되고(이른바 bonorum possessio secundum tabulas. 직역히면 유언에 따른 유산권, 줄여서 '의依유언 유산권'), 고전기에 이르면 이런 유언서는 "법정관법상 행해진 유언testamentum iure praetorio factum"으로 완전한 효력을 인정받게 된다.

전술했듯이 로마법상 유언자유의 핵심은 상속인지정에 있지만, 상속인지정이 아니더라도 유언에 의한 재산처분, 즉 유증legatum도 할 수 있었다. 실제 막대한 부의 축적을 이룬 로마에서는 유증이 활발하게 행해졌으며, 그 결과 로마법 사료 중 상당 부분이 유증을 다루고 있다. 유증은 단순히 재산만이 아니라 유언자로부터 명예를 부여받는다는 의미도 있었고, 나아가 공공건물의 축조 등에도 활용됐다.

한편 로마 유언법에서 빠뜨리면 안 되는 것이 바로 신탁유증fideicommissum이다. 이것은 유언자가 수탁자에게 제3자의 이익을 위해 일정한 급부(일정액의 지급, 소유권이전 등)를 해 줄 것을 요청하는 것으로, 유언의 요식성에 구애받지 않는다는 장점이 있었고, 비요식행위이므로 철회 역시 무방식 의사로 할 수 있었다. "누군가의 신의에 맡기다fidei alicuius committere"라는 표현대로 원래는 법적 의무가 아닌 도의적 의무만 발생했으나, 아우구스투스 황제가 신탁유증에 법적 구속성을 인정하고 이후 비상심리절차에 의해 집행되도록 신탁유증을 담당하는 법정관직praetor fideicommissarius을 창설함으로써(D.1.2.2.32) 법적 효력이 인정된다. 유증에 비해 신탁유증은 비요식행위라는 점에서 활용도가 높았고, 점차 양자의 차이가 없어지다가 유스티니아누스 황제가 유증과 신탁유증을 동일하게 취급했다(Inst.2.20.3). 신탁유증은 개별물뿐만 아니라 상속재산 전체 또는 일부에 관한 신탁유증도 인정되었는데, 이를 포괄신탁유증fideicommissum hereditatis이리고 불렀다.

무유언상속

유언이 없거나 유언을 했더라도 방식 위반으로 효력이 없는 경우(후술)는 무유언상속, 즉 법정상속이 개시됐다. 무유언상속법의 발전은 12표법상 가家 중심의 종족주의에서 혈연 중심의 혈족주의cognatio로의 이행으로 요약될 수 있다. 그리고 그 과정은 법정관법에 의해 이루어지는데, 이는 종족주의에 기반한 시민법상의 상속인heres 대신 혈족들에게 유산권bonorum possessio을 부여하는 방식으로 발전하게 된다.

전통적인 시민법상 12표법에 의하면 1순위가 되는 법정상속인은 가내상속인家內相續人, heres suus이다(12표법 제5표 제3조). 가내상속인이란 피상속위 사망 시에 피상속인의 가부장권家父長權, patria potestas하에 있었던 자들로 가부장의 사망으로 더 이상 다른 사람의 가부장권에 복속하지 않는 '자권자自權者, sui iuris'가 되는 사람을 말한다. 남녀 차별이 없었고 혈족이 아니어도, 즉 입양된 자식이라도 무방했다. 여기서 주의해야 할 점은 가부장의 생전에 부권면제父權免除, emancipatio된 자는, 자식이라도 부권면제를 통해 기존의 가家에서 나와 다른 가의 가부장이 되었으므로, 가내상속인이 아니라는 점이다. 피상속인의 손자 역시 할아버지의 가부장권하에 아버지가 생존하고 있다면, 가내상속인이 되지 않는다. 즉, 아래 〈예 1〉에서는 A가 사망하면, 자식 B와 C 모두 가내상속인에 해당하지만, 〈예 2〉에서처럼 C가 아버지 생전에 부권면제된 경우는 B만 가내상속인에 해당한다.

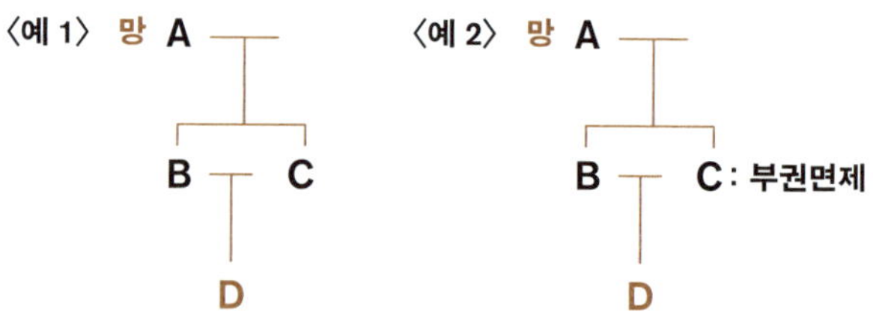

2순위 법정상속인은 가외상속인heredes extranei으로서 최근친의 종족원agnati proximi이다(12표법 제5표 제3조). 종족宗族은 공동 선조에서 나온 남계 비속들로, 통상 혈족으로 구성되지만, 여계친女系親이나 입양 보낸 자식, 부권면제된 자식 등은 혈족이지만 종족은 아니다. 따라서 친자식이라 하더라도 부권면제된 경우에는 2순위 법정상속순위에서도 배제되고 종족원에게 상속된다. 최근친 종족이 없는 경우 3순위 법정상속인은, 공통 조상pater gentis의 자손들로 유래하거나 유래한다고 믿는 가家들의 집단구성원으로서, 씨족원gentiles이었다(12표법 제5표 제4조).

전술한 바와 같이 종족주의는 어디까지나 법적 의미에서의 가족으로, 혈족으로 구성된 가족과는 차이가 있다. 그런데 점차 혈족주의가 강화되면서 공화정 말엽부터 고전기법에 이르는 과정에서 법정관법을 통해 법정상속순위에 변화가 나타난다. 즉, 법정관은 유언이 없는 경우 위에서 설명한 시민법상의 법정상속순위에서 배제된 혈족들에게 이른바 무유언유산권bonorum possessio intestati을 부여해 혈족을 우선하게 된다. 그에 따라 전통적 시민법에 따르면 1순위 상속인은 가내상속인이었지만, 법정관법은 자식에게 1순위 유산권bonorum possessio unde liberi을 부여하는데, 여기에는 가내상속인과 함께 부권면제된 자식이 포함된다.

다만 이 경우 부권면제된 자식이 무유언유산권을 신청하려면 자신이 생전에 부ﬣ로부터 받은 수익재산을 반입collatio bonorum한 뒤에야 상속분에 따른 상속재산을 받게 된다. 이어서 2순위 유산권자unde legitimi는 12표법에서 정한 법정상속인으로 앞에서 가내상속인을 제외한 최근친 종족agnati proximi과 그다음으로 씨족원이었다. 3순위unde cognati에는 혈족이 추가되는데, 원칙적으로는 6촌까지이지만 예외적으로 7촌까지 인정되었고, 마지막 4순위unde vir et uxor는 배우자였다.

참고로 민법상 상속인은 혈족상속인과 배우자상속인으로 구분된다. 로마법상의 법정상속인과 어떤 차이가 있는지 비교해보자.

[참고] 민법 제1000조(상속의 순위) ① 상속에 있어서는 다음 순위로 상속인이 된다.

　1. 피상속인의 직계비속

　2. 피상속인의 직계존속

3. 피상속인의 형제자매

4. 피상속인의 4촌 이내의 방계혈족

② 전항의 경우에 동순위의 상속인이 수인인 때에는 최근친을 선순위로 하고 동친등의 상속인이 수인인 때에는 공동상속인이 된다.

③ 태아는 상속순위에 관하여는 이미 출생한 것으로 본다.

제1003조(배우자의 상속순위) ① 피상속인의 배우자는 제1000조 제1항 제1호와 제2호의 규정에 의한 상속인이 있는 경우에는 그 상속인과 동순위로 공동상속인이 되고 그 상속인이 없는 때에는 단독상속인이 된다.

유류분제도는 어떻게
만들어졌을까?

로마법은 유언자유 확립에서 출발했으나 근친을 고려하지 않은 유언남용 사안이 발생해 사회적으로 많은 문제가 발생하게 된다. 그러자 유언자유에 대한 제한이 이루어지는데, 크게 형식적 제한과 내용적 제한으로 구분된다.

유언자유의 형식적 제한(1)

우선 유언자는 가내상속인이 있는 경우에는 반드시 상속인지정이나 상속제외exheredatio를 해야만 했다. 상속제외 역시 일정한 방식을 따라야 했는데, 아들의 경우에는 반드시 거명해 이루어져야 했고(예: 내 아들 티티우스는 상속제외되어 라Titius filius meus exheres esto), 딸이나 손자 등의 경우에는 일괄해

제외하는 것도 가능했다(예: 나머지 자식들은 모두 상속제외되어라ceteri omnes exheredes sunto).

그렇지 않고 유언에서 가내상속인을 빠뜨리고 넘어가면(이런 경우를 '간과看過, praeteritio'라고 한다) 아들의 경우는 유언 전체가 무효가 되어(그 경우 유언은 '파기rumpere'된다) 법정상속이 개시되었고, 기타의 경우(딸이나 손자 등)에는 상속인지정 부분만 무효가 됐다.

유언자유의 형식적 제한(2)

그런데 이런 제한은 어디까지나 가내상속인만을 대상으로 한다는 점에서 부권면제된 자식은 여기에 해당되지 않았다. 그리하여 그 가내상속인이 아닌 자식(대표적으로 부권면제된 자식)이 유언에서 '간과'된 경우 법정관은 간과된 자식의 신청에 좇아(신청기간 1년) 시민법상 적법하고 유효한 유언자의 유언을 깨고 1순위 무유언상속권bonorum possessio unde libri을 인정했는데, 이것이 반反유언유산권bonorum possessio contra tabulas이었다. 그 취지는 "자식이 가부장권하에 남아 있었더라면 받았을 몫을 분배"하는 데 있었다. 그리고 그 효과는 유언 전부가 아니라 유언 중에서 상속인지정 부분만 무효가 됐다.

따라서 결과적으로 피상속인의 자식들은 모두 균분상속이 되고 가외인家外人만 상속에서 배제된다. 물론 이 경우에도 유언에서 간과된 자식이 1순위 무유언상속분을 받기 위해서는 생전의 아버지로부터 받은 수익재산을 반입해야 한다collatio bonorum. 어쨌든 이런 법정관법상의 반유언유산권을 통해 혈족인 자식을 고려하지 않은 유언자의 상속인지정에 대한 중대한 법적 제한이 이루어졌다.

유언자유의 내용적 제한

반유언유산권은 그 자체로 유언자유에 대한 중대한 제한이었으나, 간과의 경우에만 적용되었으므로 유언자는 여전히 명시적인 상속제외를 통해 자식들을 상속배제할 수 있었다.

이런 빈틈이 발생하자 유언에 대한 내용적 제한이 이루어지는데, 첫 번째가 배륜유언의 소의 도입이고, 두 번째가 법률을 통한 유증제한이다. 그리고 양자가 결합하면서 유언자유와 근친상속권 보장의 절충으로 유류분제도가 형성된다.

유언자유의 내용적 제한(1) : 배륜유언의 소

이유 없이 부모가 자식을 상속제외하거나 간과함으로써 "부당하게 상속제외되었거나 간과되었다"고 하소연하는 자식들이 발생하자, 배륜유언의 소^{querela inofficiosi testamenti}가 도입됐다. 관할은 백인회법정^{centumviri}이었는데 사안의 중대성이 고려된 것 같다. 유언에서 간과되어 재산을 받지 못하게 된 원고는 이 소송에서 "부모가 유언 작성 시에 제정신이 아니었다"라고 주장했다. 그런데 실제 제정신이 아니었다면 유언은 당연히 무효가 되므로, 여기서는 로마에서 중시하는 부모로서 자식을 돌보는 의무(이를 로마에서는 'pietas'라고 한다) 위반이 문제인 것이고, 그래서 이런 의무를 저버렸다는 의미에서 '배륜유언'이라고 부르게 된 것이다(Inst.2.18.pr.).

따라서 배륜유언의 소의 원고는 유언이 없었더라면 상속이 인정되었을 피상속인의 근친이고, 피고는 유언에서 지정된 상속인이었다(제소기한은 5년). 요건은 부모의 유언이 배륜적^{contra officium pietatis}이라는 것인데, 구체적으로는 이유 없이 근친을 상속제외 또는 간과한 것이 여기에 해당한다. 이로써 기존의 '간과'뿐만 아니라 명시적 '상속제외'에 대해서도 다툴 수 있게 됐다. 이때 상속제외 또는 간과의 "이유 없음"에 대한 증명책임이 원고에게 있었는데, 이에 대해 피고는 원고가 상속제외 또는 간과된 데는 그의 처신상의 문제, 가령 부모 생전에 일정한 비행 사실이 있었음을 지적할 수 있었고, 심판인단은 넓은 재량을 가지고 이에 대해 판단했다.

흥미로운 것은 그 효과다. 원고가 승소하면 유언은 취소되고ipso iure rescissum, 승소한 원고는 자신이 피고로 선택한 지정상속인을 상대로 무유언 상속분 청구를 할 수 있었다. 원고가 패소한 경우는 유언에서 받은 것마저 속공屬公당했다. 그 점에서 유언에서 간과 또는 상속제외된 원고는 배륜유언의 소를 제기함에 있어서 부모님 생전에 자신의 처신을 되돌아보며 신중히 기할 필요가 있었다.

유언자유의 내용적 제한(2): 법률을 통한 유증 제한

한편 유언자유의 남용은 유언을 통한 과도한 유증 부담을 통해서도 이루어졌다. 이런 일들이 생기자 기원전 2세기경부터 유증을 제한하기 위한 각종 법률이 만들어지기 시작했다. 가장 먼저 수유자 1인에 대한 유증액 제한을 규정한 푸리우스법lex Furia testamentaria(BC 204~169 사이)이 제정되고, 그 후에는 수유자 1인이 상속인보다 더 많이 유증받는 것을 제한하는 보코니우스법lex Voconia(BC 169)이 제정됐다. 그리고 이런 법률의 결함을 보완해 최종적으로는 상속인에게 상속채무를 공제한 상속재산의 4분의 1을 보장하는 팔키디우스법lex Falcidia(BC 40)이 제성됐다.

팔키디우스법에 따라 보장받는 재산을 '팔키디우스법상의 몫quarta Falcidia'이라고 불렀는데, 그 이상의 유증부담은 무효였다. 동법은 강행법으로, 유언자는 상속인의 팔키디우스법상의 몫을 배제할 수 없었으나, 상속인은 이를 포기할 수 있었다. 그리고 이런 규제는 시간이 지나면서 유증 이외의 모든 사인취득으로 확장됐다.

유류분제도의 형성

팔키디우스법은 앞에서 언급한 배륜유언의 소와 결합해 유류분제도로 나아가는 단초를 만들었다. 즉, 배륜유언의 소의 도입 이후 유언자인 부모가 이유 없이 자식을 상속에서 제외하는 경우 배륜유언의 소를 통해 사후死後 유언이 취소될 수 있는 위험을 부담하게 되자 유언자는 자식에게 좋든 싫든 일정 재산을 남기게 됐다. 이는 배륜유언의 소에서의 배륜성(즉, pietas 위반) 판단에서 고려되었고, 어느 정도 재산을 남겨야 하는지에 관해서는 팔키디우스법을 참조해 법정상속분의 4분의 1로 정착됐다. 이로써 유언자는 자신이 돌보아야 하는 근친들에게 일정 몫의 재산을 보장하는 유언을 남김으로써 유언의 자유와 근친상속인 보호 사이의 균형이 달성됐다.

문제는 유언자가 자식에게 재산을 남기기는 했는데, 계산을 잘못하는 등 남겨야 하는 몫보다 적게 남긴 경우였다. 콘스탄티누스 황제는 이런 경우 선량인의 재정에 좇은 4분의 1의 몫까지 출연이 증가한다는 보충조항을 허용했다. 그리고 최종적으로 유스티니아누스 황제(542년)는 배륜유언의 소를 법정상속인이 아무것도 받지 못한 경우에만 인정하면서, 유언자가 그 몫보다 적게 남긴 경우에는 유류분가액보충소권actio ad supplendam legitimam을 도입해 유언자유와의 절충을 시도했다. 동시에 상속법 개정을 통해 유류분을 종래 4분의 1에서 네 자녀까지는 3분의 1로, 네 자녀 초과 시에는 2분의 1로 상향했다. 이로써 12표법부터 6세기 유스티니아누스법까지 약 천 년 동안의 발전을 거친 로마 유류분제도가 완성된다.

우리 민법은 제정 당시에는 유류분 제도가 없었으나, 1977년 민법 개정을 통해 유류분제도가 포함됐다(제5편 제3장). 민법 제1115조에 규정한 유류분반환청구권의 법적 성질과 관련한 논란이 정리되지 않고 있던 차에, 2010년대 들어서면서 유류분 사건이 급증했다. 이에 대해서는 "불효자 상속권"이라는 폐지론과 "피상속인의 재산권 침해" 또는 "유족의 기초 생계 배려"라는 존치론이 첨예하게 대립했다.

헌법재판소의 세 번의 합헌 결정 끝에 2024년 4월, 형제자매의 유류분에 대해서는 위헌결정하고, 유류분 상실 사유를 규정하지 아니한 것과 기여분을 고려하지 않은 것에 대해서는 헌법불합치결정했다. 이에 따라 2024년 9월 20일에 민법 개정을 통해 상속권상실 선고제도를 신설하고(제1004조의2), 형제자매 유류분 규정을 삭제했다(2026년부터 시행).

그 후 추가 개정작업이 지지부진하다가 최근(2026년 2월 12일)에서야 상속권상실과 기여상속인 보호 등을 내용으로 하는 민법개정안이 국회를 통과해 유류분제도와 관련한 개정 작업은 일단락됐다. 그러나 앞으로 실무에서 어떻게 운용되는지는 여전히 과제로 남아 있다.

로마법상 유류분제도의 역사적 발전 과정을 살펴보면, 유류분 제도의 운영이 쉽지 않은 것은 당연하다. 다른 제도들과 마찬가지로, 유류분제도는 하루아침에 규정을 도입해 만들어진 것이 아니라 유언제도가 보장된 법제에서 유언의 '남용'이 이루어지는 것에 대한 여러 가지 법적 대처의 시행 끝에, 유언자유와 근친상속권 보장의 절충으로 이루어진 역사적 제도이기 때문이다. 물론 그 과정에서 입법자의 결단도 중요하지만, 다종다기한 사례들이 쌓이면서 발생하는 관련 당사자들 간의 이해관계에 대한 법률가들의 면밀한 분석과 제도 시행에 따른 사회 구성원의 합의도 중요하다.

어쩌면 지금 우리가 겪고 있는 과정은 유류분제도의 정착을 위한 '시행착오'의 과정이며, 천 년의 역사를 통해 확립된 로마법을 통해 배울 수 있는 것들이 아직도 많이 남아 있다는 의미일지도 모르겠다.

상속회복청구: 상속재산을 처분한 경우 반환대상과 범위는?

민법에서는 상속인이 아닌데도 자신이 상속인이라고 '참칭僭稱'하면서 다른 사람의 상속재산을 차지하는 경우, 상속인의 진정한 보호를 위해 '상속회복청구권'을 규정하고 있다(제999조). 이 권리는 본디 상속인을 보호해 주기 위함일 텐데, 제2항에서는 "그 침해를 안 날부터 3년, 상속권의 침해행위가 있은 날부터 10년"이라는 제척기간을 규정한다. 그 취지는 상속재산과 관련한 분쟁을 조기에 종식시키는 것으로, 통설과 판례는 이 제척 기간이 경과되면 상속인은 권리를 영영 상실해 버린다고 해석한다. 그 결과 법에서 정한 제척기간이 지나면 상속인은 상속받은 재산에 속하는 개별 물건에 대한 소유권까지도 상실해 버리는 결과가 되어 오히려 상속인에게 불리하게 작용하는데, 이런 해석론에 대한 논란은 아직도 이어지고 있다.

어쨌든 여기서 다루고자 하는 문제는 상속재산의 처분으로 취득한 물건(이것을 대상^{代償}이라고 한다)에 대한 반환청구 인정 여부다. 즉, 상속재산의 점유자가 상속재산을 처분해 버렸고 그 후에 진정한 상속인이 그 처분의 대가로 취득한 것에 대해서도 상속회복청구권을 행사할 수 있는지에 관한 것이다. 일찍이 로마에서 이 같은 사안이 발생했고, 이 문제를 해결하기 위해 원로원의결이 이루어졌는데, 후대 사람들은 이 원로원의결을 유명한 법률가이자 당시 집정관이었던 켈수스의 이름을 따서 '유벤티우스 원로원의결^{Senatus Consultum Iuventiana}'이라고 불렀다. 관련 사료는 'D.5.3.20.6'에 전해진

다(번역 및 상세는 이상훈, "로마법상 유벤티우스 원로원
의결", 서양고전학연구, 62-1(2023), 122면 이하).

D.5.3.20.6 울피아누스『고시주해』제15권.

그 밖에도 우리는 상속재산회복청구에 관하여,
상속재산에 속하는 물건의 매각에 관하여, 과거
의 악의에 관하여, 그리고 과실果實에 관하여서도
많은 논의가 있었음을 알아냈다. 이것들에 관하
여서는 원로원의결로써 관련 규정을 정하였으므
로, 해당 원로원의결의 문구를 제시한 후에 그것
을 해석하는 것이 최선이다. "[AD 129] 3월 14일
에 집정관 퀸투스 율리우스 발부스와 푸블리우
스 유벤티우스 켈수스 티투스 아우피디우스 호
에니우스 세베리아누스가, 신황 트라야누스 파
르티쿠스의 아들이자 신황 네르바의 손자인 지
선지존至善至尊한 원수이시며 국부이신 황제 카이
사르 트라야누스 하드리아누스 아우구스투스께
서 무엇이 정해져야 하는지를 지난 3월 3일에 서
면으로 표명하셨던 건들에 관하여 발의하였고,

그것에 관하여 [원로원의원들은] 다음과 같이 정하였다.

6a. 【사안】루스티쿠스의 재산 중에서 결락재산缺落財産이 황고皇庫를 위하여 청구되기 전에 자신이 상속인이라고 판단하였던 자들이 상속재산을 매각하였는바, 다음과 같이 정한다.

[1] 매도된 물건들의 대금에서 실제로 얻은 금전에 대하여 이자는 추심되지 않고, 동일한 것이 유사한 사안들에서 준수되어야 한다.

6b. [2] 또한 다음과 같이 정한다. 상속재산회복청구의 피고였던 자들은, 패소판결을 받아 판결채무가 되면, 상속재산에 속하는 물건들의 매도로 그들에게 온 대금을, 비록 그 물건들이 상속재산회복청구 전에 멸실하거나 상실되었더라도, 반환할 의무가 있다.

6c. [3] 또한 자신에게 속하지 않는다는 것을 알면서 재산을 모점冒占한 자들은, 비록 쟁점결정 전에 점유를 그만두었더라도, 점유자인 것처럼 유책판결된다.

6c. [4] 그런데 자신에게 속한다고 판단한 것에 관하여 정당한 사유가 있었던 자들은 그 일로 인하여 이득한 상태인 한도에서만 유책판결된다.

6d. [5] 그리고 황고를 위하여 상속재산이 회복청구된 것으로 판단되어야 하는 시점은, 그것이 자신에게 청구되는 것을 그가 처음 알게 된 시점, 즉 그에게 구두통지되었거나 서면이나 공시송달*로 소환통보되었을 즉시다. 원로원이 의결하였다.”

서항에는 이 원로원의결이 내려지게 된 배경과 경위, 그리고 이 원로원의결이 다루고자 하는 내용에 대한 설명이 나온다. 제정기에도 로마에서는 공화정의 전통에 충실하게 집정관이 해마다 두 명씩 있었고, 이 원로원의결이 내려진 해, 즉 기원후 129년은 성고전기를 대표하는 법률가였던 유벤티우스 켈수스가 그중 한 명이었으며(그해 켈수스는 남들은 한 번 하기도 힘들다는 집정관직을 108년에 역임한 후 두 번째 집정관직을 맡고 있었다), 당시 황

* 부재자나 숨은 자에게 하는 법정소환통보

제는 오현제 중 한 명인 하드리아누스(117~138)
였다.

'6a.'에서는 문제가 되었던 사실관계와 소송
경과가 나온다. 루크레티우스라는 사람이 사망했
는데, 어떤 자들이 자신들이 상속인인 줄 알고 상
속재산을 점유하다가 매각해 버렸다. 그리고 이
들을 상대로 비상심리절차를 통해 청구되는 특수
한 유형의 상속재산회복청구인 이른바 결락재산
반환청구caducorum vindicatio가 이루어졌다.

이 사안에 관해서는 두 가지 중요한 법리가 설
시된다. 우선, 원래 상속재산의 점유자만을 피고
로 했던 상속재산회복청구hereditatis petitio에 있어서
피고적격을 확대해, 상속재산의 대상물pretia rerum
hereditariarum의 선의 점유자 및 악의로 상속재산의
점유를 그만둔 자의 경우에도 피고적격을 인정한
다. 아울러 반환책임에서도 점유자의 선악에 따라
구분해, 선의 점유자는 받은 매매대금만을 반환하
고 매각대금의 이자에 대한 반환의무는 없다. 그
리고 이런 내용은 고전기에 이미 상속재산회복청

구 일반으로 확대됐다(C.3.31.1 (170년) 참조).

이런 중요한 법리를 설시함에 있어서 아마 당대 최고 법률가였던 켈수스의 영향을 받았던 것으로 추정된다. 그리고 이 원로원의결에 기초해 관련되는 사안유형에 대한 로마 법률가들의 해석 작업을 통해 상속재산회복청구에 관한 정교한 법리가 만들어진다. 즉, 원로원의결의 계기가 된 상속재산의 매각이라는 사안에서 출발해, 후대의 로마 법률가들은 여기에서 더 나아가 여러 복잡하고 다양한 사안들에 관한 법리를 전개해 나간다. 가령 (1) 점유자가 상속재산에 속하는 물건을 매각하고 그 대금으로 다른 물건을 매입하였는데 새로 매입한 물건의 가치가 매입가보다 낮은 경우 (D.5.3.25.1), (2) 점유자가 상속재산에 속하는 물건을 매각한 후에 다시 그 물건의 점유를 회복한 사안에서 반환대상의 문제(D.5.3.22) 등에 관한 해석론을 전개해 나가며 상속재산의 대상代償 청구에 관한 법리를 완성해 나간 것이다.

로마 법률가들이 다루고 있는 사안들은 실제

일 수도 있고, 논의를 위해 가공한 것일 수도 있는
데, 중요한 것은 실제 사례 여부가 아니라, 이와
같이 로마 법률가들이 사례를 변형해 제시하면서
관련 법리를 더욱 발전시키고 정교하게 다듬어가
는 방식에 있다.

우리가 로마법으로부터 배워야 할 것들

지금까지 로마법의 특징과 로마법상의 몇몇 제도들의 역사적 발전 과정을 간략히 살펴보았다. 이제 로마법이 우리에게 남긴 유산은 무엇인지를 정리하면서 마무리 짓고자 한다.

로마는 오랜 기간 다양한 정체政體하에서 축적해 놓은 경험을 통해 후대에 풍부한 선례를 남겼다. 특히 공화정기 혼합정체는 이후 정치사상과 정치제도의 구상에 중요한 영감이 된 것은 물론이고, 제국을 이루며 500년간 법을 통한 통치를 실현한 것은 인류 역사의 중요한 모범으로 남았다. 로마는 전문 법률가들에 의해 '법학'을 탄생시키고, '법학'을 통해 법을 발전시켰으며, 그로 인해 로마가 멸망한 이후에도 후대인들로 하여금 (몽테스키외의 표현을 빌리자면) "로마인들로부터 떠날 수 없게" 했다(『법의 정신』 11.13 참조).

특히 로마 법률가들에 의한 민법의 발전은 당대뿐만 아니라 후대에도 인류 사회의 진보에 큰 영향을 끼쳤다. 민법은 자유롭고 평등한 개인들로 구성된 공동체의 근간이 되는 법질서로서, 사회를 유지하고 발전시키는 데 필수 요소다. 그리고 이런 민법을 발전시키기 위한 전제는 다름 아닌 사익의 긍정에 기초한 공법과 사법의 준별이다. 이런 토대 위에서 로마 법률가들이 보여준 법률문제를 다루는 방법과 논의 방식은 합리적 논변의 모범으로서 후대 법률가들에게 큰 영향을 끼쳤다.

각론적으로 살펴보면, 로마는 법질서의 전제로 자유롭고 평등한 주체로서의 법인격^{persona} 개념을 남겼다. 로마는 가부장 사회였으나, 로마 법률가들의 인ㅅ 개념에 대한 천착은 법률문제에 있어서 언제나 사람 중심의 고찰로 이어졌다. 또한 로마법은 권리주체인 '나'를 중심으로 물^{物}과 사람의 관계를 반영한 대물소권과 대인소권의 준별을 통해 오늘날 재산권을 물권과 채권으로 구별하는 기준을 제시했다.

　무엇보다 물권법에서의 소유와 점유의 구별은 정치한 법 논리의 산물이며, 특히 로마의 소유권 개념은 오늘날 민법이 그대로 이어받았다고 보아도 무방하다.

　무엇보다 거래 발전을 위한 채권법의 발전은 로마법의 정수인데, 법률관계의 본성natura negotii에 따른 계약관계의 규율과 그 산물로서 전형계약들, 법정채궈관계로서 사무관리, 부당이득법, 불법행위법, 그리고 과실책임 원칙과 그 예외 등은 우리 채권법에도 이어지고 있다. 상속법에서도 유언자유를 토대로 한 유언상속제도, 그리고 유언자유와 근친상속권의 절충을 위한 유류분 제도는 우리에게 많은 시사점을 준다.

　'로마' 내지 '로마법'이 서구에 미친 영향은 비단 사법 분야에만 한정되지 않는다. 큰 틀에서 보자면, 권력 집중을 방지하고 견제와 균형을 통해 시민들의 자유를 확보한다는 공화共和 정신과 '법의 지배'라는 의미의 법치의 선례야말로 로마가 남긴 귀중한 유산이다.

　로마인들은 왕정을 통해 폭정의 폐해를 경험한 뒤 시민의 자유 보장을 위해 권력 집중을 방지하고 '견제와 균형'이 작동하는 정교한 정치체제를 설계하고 꾸준히 실행해

왔다. 이를 위해 공화정^{res pubulica}을 구상하게 되는데, 군주제-귀족정-민주정의 요소를 혼합해 집정관-원로원-민회의 공조 하에 국정을 운영해 나가는 체제가 그것이다. 그리고 법을 집행하는 정무관직을 선출직과 임기제로 구성하고 나아가 동료제를 통해 서로의 권한을 상호 감시하도록 했다.

왕이 없는 공화정에서도 귀족의 권력과 권한 남용이 이루어지자, 평민들은 신분 투쟁을 통해 자유와 평등을 강하게 요구했다. 그 과정에서 귀족과 평민은 정치적 타협을 이루었고, 그 성과를 법제화하는 데 성공했다. 공화정을 통해 이룩한 이와 같은 공동체의 단합과 정치적 안정은 후발주자로서의 로마를 강력한 국가로 만들었다. 그리고 나아가 지중해를 제패함으로써 제국으로 성장하는 발판을 마련했다.

그리하여 공화정 말기에 이르면 키케로는 "모든 국가 중에서 어느 하나도 헌제憲制에 있어서나, 권력의 배분에 있어서나, 질서에 있어서 우리 부조父祖들이 선조들로부터 처음부터 받아서 우리에게 물려주신 나라와 비교할 수 없다"라는 자부심의 표출로 나타난다(『국가론』, 1.47.70. 번역은 최병조, 향연 38면 주 70. 일부 수정).

여기서 한 가지 지적할 점은, 공화정기 선출직 정무관제도가 로마의 법 발전에 미친 영향이다. 신분제와 재산 등급의 차등에 따른 금권정치金權政治라는 한계는 분명히 있었지만, 공화정기 선출직 정무관제도는 세습 군주정 내지 왕정에서는 볼 수 없는 독특한 정치문화를 만들었고, 다른 한편으로 민주정에서 나타날 수 있는 정치적 불안정을 방지함으로써 로마의 법 발전에 중요한 역할을 하게 된 것이다.

아울러 로마는 역사상 법치 실현의 모범을 남겼다. 로마는 단순히 사상이나 제도 구상의 차원에 그치지 않고, 현실 정치 속에서 선례로 남긴 여러 가지 법치적 요소들은 후대에 두고두고 많은 영감을 남겼다(이에 대해서는 최병조, "서양 고대 로마의 법치: 이념과 현실", 『법치주의의 기초: 역사와 이념』, 서울대학교 출판부(2006) 참조). 공화정기에 국민에 의해 선출된 정무관들은 법치를 실현하는 존재로 관념되었는데, 키케로는 이것을 다음과 같은 말로 표현하고 있다.

자네들은 옳고 유익하고 법률과 결합된 것들을 주재하고 결정하는 것이 정무관의 권한임을 알고 있네. 즉, 정무관을 법률이 주재하듯이, 국민은 정무관이 주재하지. 실로 정무관은 말하는 법률이고, 법률은 말 없는 정무관이라고 말할 수 있지.(키케로, 『법률론』, 3.2)[성중모 역(아카넷)을 기초로 약간 수정]

물론 제정기가 되면서 황제의 권한 강화로 법치가 제한된 측면이 있었지만(이것을 표어적으로 보여주는 예가 '황제는 법률로부터 면제된다princeps legibus solutus'(D.1.3.31)일 것이다), 여전히 '황제는 법률에 기속된다'는 사상legibus soluti sumus, attamen legibus vivimus(Inst.2.17.8)이 고전기 법의 끝자락 시기였던 3세기까지는 물론이고(232년 알렉산데르 세베루스 황제의 칙법: "법률에 따라 생활하는 것만큼 황위에 고유한 것은 없다." C.6.23.3), 제정기 후기까지도 면면히 내려온다(429년의 테오도시우스/발렌티니아누스 황제의 칙법: "황제가 자신은 법률들에 기속된다고 선언하는 것은 통치자의 위엄에 합당한 목소리다. 그리하여 법의 권위에 짐들의 권위가 달려 있다. 그래서 법률에 황제직을 복속시키는 것이야말로 진정으로 대권imperium보다 더 위대한 것이다." C.1.14.4 참조).

다음의 유스티니아누스 황제의 칙령은 6세기에 작성된 것이지만, 누구보다도 고전기 시대의 로마 황제다운 인식을 잘 보여준다고 생각한다.

법학제요 서문 Constitutio Imperatoriam

황제의 위엄은 무구武具로 장식할 뿐만 아니라 법률로 무장할
필요도 있다. 그럼으로써 전시와 평시 모두 올바르게 통치
될 수 있고, 로마 황제는 적들과의 전투에서뿐만 아니라 법
의 길을 통하여서도, 사악한 자들의 불의를 퇴치하면서 승
리자가 되고 패퇴시킨 적들에 대하여서 개선자가 되듯이,
법에 대하여서 매우 성실한 그 수호자가 되어야 한다.[번역
은 성중모 초역을 기초로 수정]

이것이 가능했던 것은 공화정의 전통과 아울러 법률가
계층에 의한 법학의 발전이 있었기 때문이다. 프란츠 비
악커 교수Franz Wieacker(1908~1994)의 표현을 빌리자면, 로마
인들은 일찍이 "정치권력을 법질서로 관념the Roman concept of
political power as a legal order"했고, 이런 관념은 현실 세계에서 살
아 있는 정치권력이 위세를 떨칠 때도, 그리고 독재자와 폭
군의 치세에도 정치권력을 통제하는 데 기여했다. 그리고
그 배후에 정의正義를 실천하고 선善과 형평에 관한 지식을
가르치는 사제라는 본분을 잊지 않고 법의 계명을 실천하
던 로마 법률가들이 있었던 것은 물론이다(D.1.1.1.1).

이와 같이 로마에서 법이 발전하고 법률가의 활동이 인정받을 수 있었던 이유는 로마가 공동체의 평화와 질서유지를 위해 법을 중시했고, 법을 다루는 법률가들의 역할을 존중했기 때문이다. 공화정기 정무관들은 물론이고, 제정기의 황제들도 입법이나 재판에 있어서 법률가들에게 자문을 구했고 법률가들의 해답과 의견을 존중했다. 그 배경에는 법이야말로 공동체의 질서를 유지하고 공동체가 발전해 나감에 있어서 필수 수단이라는 것을 깨달았기 때문이고, 반대로 법이 무너지면 공동체 또한 위태로워진다는 것을 정치권력자들은 알고 있었다.

무엇보다 로마법이 남긴 유산을 논하는 데 간과해서는 안 되는 것은, 오늘날 법학에서 사용되는 많은 개념과 원리들, 나아가 '법적 사고의 틀'이 로마법에서 유래했다는 점이다. 다시 비악커 교수의 표현을 빌리자면, 중세 이래 서양의 법률가들은 로마법을 통해 법적 문법legal grammar을 배웠고, 그 과정에서 법적 논증legal reasoning을 익혔으며, 이를 통해 서양 사회가 법치法治로 나아갈 수 있었던 것이다. 법치는 단지 몇몇 뛰어난 사상가들의 주장만으로는 이루어질 수 없고, 실제 법 현실에서도 그것을 실행하는 주체로서 투

철한 직업의식을 갖춘 법률가들이 필요하다. 그리고 우리는 이런 역사적 배경을 통해 만들어진 서양의 법제도를 수입해 계승하고 발전시키는 과정에 있다.

물론 로마법이 가지는 한계는 있다. 공화정기 말의 정치적 혼란기를 겪으면서 단체 금압으로 인해 단체법이 발전하지 못했고, 그로 인해 오늘날 경제에서 빠질 수 없는 회사제도가 로마법에는 없다. 인적 담보가 중심이 되다 보니 오늘날 거래에서 중요시되는 물적 담보에 대한 법리도 많은 발전을 이루지 못했다. 무엇보다 로마는 노예제를 전제로 하는 가부장제 사회였으며, 남녀 차별이 엄존하는 전근대 사회였고, 기득권 중심의 사회구조였다는 점도 부정할 수 없다. 이른바 사회보장 이념으로서 경제적·사회적 약자에 대한 배려가 약했다는 점도 한계로 지적될 수 있다(대표적으로 노동법의 미발달).

그럼에도 불구하고 서구법의 원류로서 로마법, 그리고 로마법을 토대로 한 후대의 발전 과정을 통해 우리는 여전히 많은 것을 배울 수 있다. 미시적으로는 개별 법리들에 대한 연혁적 고찰뿐만 아니라, 거시적으로는 로마에서 법이 발전한 이유와 그 배후에 있는 법률가들의 활동 모습,

무엇보다 로마에서 법학이 꽃필 수 있었던 법문화적 요소
들을 살펴보는 일은 아직도 그 의미가 크다. 그리고 로마가
역사에 남긴 공화와 법치의 선례 역시 인류 사회의 귀중한
자산이며, 나날이 양극화가 더 심해지고 있는 오늘날 우리
는 공동체의 단합과 번영을 위한 지혜를 로마에서 찾을 수
있을지도 모른다.

이미지 출처

1 https://en.wikipedia.org/wiki/Basilica_of_San_Vitale#/media/
File:Sanvitale03.jpg

2 https://ko.wikipedia.org/wiki/%EC%9C%A0%EC%8A%A4%ED%8B%
B0%EB%8B%88%EC%95%84%EB%88%84%EC%8A%A4_1%EC%84
%B8

3 https://en.wikipedia.org/wiki/Littera_Florentina#/media/File:Florence,_%20
%20Biblioteca_Medicea_Laurenziana_Ms_Littera_Florentina_(Codex_
Florentinus)_fol._112v-113r_Pandects_excerpt.jpg

4 https://commons.wikimedia.org/wiki/File:Corpus_Iuris_Civilis_(1626).jpg

5 https://en.wikipedia.org/wiki/Cardinal_and_Theological_Virtues_
(Raphael)#/media/File:02_Cardinal_and_Theological_Virtues_without_
labels.jpg

참고문헌

· 로마법 참고 사이트: The Roman Law Library
  (https://droitromain.univ-grenoble-alpes.fr/)
  로마법대전을 비롯한 각종 로마법 관련 사료들을 제공하고 있다.

· 최병조, 『로마법강의』, 박영사(1999/2004).
  오코 베렌츠/정병호 역, 『로마법: 시초부터 현재까지』, 에피스테메(2025)〔원서:
        Okko Behrends, Römisches Recht: Von den Anfängen bis heute, Atticus Verlag
        (2022)〕

  프리츠 슐츠/이상훈 역, 『로마법의원리』, 민속원(2023).

아래의 글들도 일독을 추천함(연도순).
· 서을오, "로마법 연구의 현대적 의미", 이화여대 법학논집 8-2 (2004), 131-
        158.
· 최병조, "법학전문대학원 교육에서의 기초법학의 역할과 기능-로마법을 위한
        변론-", 서울대학교 법학평론, 9(2019), 281-354〔=최병조, "로마법을 위
        한 변론"〕
· 김영희, "한국 민법학에서 로마법연구와 현대 로마법", 중앙대 법학논문집, 44-
        1(2020), 131-170.
· 정병호, "민법상 논쟁과 로마법-로스쿨교육에 있어서 로마법의 기여 가능성을
        중심으로-", 저스티스, 186 (2021), 339-378.

부록

라틴어 법언

* D.1.1, D.1.3, D.50.17에서 발췌된 법언들의 번역은 최병조·이상훈 공역, 『원사료로 보는 로마법의 일반원리』(2023)를 참조

법학 일반

· **Ius est ars boni et aequi.** (Celsus-Ulpianus D.1.1.1.pr.)

법(학)은 선善과 형평의 기술技術이다.

· **Iustitia est constans et perpetua voluntas ius suum cuique tribuendi.** (Ulpianus D.1.1.10.pr.)

정의正義란 각자에게 그의 권리를 배분하려는 한결같고 지속적인 의지다.

· **Non ex regula ius sumatur, sed ex iure quod est regula fiat.** (Paulus D.50.17.1)

법리칙法理則으로부터 법이 취해지는 것이 아니라, 현존법으로부터 법리칙이 만들어져야 한다.

· **Omnis definitio in iure civili periculosa est: parum est enim, ut non subverti posset.** (Iavolenus D.50.17.202)

시민법에 있어서 모든 법리칙은 위험하다. 왜냐하면 전도顚倒될 수 없기가 거의 불가능하기 때문이다.

· **Quae propter necessitatem recepta sunt, non debent in argumentum trahi.** (Paulus D.50.17.162)

예외적 필요성을 이유로 수용된 것은, 확대해서 일반 논거로 써서는 안 된다.

· **Scire leges non hoc est verba earum tenere, sed vim ac potestatem.** (Celsus D.1.3.17)

법률을 제대로 안다는 것은 그 문언을 아는 것이 아니라 그 의미와 목적을 파악하는 것이다.

· **Omne ius hominum causa constitutum.** (Hermogenianus D.1.5.2)

모든 법은 인간을 위해 정립된 것이다.

· **Non omne quod licet honestum est.** (Paulus D.50.17.144)

법적으로 허용되는 모든 것이 도덕적인 것은 아니다.

· **Nam ad ea potius debet aptari ius, quae et frequenter et facile, quam quae perraro eveniunt.** (Celsus D.1.3.5)

법은 극히 드물게 발생하는 사실들보다는 빈번히 그리고 용이하게 발생하는 사실들에 조응照應해야 한다.

· **Iura non in singulas personas, sed generaliter constituuntur.** (Ulpianus D.1.3.8)

법률은 개개인에 대해서가 아니라 만인에 대해 정립된다.

- **Legis virtus haec est imperare vetare permittere punire.** (Modestinus D.1.3.7)
  법률의 공능功能은 다음과 같다: 명령, 금지, 허용, 처벌.

- **Quod vero contra rationem iuris receptum est, non est producendum ad consequentias.** (Paulus D.1.3.14=D.50.17.141.pr.)
  일반적 법리에 반해 수용된 것은 논리적으로 가능한 결말까지 확장 적용되어서는 안 된다.

- **Incivile est nisi tota lege perspecta una aliqua particula eius proposita iudicare vel respondere.** (Celsus D.1.3.24)
  법률 전체를 통관通觀하지 않고서 그 어떤 한 작은 부분만을 고려한 채 재판하거나 해답하는 것은 합당하지 않다.

- **In omnibus quidem, maxime tamen in iure aequitas spectanda est.** (PaulusD.50.17.90)
  실로 모든 일이 그러하지만, 특히 법에 있어서는 형평이 고려되어야만 한다.

- **Lex posterior derogat legi priori.**
  신법은 구법을 폐기한다.

민법총칙

- **Venire contra factum proprium.**
  선행 행위에 모순되는 행태.

- **Omne pactum, omnis prommisio rebus sic stantibus intellegenda est.**
  모든 약정, 모든 약속은 '사정이 여전하다'는 전제하에 이해되어야만 한다.

- **Male enim nostro iure uti non debemus.** (Gai.1.53)
  우리는 우리의 권리를 남용해서는 안 된다.

- **Nullus videtur dolo facere, qui suo iure utitur.** (Gaius D.50.17.55)
  자신의 권리를 행사하는 자는 악의로 행하는 것으로 인정되지 않는다.

- **Qui suo iure utitur, neminem laedit.**
  자신의 권리를 행사하는 자는 아무도 해하는 것이 아니다.

- **Nihil dolo creditor facit, qui suum recipit.** (Paulus D.50.17.129)
  자신의 것을 수령하는 채권자는 아무것도 악의로 행하는 것이 아니다.

- **Dolo facit, qui petit quod redditurus est.** (Paulus D.50.17.173.3; Paulus D.44.4.8.pr.)
  자신이 곧 반환해야 할 것을 청구하는 자는 악의로 행하는 것이다.

- **Nasciturus pro iam nato habetur, quotiens de commodies eius agitur.**
  태아는 그의 이익에 관해 문제가 되는 때는 이미 출생한 것으로 본다.

- **Tres faciunt collegium.** (Ner.-Marc.D.50.16.85)
  3인은 단체를 만든다.

- **Accessio cedit principali. / Accessorium sequitur principale.**
  종물은 주물에 속한다. / 종물은 주물에 따른다.

- **Semper in stipulationibus et in ceteris contractibus id sequimur, quod actum est.** (Ulpianus D.50.17.34)
  문답계약과 여타의 계약에 있어서 우리는 당사자가 합의한 것을 항상 따른다.

- **Cum in verbis nulla ambiguitas est, non debet admitti voluntatis quaestio.** (Paulus D.32.25.1)
  문언에 아무런 애매함이 없는 경우 의사의 탐구가 행해져서는 안 된다.

- **Ambiguitas contra stipulatorem.**
  애매함은 문답요약자의 불이익으로 in dubio contra proferentem.

- **In obscuris inspici solere, quod verisimilius est aut quod plerumque fieri solet.** (Paul.D.50.17.114)
  불명료한 경우 가장 개연적인 것 또는 빈번히 발생하는 것이 고려되는 법이다.

- **Ea, quae raro accidunt, non temere in agendis negotiis computantur.** (Iul. D.50.17.64)
  드물게 일어나는 사정은 법률행위를 함에 있어서 신중하게 고려된다.

- **Quod factum est cum in obscuro sit, ex affectione cuiusque capit interpretationem.** (Paul.D.50.17.168)
  행해진 것의 의미가 불명료한 경우, 행위자의 의향에 기해 해석을 취한다.

- **Ut res magis valeat quam pereat.** (Iul.D.34.5.12)
  일이 무효로 되기보다는 유효로 되도록 (→ 효력유지적 해석)

- **In maiore minus inest.**
  대大에는 소小가 포함된다.

- **In toto et pars continetur.** (Gai.D.50.17.113)
  전체에는 부분도 포함된다.

- **Superficies solo cedit.**
  지상물은 토지에 속한다.

- **Privatorum conventio iuri publico non derogat.** (Ulp.D.50.17.45.1)
  사인私人들 간의 합약은 강행법규를 배제하지 못한다.

- **Contra legem facit, qui id facit quod lex prohibet, in fraudem vero, qui salvis verbis legis sententiam eius circumvenit.** (Paulus D.1.3.29)
  위법행위란 법률이 금지하는 바를 행하는 것이고, 반면 탈법행위란 법률의 문언은 지키면서 그 취지를 잠탈하는 것이다.

- Eius est nolle, qui potest velle. (Ulp.D.50.17.3)
  원하지 않는 것은 원할 수 있는 자만이 할 수 있다.

- Expressa nocent, non expressa non nocent. (Modestinus D.50.17.195)
  표시된 의사 내용은 해가 될 수 있지만, 표시되지 않은 의사 내용은 해가 되지 않는다.

- Falsa demonstratio non nocet.
  오표시는 해가 되지 않는다.

- Non solent quae abundant vitiare scripturas. (Ulp.D.50.17.94)
  필요한 것 외에 기재된 것은 작성된 것을 하자 있게 만들지 않는다.

- Plus valet quod actum quam quod simulatum.
  가장假裝된 것보다는 행해진 것이 더 유효하다.

- Imaginaria venditio non est pretio accedente. (Ulp.D.50.17.16)
  대금이 실제로 지급되면 가장매매假裝賣買가 아니다.

- Errantis nulla voluntas est. (C.1.18.8 Diocl./Maxim. (a.294))
  착오자의 의사는 무의사다.

- Non videntur qui errant consentire. (Ulp.D.50.17.116.2)
  착오에 빠진 자들은 합의하는 것으로 인정되지 않는다.

- Iuris ignorantia nocet, facti ignorantia non nocet. (Paul.D.22.6.9.pr.)
  법률의 부지는 해가 되지만, 사실의 부지는 해가 되지 않는다.

- Nemo videtur fraudare eos, qui sciunt et consentiunt. (Ulp.D.50.17.145)
  알면서 동의하는 자들은 기망을 당하는 것으로 인정되지 않는다.

- Coactus tamen volui. (Paul.D.4.2.21.5)
  강요되었으나 원했다.

- Vani timoris iusta excusatio non est. (Celsus D.50.17.184)
  겁약한 사람이 느끼는 두려움은 정당한 면책사유가 아니다.

- Mala fides superveniens non nocet.
  후발적 악의는 해가 되지 않는다.

- Quod initio vitiosum est, non potest tractu temporis convalescere. (Paul. D.50.17.29)
  애초에 무효의 하자가 있는 것은 시간이 지나더라도 치유될 수 없다.

- Utile per inutile non vitiatur. (Ulp.D.45.1.1.5)
  유효한 것은 무효한 것에 의해 무효가 되지 않는다.

- Quod pendet, non est pro eo, quasi sit. (Paul.D.50.17.169.1)
  유동 상태인 것은 기성既成의 것으로 보지 않는다.

- **Actus legitimi, qui non recipiunt diem vel condicionem, in totum vitiantur per temporis vel condicionis adiectionem.** (Pap.D.50.17.77)
기한이나 조건을 수용하지 않는 법정 행위들은 무릇 기한이나 조건의 부가로 무효가 된다.

- **Diei adiectio pro reo.** (Ulp.D.45.1.41.1)
기한의 부가는 피고의 이익으로.

- **Dies a quo (non) computatur.**
초일은 (불)산입된다.

물권

- **Prior tempore potior iure.**
시간에서 앞선 자가 권리에서 강하다.

- **Cum quis possit alienare, poterit et consentire alienationi.** (Ulp.D.50.17.165)
양도할 수 있는 자는, 양도에 동의할 수도 있다.

- **Id quod nostrum est sine facto nostro ad alium transferri non potest.** (Pomp. D.50.17.11)
우리의 것은 우리의 행위 없이 타인에게 이전될 수 없다.

- **Non alienat, qui dumtaxat omittit possessionem.** (Ulp.D.50.17.119)
점유만을 넘기는 자는 양도하는 것이 아니다.

- **Nihil commune habet proprietas cum possessione.** (Ulp.D.41.2.12.1)
소유는 점유와 아무런 공통점을 가지지 않는다. (→ 점유와 소유의 준별!)

- **In re pari potior est causa possidentis.** (Pap.D.29.1.36.3)
상황이 동일하면 점유자의 지위가 더 강하다.

- **Melior est causa possidentis. / Melior est condicio occupantis.**
점유자의 지위가 더 낫다. / 점유하고 있는 자의 처지가 더 낫다.

- **Nemo sibi ipse causam possessionis mutare potest.**
아무도 자신이 스스로 점유의 원인(권원)을 바꿀 수 없다.

- **Bonae fidei possessor fructus suos facit.** (Iul.D.22.1.25.1, 2)
선의 점유자는 과실을 자신의 것으로 만든다.

- **Dolus pro possessione est.** (Paul.D.50.17.131)
악의는 점유를 대신한다.

- **Vim vi repellere licet.**
폭력은 폭력으로 물리치는 것이 허용된다. (→ 정당방위 허용)

- **Casum sentit dominus.**
사변事變은 소유자가 부담한다.

- **Res perit domino.**
  물건은 소유자의 불이익으로 멸실한다.

- **Nemo plus iuris ad alium transferre potest quam ipse habet.** (Ulp.D.50.17.54)
  누구도 자기 자신이 가지고 있는 것 이상의 권리를 타인에게 이전할 수 없다.

- **Res nullius cedit primo occupanti.**
  무주물은 선점한 자에게 속한다.

- **Nemo invitus compellitur ad communionem.** (Ulp.D.12.6.26.4)
  아무도 의사에 반해 공유관계로 강제되지 않는다.

- **Nulli res sua servit.** (Paul.D.8.2.26)
  소유자는 자기 토지에 지역권을 가질 수 없다.

- **Servitus servitutis esse non potest.** (D.33.2.1)
  역권은 역권에 설정될 수 없다. (→제한물권인 역권은 소유권에만 설정될 수 있음)

- **Plus cautionis in re est quam in persona.** (Pomp.D.50.17.25)
  인적 담보보다는 물적 담보가 더 안고安固하다.

채권

- **Obligatio est iuris vinculum.** (Inst.3.13.pr.)
  채무란 법의 사슬[= 법쇄]이다.

- **"debitor" intelligitur is, a quo invito exigi pecunia potest.** (Mod.D.50.16.108)
  '채무자'란, 의사에 반해 채무금이 추심될 수 있는 자를 의미한다.

- **Solvendo esse nemo intelligitur, nisi qui solidum potest solvere.** (Iav. D.50.16.114)
  전부를 변제할 수 있는 자가 아니면 누구도 자력資力있는 것으로 여겨지지 않는다.

- **Minus est actionem habere quam rem.** (Pomp.D.50.17.204)
  소권을 가지는 것은 물건을 가지는 것에 미치지 못한다.

- **Bis dat qui cito dat.**
  빨리 주는 자는 두 배로 주는 셈이다.

- **Minus solvit, qui tardius solvit: nam et tempore minus solvitur.** (Ulp. D.50.16.12.1)
  지체해 이행하는 자는 부족하게 이행하는 것이다. 시간의 관점에서 부족하게 이행되기 때문이다.

- **Nuda pactio obligationem non parit, sed parit exceptionem.**
  무방식의 약정은 채권채무를 발생시키지 않고 항변만을 발생시킨다.

- **Species perit creditori. / Species perit ei cui debetur.**
  특정물은 채권자의 불이익으로 멸실한다. (→채무자는 급부의무를 면한다)

- Genus perire non censetur.
  종류물은 멸실한다고 여겨지지 않는다. (→ 채무자는 재조달의무를 부담한다)

- Dies interpellat pro homine.
  기일은 사람을 대신해 최고한다.

- Nulla intellegitur mora ibi fieri, ubi nulla petitio est. (Scaevola D.50.17.88)
  청구가 없으면 지체도 없는 것으로 이해된다.

- In omnibus obligationibus, in quibus dies non ponitur, praesenti die debetur.
  (Pomp.D.50.17.14)
  기한의 정함이 없는 모든 채권 채무 관계는 당일 즉시 이행기에 있다.

- Casus a nullo praestantur. (Ulp.D.50.17.23 말미)
  사변事變은 누구의 책임도 아니다.

- Commodum eius esse debet, cuius periculum est.
  위험이 속하는 자에게 이익이 속해야만 한다.

- Secundum naturam est, commoda cuiusque rei eum sequi quem sequentur
  incommoda. (Paul.D.50.17.10)
  이익은 불이익이 따를 자에게 수반되는 것이 합당하다.

- Qui habet commoda, ferre debet onera.
  이익을 가지는 자가 부담을 져야만 한다.

- Ex qua persona quis lucurum capit, eius factum praestare debet. (Ulp.D.50.17.149)
  타인을 이용해 이익을 취하는 자는, 그 타인의 행위에 책임져야만 한다.

- Res deterior reddita non est reddita. (Ulp. D.13.6.3.1)
  악화된 상태로 반환된 물건은 반환된 것이 아니다.

- Culpa est immiscere se rei ad se non pertinenti. (Paul.D.50.17.36)
  자신과는 무관한 일에 개입하는 것은 과실이다.

- Quod quis ex culpa sua damnum sentit, non intellegitur damnum sentire.
  (Pomp.D.50.17.203)
  자기 과실로 손해를 입는 경우 손해를 입는 것으로 여겨지지 않는다.

- Culpa lata dolo comparatur.
  중과실은 고의에 비견된다.

- Magna neglegentia culpa est: magna culpa dolus est. (Paul.D.50.16.226)
  중대한 부주의는 과실이고, 중대한 과실은 고의다.

- Imperitia culpae adnumeranda. (Gai.D.50.17.132)
  미숙련은 과실로 치부된다.

- Culpa caret qui scit, sed prohibere non potest. (Paul.D.50.17.50)
  알지만 막을 수 없는 자는 과실이 없다.

- **Factum alterius non nocet.**
  타인의 행위는 해가 되지 않는다.

- **Quatenus cuius intersit, in facto, non in iure consistit.** (Paul.D.50.17.24)
  어떤 자의 이익상당액이 얼마만큼인가는 사실의 문제이고 법률의 문제가 아니다.

- **Nomina ipso iure divisa.**
  채권은 법률상 당연히 분할채권이다.

- **Solvit et qui delegat.**
  지급 지시하는 자도 변제하는 것이다.

- **Imppossibilium nulla obligatio est.** (Celsus D.50.17.185)
  불가능한 급부를 내용으로 하는 채무는 성립하지 않는다.

- **Alteri stipulari nemo potest.**
  아무도 타인을 위해 문답요약할 수 없다. (→ 제3자를 위한 계약은 원칙적 불허)

- **Donari videtur, quod nullo iure cogente conceditur.** (Pap.D.50.17.82)
  아무런 법적 강제 없이 양여된 것은 증여된 것으로 인정된다.

- **Cui ius est donandi, eidem et vendendi et concedendi ius est.** (Ulp.D.50.17.163)
  증여할 권리를 가진 자에게는, 매도할 권리와 일부 권능을 부여할 권리도 있다.

- **Mortis causa donatio est, cum quis habere se vult quam eum cui donat magisque eum cui donat quam heredem suum.** (Marcian.D.39.6.1.pr.)
  사인증여는 증여자가 수증자보다는 자신이 가지기를 원하고, 또 자신의 상속인보다는 수증자가 가지기를 더 원하는 경우다.

- **Emptio tollit locatum.**
  매수는 임대차를 제각한다.(독일어: Kauf bricht Miete)

- **Semper qui non prohibet pro se intervenire, mandare creditur. sed et si quis ratum habuerit quod gestum est, obstringitur mandati actione.** (Ulp. D.50.17.60)
  자신을 위해 개입하는 것을 막지 않는 자는 항상 위임하는 것으로 여겨진다. 사무관리된 것을 추인한 자도 위임소권으로 구속된다.

- **Mandatum nisi gratuitum nullum est.** (Paul.D.17.1.1.4)
  위임은 무상이 아니면 무효다.

- **Socii mei socius meus socius non est.** (Ulp.D.50.17.47)
  내 동료 조합원의 동료 조합원은 내 동료 조합원이 아니다.

- **ure naturae aequum est neminem cum alterius detrimento et iniuria fieri locupletiorem.** (Pomp.D.50.17.206)
  아무도 타인의 손실로 부당하게 이득하지 않는 것이 자연법상의 정의다.

- **Cuius per errorem dati repetitio est, eius consulto dati donatio est.** (Paul. D.50.17.53)
  착오로 공여되면 반환청구가 인정되는 것도 의도적으로 공여되면 증여다.

- In diem debitor adeo debitor est, ut ante diem solutum repetere non possit. (Paul.D.12.6.10)

  기한부 채무자도 채무자이기 때문에 기일 전에 변제된 것을 반환청구할 수 없다.

- In pari turpitudine melior est causa possidentis.

  동등한 불법 원인이 있는 경우에는 점유자의 지위가 더 낫다.

- Nemo auditur propriam turpitudimen allegans. (중세 주석학파 법언)

  자신의 부도덕함을 원용하는 자는 아무도 청허聽許되지 않는다.

- Allegans suam turpitudinem non est audiendus.

  자신의 부도덕함을 원용하는 자는 청허되어서는 안 된다.

- Pupillum, qui proximus pubertati sit, capacem esse et furandi et iniuriae faciendae. (Gai.D.50.17.111.pr.)

  성숙기에 근접한 미성숙자는 절도와 침욕을 범할 능력이 있다.

- Nemo ex suo delicto meliorem suam condicionem facere potest. (Ulp. D.50.17.134.1)

  아무도 자신의 불법행위로써 자신의 처지를 더 낫게 만들 수 없다.

- Furtum est contrectatio rei fraudulosa vel ipsius rei vel etiam usus eius possessionisve, quod lege naturali prohibitum est admittere. (Inst.4.1.1＝Paul. D.47.2.1.3)

  절도란, 물건 자체든 그것의 사용이나 점유든, 물건의 사해적 저촉抵觸인데, 이것은 범하는 것이 자연법상 금지되어 있다.

- Fur semper in mora.

  도둑은 항상 이행지체 중이다.

- Is damnum dat, qui iubet dare: eius vero nulla culpa est, cui parere necesse sit. (Paul.D.50.17.169.pr.)

  가해를 지시하는 자는 자신이 가해를 하는 것이다. 그러나 반드시 복종해야 하는 자의 경우 과실이 없다.

친족법

- Iura sanguinis nullo iure civili dirimi possunt. (Pomp. D.50.17.8)

  혈연에 기인한 권리는 시민법에 의해 박탈될 수 없다.

- Consensus facit nuptias.

  합의가 혼인을 만든다.

- Mater semper certa est, pater est quem nuptiae demonstrant.

  모母는 언제나 확실하지만, 부父는 혼인이 가리키는 사람이다.

- Adoptio naturam imitatur. (Inst.1.11.4)

  입양은 자연을 모방한다. (→ 연소자가 연장자를 입양할 수 없다는 논거)

- **Tutor in rem suam auctor fieri non potest.** (Ulp.D.26.8.1.pr.; Gai.1.84; Inst.1.21.3)

  후견인은 자신의 일에 대해서는 [피후견인의] 조성인이 될 수 없다.

- **Tutor rem pupilli emere non potest.** (Paul.18.1.34.7; Ulp.D.26.8.5.2)

  후견인은 피후견인의 물건을 매수할 수 없다.

상속

- **Omnis hereditas, quamvis postea adeatur, tamen cum tempore mortis continuatur.** (Paul.D.50.17.138)

  모든 상속은, 비록 나중에 상속 승인되더라도, 사망 시로 효력이 소급된다.

- **Quamdiu possit valere testamentum, tamdiu legitimus non admittitur.** (Paul. D.50.17.09)

  유언이 효력을 발휘할 수 있는 한, 법정상속인은 인정되지 않는다.

- **Sui heredes instituendi sunt vel exheredandi.**

  가내상속인들은 상속인지정되거나 상속제외되어야 한다.

- **Quae ab initio inutilis fuit institutio, ex postfacto convalescere non potest.** (Lic. D.50.17.210)

  처음부터 무효였던 상속인지정은 후발적 사유에 기해 치유될 수 없다.

- **Si nemo subiit hereditatem, omnis vis testamenti solvitur.** (Paul.D.50.17.181)

  아무도 상속재산을 상속하지 않는다면, 유언의 효력은 전부 소멸한다.

- **Quae in testamento ita sunt scripta, ut intellegi non possint, perinde sunt, ac si scripta non essent.** (Mucius D.50.17.73.3)

  유언에 이해할 수 없게끔 작성된 것은 마치 기재되지 않은 것과 같다.

- **Semel heres semper heres.**

  한 번 상속인은 영원한 상속인. (→ 상속인지정에는 조건이나 기한을 붙일 수 없음)

- **In testamentis plenius voluntates testantium interpretamur.** (Paul.D.50.17.12)

  유언은 유언자의 의사를 최대한 충실하게 반영해 해석한다.

- **Praetor bonorum possessorem heredis loco in omni causa habet.** (Paul.D.50.17.117)

  법정관은 모든 법률관계에서 유산권자를 상속인의 지위로 다룬다.

- **Ambulatoria est voluntas defuncti usque ad vitae supremum exitum.** (Ulp. D.34.4.4)

  종의終意는 사망 시까지 마음대로 바뀌는 것이다.

KI신서 16337

로마법, 인류 문명의 위대한 유산

1판 1쇄 인쇄 2026년 3월 31일
1판 1쇄 발행 2026년 4월 15일

지은이 이상훈
펴낸이 김영곤
펴낸곳 ㈜북이십일 21세기북스

출판1본부 본부장 장미희
서가명강팀장 양으녕 **책임편집** 이정미
마케팅 김주현
디자인 THIS-COVER
출판1본부 마케팅 남정한 김윤
마케팅영업부문 정지은
영업팀 김지윤 강경남 김도연
e-커머스팀 장철용 명인수 황성진
제작팀 이영민 권경민

출판등록 2000년 5월 6일 제406-2003-061호
주소 (10881)경기도 파주시 회동길 201(문발동)
대표전화 031-955-2100 **팩스** 031-955-2151 **이메일** book21@book21.co.kr

(주)북이십일 경계를 허무는 콘텐츠 리더

21세기북스 채널에서 도서 정보와 다양한 영상자료, 이벤트를 만나세요!
페이스북 facebook.com/jiinpill21   포스트 post.naver.com/21c_editors
유튜브 youtube.com/book21pub   인스타그램 instagram.com/jiinpill21

서울대 가지 않아도 들을 수 있는 명강의! 〈서가명강〉
유튜브, 인스타그램, 트위터에서 '서가명강'을 검색해보세요!

'서가명강' 시리즈가 궁금하다면 큐알(QR) 코드를 스캔하세요.

서가명강 서울대 가지 않아도 들을 수 있는 명강의

'서가명강'은 대한민국 최고 명문 대학인 서울대학교 교수님들의 강의를 엮은 도서 브랜드로,
다양한 분야의 기초 학문과 젊고 혁신적인 주제의 인문학 콘텐츠를 담아 시리즈로 발간하고 있습니다.

*서가명강 시리즈는 계속 출간됩니다.